# 跨文化传播视域下的翻译功能研究

苏文倩 ◎ 著

吉林出版集团股份有限公司

**图书在版编目（CIP）数据**

跨文化传播视域下的翻译功能研究 / 苏文倩著 . —

长春：吉林出版集团股份有限公司，2022.7

ISBN 978-7-5731-1656-7

Ⅰ . ①跨⋯ Ⅱ . ①苏⋯ Ⅲ. ①翻译理论—理论研究

Ⅳ . ①H059

中国版本图书馆 CIP 数据核字（2022）第 117162 号

## 跨文化传播视域下的翻译功能研究

| | |
|---|---|
| **著　　者** | 苏文倩 |
| **责任编辑** | 郭亚维 |
| **封面设计** | 林　吉 |
| **开　　本** | 787mm×1092mm　　1/16 |
| **字　　数** | 270 千 |
| **印　　张** | 12.25 |
| **版　　次** | 2022 年 7 月第 1 版 |
| **印　　次** | 2022 年 7 月第 1 次印刷 |
| **出版发行** | 吉林出版集团股份有限公司 |
| **电　　话** | 总编办：010-63109269 |
| | 发行部：010-63109269 |
| **印　　刷** | 北京宝莲鸿图科技有限公司 |

ISBN 978-7-5731-1656-7　　　　　　　　定价：65.00 元

# 前　言

　　跨文化传播是在一定社会条件下，人类不同文化之间的交流。翻译作为跨文化传播的媒介，传播功能是其本质属性。翻译将文化通过语言表达进行传播，是文化间的桥梁和纽带。翻译作为人类沟通的方式，必然存在于不同文化中，它的实质就是文化间的交流，具有传播性和目的性。在传播方式上，翻译可通过语言、文字、手势等达到交流目的。

　　跨文化传播又叫跨文化交际，是不同文化之间以及处于不同文化背景的社会成员之间的交往与互动，涉及不同文化背景的社会成员之间发生的信息传播与人际交往活动，以及各种文化要素在全球社会中流动、共享、渗透和转移的过程。不同文化背景决定了社会成员的思想观念和生活方式之间的差异，正是由于这种差异，让跨文化传播难度加大，也更体现了跨文化传播的重要性和意义。文化差异越大，传播中产生的矛盾和误读越多；文化差异越小，传播中产生的阻力越小。无论是传播还是人际交往，它们的目的都是减少文化矛盾和冲突，使得文化融合和发展。人们采取协商、合作的方式，在语言文化和交际活动中最大限度地减少交流上的障碍，达到互通互信的效果，推动社会文化的发展和进步。

　　跨文化传播的基本功能主要包括以下几个方面。第一，人类社会交际功能。交际活动是人类基本社会功能之一。传播的目的是交流，跨文化传播也是人类沟通交流的一种方式和载体。第二，不同文化交流的功能。通过交流，促进人类文明的发展。第三，推动社会发展的功能。人们离不开跨文化交际带来的知识、信息、科技和创造。人类社会文明在不同民族和国家间进行传播，使得人类文明互补互足，丰富多样，具有多元化和个性魅力相融合的特征。因此，人类社会的进步离不开跨文化的传播，跨文化传播推动着人类社会的发展进程。

　　翻译是跨文化传播中的重要媒介。翻译具有跨文化传播的特质和功能，促进不同文化间的吸收、创新和发展。从翻译的跨文化传播功能研究中可见，翻译在社会文化发展中的历史地位无可取代，将人类的信息、知识、文化、文明甚至是命运紧密地结合在一起，推动着人类文明不断进化和发展。翻译不是亦步亦趋，是具有创造性的、主观能动性的跨文化传播活动。

苏文倩　2022 年 7 月

# 目 录

# 第一章  跨文化交际的内涵与途径

## 第一节  跨文化交际的内涵

在全球化背景下，来自世界不同国家和不同文化的人们交往日益密切，英语由一门外语逐渐发展成了国际通用语（English as a Lingua Franca，简称 ELF）。英语作为国际通用语的使用不仅仅局限于本族语者，更多地发生在非英语母语者之间。在这种背景下，跨文化交际出现了不同于英语作为本族语或外语的交际特征，由传统的单向模式逐渐转变成为多语和多元文化相融合的复合模式。国内跨文化交际能力的研究自 20 世纪 80 年代至今，已有丰硕研究成果，研究内容在广度上不断扩宽，与相关学科之间的交叉研究逐渐凸显。但是，目前的研究与当今社会需要和社会背景联系得不够紧密，尚未考虑到英语作为国际通用语言背景下，地方院校外语教学人才培养模式和课堂体系建设的需要。本研究在回顾跨文化交际能力的相关研究及以英语作为国际通用语为背景的相关教学研究后，结合地方应用型本科院校的实际情况和人才需求，以英语作为通用语背景下如何提高学生跨文化交际能力提出相应的建议。

### 一、研究背景分析

#### （一）跨文化交际能力研究

国外学者对于跨文化交际能力的研究，至今已有半个多世纪的历程。研究内容主要围绕内涵研究和应用研究两个方面。跨文化交际能力的内涵研究包括概念、模式和构成元素。Lusting，Koester 认为跨文化交际能力与跨文化能力是同一概念。也有学者指出，跨文化能力与跨文化交际能力是两种不同概念，前者包含后者。跨文化交际能力是一个复杂且宽泛的概念，涉及很多层面，其中"有效性（effectiveness）"和"得体性（appropriateness）"是跨文化交际能力的核心。迄今为止，针对跨文化交际能力的实践研究，国外学者已经研发了十几种 ICC（Intercultural Communication Competence）评估量表，例如 BASIC，CLSAQ（Mason，1995），ISS，YOGA 等。然而，由于跨文化交际能力评估中存在文化多样性、复杂性和差异性，不少量表存在主观与客观难以吻合，实证研究操作困难等问题。由此，跨文化交际能力的测评引发了越来越多国内外学者的关注。

### （二）跨文化交际能力与外语教学

2007 年颁布的《大学英语课程教学要求》将跨文化交际列为英语课程主要内容之一。跨文化交际能力培养的关键是跨文化教学。国内学者如高永晨、任仕超、梁文霞、黄文红通过实证研究方法，对学生的跨文化交际能力，跨文化课程的教学内容、课程设置、教学方法、教学原则等方面进行了探索并取得了显著的成果。近几年，国内学者开始关注跨文化交际能力测评体系的框架建构。在借鉴了 Chen 的四维跨文化交际能力模式、Byram 的文化交际能力模式和 Deardorff 的金字塔式跨文化能力模式后，高永晨运用知行合一的方法，构建了中国大学生跨文化交际能力测评体系的理论框架。该框架的提出立足于中国本土，结合中国大学生跨文化交际能力的需要，体现了中华民族的文化资源和话语体系，为跨文化交际能力测评在中国的发展打下了坚实的基础。

上述研究，无论是跨文化交际能力的调查研究还是跨文化交际能力培养的探讨，都是以英语作为一种外语，参照英语本族语的语言和文化规范为标准的。现有研究以英语作为通用语为视角重新界定跨文化交际能力的变化、内涵及交际能力培养问题，而这正是本节研究的焦点所在。

## 二、英语作为通用语背景下的跨文化交际能力与外语教学

英语作为跨文化交际者彼此之间交流的工具，发挥着联通你我他的作用。对于跨文化交际能力的研究仅仅局限于以英语本族语的语用标准、文化交往原则为唯一的标准，已经不能满足当今社会的发展和需求。文秋芳从教师视角提出了英语国际语言的教学框架应对当前全世界非英语国家英语教学所面临的挑战，该框架中的文化子系统以本族语文化、非本族语言文化、本土文化构成教学内容，培养学生跨文化能力。更强调文化敏感性是一种意识，"学习文化知识是手段，培养文化意识是终极目标"。

陈新仁教授提出"新形势下，多角度，多方位，多维度，多手段探究跨文化英语交流能力的新内涵，探索培养跨文化交际能力的新路子自然成了当务之急。"英语作为国际通用语背景下的跨文化交际能力培养与英语作为外语的教学培养模式和框架有所不同。"应当摒弃英语本族语的语言，语用文化规范，树立多元标准与规范教学理念，使学生拥有平等共赢的文化态度，提升移情、宽容的能力，提高流利表达本土文化的能力"。全球化不可避免地会带来不同文化的交流与碰撞。英语作为国际通用语，发挥着越来越重要的作用，逐步发展成为多元文化交流的载体。

## （一）由不平等到平等的转变

在英语作为通用语的背景下，交际者双方的关系不再受到英语作为母语的语言规范的限制，从不平等的交际关系（英语本族语者拥有语言裁决权）转化成一种平等的交际关系。交际的对象也从英语本族语者转变成来自世界任何一个地方的英语使用者。这就意味着，交际发生时，双方不会受到英语语言、文化规范的影响，交际者可以保持民族文化平等的原则，消除偏见，本着合作共赢的态度达到最终的交际目标。

## （二）由理论到实践的转变

曾经的跨文化交际能力的培养目标是以了解英语国家概况和文化为主。在经济全球化的今天，英语已经不可避免地成为一种交流工具，跨文化交际的目的是在实际的交际行为中进行有效的沟通，这种沟通可以是口头展开，如进行商务谈判或者出国旅行时与当地人交流；也可以以书面形式展开，例如，撰写海外媒体广告或求职申请。在完成特定任务的情况下，把意思表达清楚，把事情做好是跨文化交际者首先应该考虑的问题。

## （三）由单一化向多元化的转变

从交际的内容来看，交际者对文化的了解不仅仅是美国文化、英国文化等将英语作为母语的国家的文化，还应该包括非本族语文化和本土文化。文化的多样性体现在不同群体和社会身份的独特性和丰富性之中。一个具有跨文化交际能力的人应该尊重文化的多样性，了解语言对象国的历史与现状，明确中外文化的异同是进行有效跨文化交际的前提，也是避免文化禁忌和"雷区"的有效方式。

在英语作为通用语背景下，跨文化交际发生的转变表明交际者双方处在平等的地位，不受英语作为母语使用时的语言规范和文化准则的约束，以有效沟通为目的，保持平等、宽容、共赢的文化态度，实现有效的跨文化交际。

## （四）对英语教学的启示

在英语作为通用语背景下，跨文化交际能力的内涵转变对于培养学生跨文化交际能力的启示主要包括教学目标、教学内容和教学实践三个方面：

1. 教学目标

教学目标由培养学生的英语语言能力转向培养学生的跨文化交际能力，使其具备对异域文化的理解能力和对本土文化的表达能力。对异域文化的了解能够克服文化差异带来的交流障碍，避免文化冲突。同时，用英语得体的表达本土文化能够增加不同文化群体之间的相互了解，从而进行真正意义上的跨文化交际。这两个方面在跨文化交际中是相辅相成的。

2. 教学内容

在新的形势下，单一的语言教学资料已经无法满足教学的需要。除了传统的英美文化概论一类的教材，我们还应选用覆盖多元文化的教学资料，使学生拥有全球化的视角；选用含有多元"口音"的录音资料（新加坡、印度尼西亚等），提高对英语听力的理解度；采用介绍本土文化（历史、人文、地理等）的书籍，帮助学生准确表达本土文化，在进行跨文化交际时，增强自信心；通过比较中外文化之间的差异，增强学生异域文化的敏感性和宽容度，同时培养学生文化比较和文化反思的能力。

3. 教学实践

在学习多元文化和本土文化的同时，提倡体验式教学，设计不同的教学情境，如模拟联合国会议、商务演讲、谈判决策。在浸泡式教学中，让学生对跨文化交际产生较为直观的印象，激发他们对多元文化的兴趣。鼓励学生参加社会实践活动，在文博会、世博会此类大型文化交流会议中担任志愿者，帮助来自不同语言文化背景的人士进行有效的沟通，让学生参与到真正的跨文化交际过程当中，享受文化互通带来的乐趣。

在全球化浪潮中，英语作为世界通用语，起着连接你我他的作用。跨文化交际出现了不同于英语作为本族语或外语的交际特征，由传统的单向模式逐渐转变成为多语和多元文化相融合的复合模式。交际目标由理论层面上升到实践行动，以解决交际中的实际问题为目的，交际者坚持平等、合作、宽容、共赢的文化态度，实现有效的跨文化交际。由此，笔者从教学目标、教学内容和教学实践三个角度出发，对跨文化交际教学提出建议，旨在培养学生对文化的敏感度和宽容度，提升学生的跨文化交际能力。

# 第二节　跨文化言语交际

言语行为指人们为实现交际目的而在具体的语境中使用语言的行为，是语用学研究中的重要领域，也是语言学家和哲学家共同关注的一个重要课题。它包括语言和行为两个部分。哲学家从行为研究到语言，重点是行为。语言学家从语言到行为，重点在语言。人们的言语交际是通过实施言语行为而完成的。只有正确领会言语行为所体现的说话人的意图即言外之意，受话者才能做出恰当的回应，从而顺利完成交际活动。而准确理解言语行为，尤其是在跨文化交际的语境下的言语交际行为，则需要言语行为理论做指导。本节将尝试从语言哲学视角对跨文化交际领域中的言语行为进行分析，并剖析和探索西方语言哲学研究成果（特别是言语行为理论）对跨文化交际活动的指导作用。

在国际经济一体化形势的驱动下，世界范围内的跨文化交际活动日益频繁。跨文化交际活动大致可以分成言语交际和非言语交际两种形式。非言语交际主要是指通过除了语言之外的形式进行的信息交流。与借助于图形、旗语、手势等手段进行的非言语交际相比，言语交际在整个跨文化交际环境中占据了主导地位。

言语交际主要依靠语言作为信息传递媒介，因此言语成为整个活动中的核心。言语行为理论认为许多话语并不传递信息，而是相当于"行为"。因此，对跨文化言语交际的研究可以转换成对交际双方言语行为的研究。这就要求我们关注言语活动参与者的意向，并结合相关语境等语用因素对言语交际进行理解。这对于促进跨文化交流具有积极的意义，有助于正确理解言语行为的文化含义，从而促进跨文化交际的发展。

言语行为是语用学研究的重要课题，而言语行为理论也是语用学研究中的重要领域，它为语言研究提供了重要的哲学理论基础。在使用语言进行交际的时候，如何正确把握说话者言语行为的深层含义对确保交际活动的成功具有重要意义。特别是在跨文化交际中，更需要我们准确地体会和分析言语行为。在言语交际中，我们应当深入地了解言语行为，运用其理论指导我们的交际实践。深入研究语言交际行为对促进国际经济文化交流和发展具有重要的现实意义。

因此，本节将尝试从语言哲学视角对跨文化交际领域中的言语行为进行分析，并剖析和探索西方语言哲学研究成果（特别是言语行为理论）对跨文化交际活动的指导作用。

## 一、言语行为理论综述

全面正确地理解言语行为理论，了解理论框架的创建和发展过程，准确把握言语行为理论的哲学内涵是将其运用于指导跨文化言语交际的前提和基础。首先，我们需要了解言语行为理论的哲学基础和发展历程，其次是理解其系统的理论构架。

言语行为理论是在哲学家对语言行为关注的过程中逐渐发展起来的，有着深刻的哲学渊源，哲学家和语言学家对间接言语行为的关注和认识也是在此过程中日趋成熟的。言语行为理论的创立为研究言语的使用行为奠定了坚实的理论基础，因此要准确把握跨文化语境下的言语交际行为，必须充分了解其哲学渊源——言语行为理论。

### （一）言语行为理论的创立

言语行为理论开辟了语用学研究的新视角，是语言学家和哲学家共同关注的一个重要课题。一些人类学家、哲学家对语言领域的哲学现象产生了兴趣，将哲学研究成果运用到语言研究领域中，促成了言语行为理论的创立和发展。

1923 年英国人类学家马林诺夫斯基（M.Malinowsk）在其《原始言语中的意义问题》中，首次提出了"言语行为"（verbal behavior）这一术语，并从人类学的角度，通过对一个民族的文化生活和风俗习惯的考察，研究了语言的功能，认为与其把语言说成"思想的信号"，不如说它是"行为的方式"。

17 世纪英国哲学家洛克（John Lock）在其著作《人类理解论》中，提出了符号行为说，英国传统哲学以此为基础，对具体的言语交流进行理性的分析，形成了独立的言语行为理论。从而使众多的学者关注交际过程中语言意义的表达和理解，把语言放到具体语境中去进行意义研究，实现了语用思维的发展与哲学的演进历史之间的有机结合。

英国哲学家、数理逻辑学家维特根斯坦（Ludwig Wittgenstein）在其著作《哲学研究》中谈到了言语行为理论的内容，其后期的"语言游戏说"代表了其哲学思想。何为语言游戏？"我也将把由语言和行动（指与语言交织在一起的那些行动）所组成的整体叫作语言游戏。"维特根斯坦认为，语言游戏和日常生活有密切的关系，也就是说，语言游戏是从日常生活中来的。在这里，"语言游戏"一词的用意在于突出下列这个事实，即语言的述说乃是一种活动，或是一种生活形式的一个部分。维特根斯坦认为日常生活是理解言语行为的基础。从日常生活的角度出发来理解语言，是后期维特根斯坦语言哲学的一个重要特点。他的观点启发了英美语言哲学家奥斯汀（J.L.Austin）。奥斯汀在此基础上发展了创新的"言语行为理论"，被称为自人类使用语言 2 500 年以来最重大的发现，即人们是通过"说话"来"做事"的。

早在 20 世纪 30 ~ 40 年代，日常语言分析哲学在英国兴起，最早明确提出言语行为理论的是英国哲学家奥斯汀。1957 年他到哈佛大学去做讲座，以《如何以言行事》（*How to Do Things with Words*）为书名，发表了其讲座内容。该书探讨了语言的使用问题，指出语言研究的对象不应该是词和句子，而应当是通过它们所完成的行为，提出了分析日常语言哲学的方法，其分析对象是"整个言语环境中的整个言语行为"。这样就把语言研究从以句子本身的结构为重点转向句子表达的意义、意图和社会功能方面，从而突出了用语言做事或言语的社会功能。而且主张并解释了"说话本身就是一种行为"的观点，建立了言语行为理论，该理论认为人们在"以言行事"，说出某句话就是做出某件事。他后来提出了"言语行为三分说"，即人们在说任何一句话时要完成三种行为：言内行为（the locutionary act）、言外行为（the illocutionary act）和言后行为（the perlocutionary act）。言语行为表达了说话人要表达的语句的字面意思。言外行为则体现了说话人的意图即言外之意，可能为断定、疑问、命令、请求、致歉、感谢、祝贺等。言后行为则表示在说话人的行为意图被受话人所领会后对其所产生的影响或效果。但该理论本身存在一个问题，即在什么条件下允许谁对谁说些什么的问题。

### （二）言语行为理论的发展

继奥斯汀提出分析日常语言哲学的方法，创立语言行为理论以后，其语言具有行事功能这一哲学经其门生美国哲学家塞尔在 20 世纪 60 年代后期批判继承和发展为言语行为理论，合理地解释了命题内容和言外行为的关系，使该理论更加具体化和规范化，弥补了奥斯汀理论上的缺陷，成为现代语用学的核心内容之一。塞尔肯定了语言的社会性，认为语言是一种社会现象，社会事实的部分无限的言语行为可以确定为有限的范畴，但确定言语行为种类的前提是首先区分话语的命题内容和言外之意（交际意图）。提出分析言外行为必须把握特定的意向和惯例，意义既有交际意图方面，也有规约性方面。1965 年塞尔发布了"什么是言语行为"，并在 1969 年的《言语行为：语言哲学论》一书中进行了全面阐释，标志着塞尔经典言语行为理论的形成。

同奥斯汀一样，塞尔也认为说出某种语言就是在实施言语行为，如：做出陈述、发出命令、提出问题、做出承诺等。说话即在行事，意义等于某种行为，所以他声称语言研究是行为理论的一部分。塞尔指出："研究言语行为合适的方法是研究语言。"他的言语行为理论基于一条表述原则，即"意义皆可用言表"。根据这一原则，说话人想要表达的任何意义都可找到一个相应的语言表达式来表达。他把言语行为的分析同语言、意义、交际问题的研究相结合，将言语行为融于语言理论中，把言语行为界定为语言交际的最小单位，这就等于把言语行为摆在了研究语言、意义和交际的中心地位。他合理地解释了命题内容和施事行为的关系，弥补了奥斯汀理论上的缺陷。

塞尔对言语行为理论的另一个重大贡献是提出了"间接言语行为理论"。一个人直接通过话语形式的字面意义来实现其交际意图，这是直接的言语行为；当我们通过话语形式取得了话语本身之外的效果时，这就称作间接言语行为（indirect speech act）。简单地讲，间接言语行为就是通过做某一言外行为来做另一种言外行为，也可以说成是："通过施行了一个言外行为间接地施行了另一个言外行为。"间接言语行为理论要解决的问题是：说话人如何通过"字面用意"来表达间接的"言外之力"，或者听话人如何从说话人的"字面用意"中推断出其间接的"言外之力"，即语用用意。

## 二、言语行为理论对跨文化言语交际的指导作用

语言交际是通过实施言语行为而完成的，只有正确领会言语行为所蕴含的深层含义，才能做出恰当的回应，从而顺利完成交际活动。而准确理解言语行为则需要言语行为理论作为有力的理论支撑。从这个角度上来说，言语行为理论为跨文化言语交际奠定了坚实的哲学基础。将言语行为理论运用于跨文化言语交际，在多个领域和层面都具有重要的现实意义。

### （一）有利于促进受话者对语言交际中说话者言外之力的理解和把握，从而准确捕捉对方交际意图，完成交际任务

英国社会人类学家 Malinowski 曾指出，语言行为和人们其他社会行为一样受制于文化。不同的文化背景下的交际行为，在语言使用规则方面也存在着差异。我们在进行跨文化交际时，要在言语行为理论的指导下，结合对方文化背景下的语言规约来理解和把握对方言语的意图，即言外之力。如果说话人的意图能适当地被听话人所领会，便可能带来结果或变化，这便是言后行为。但是，说话人的意图未必一定被听话人领会，因而说话人希望出现的结果并未发生，这时候就会导致交际的失败。

这就意味着在跨文化交际活动中，说话者所说出的话的具体含义应当结合当时的社会文化环境和具体的社交场合进行理解。例如，假设对方说："我们很高兴与贵方合作。"这句话究竟是表明对方的合作诚意，还是合作邀约，或是对之后提出的问题作铺垫，这些都取决于对言语意义的把握，对方在说出这句话的同时完成的言语行为究竟有什么深层的暗示，都应当结合言语行为理论分析具体的语用特征之后确定。

### （二）可以指导说话者选择恰当的符合语用规约的言语形式达到交际目的

交际双方通过了解言语行为理论，可以更好地理解自己的言语行为将给对方带来什么样的影响和效果，从而积极思考用什么样的言语行为才能达到什么样的效果，通过改进交际中的言语表达方式，提高跨文化交际的效率。

例如，在问候语的使用习惯方面，中国人由于高度重视社会关系，在互相问候的时候往往表现出对他人的关心。所以，中国人在路上相遇时，会很客套地问一句"你去哪儿啊？""最近忙什么呢？"话语本身没有过多的深层含义，只起到寒暄的作用。但是如果把这样的语句直译为英语问候英美国家的人，那么该言外行为就不能被对方正确领会，原有的言外之力——"问候"就会失去。以英语为母语的人却不大会采用这种问候方式，这时，问候甚至会产生误解："我去哪里，跟你有什么关系？""去哪儿啊？"在中国人眼里，是一句礼节性问候语，可是不了解中国文化的外国人说不定会把它看成打探其隐私的无礼行为。在这种情况下，原来所预期的言后行为自然不会发生，而交际就会陷入僵局。

言语行为是按照一定的规约来实施的，实施行为是一种规约性行为，"说出某种语言就是在产生一种（高度复杂）受规则制约的行为方式"。言语行为的意义就是句子意义的功能，要了解语句的意义，就要了解语句使用的规则，包括给定规则（regulative rules）和构成规则（constitutive rules）。其中，规定规则制约着我们约定俗成的或独立存在的行为方式或活动。在上述的例子中，我们在跨文化交际中的言语行为就应当遵守

特定的社交礼仪规则，这些规则制约着独立于规则而存在的相应人际关系。基于对言语行为理论的理解，我们可以认识到：我们所进行的交际行为涉及的双方具有不同的文化背景，在这样的大前提下，我们所需要遵守的规定规则（譬如：社交礼仪）是不同的，因此我们的言语行为不仅要符合我们自己熟悉的语用规则，还需要符合对方所约定俗成的语用规则。这样一来，如果我们的言语行为仍然只坚持单方的语用习惯，继续用"去哪儿啊？""最近忙什么呢？"之类的话语作寒暄语，就有可能会使对方无法理解语句的言外之力和交际意图。反之，如果运用言语行为理论的观点来认真考虑语用规则问题，就更容易选择符合双方文化特征和两种语言的使用习惯的表达方式，就更能够达到交际的预期效果和目的。

### （三）为正确分析跨文化交际中的失误、改进交际效果提供理论支撑

一些交际障碍的产生除了语言表达能力的问题之外，往往还伴随着语用失误。这需要我们对言语的言后行为进行分析和研究。塞尔通过分析，认为言后行为涉及交际意图和规约性等方面内容，是"实施行为对听话人的行动、思想、信念等所产生的影响或效果"。格赖斯也认为说话人通过某种话语会对听话人产生某种影响。

汉语言文化推崇委婉的螺旋形思维方式，而西方则偏向于直线型思维方式。这往往会造成跨文化交际中的系列问题。假设中西方商务代表进行首次接触，按照中式文化习惯，中方代表往往喜欢先从与对方建立良好的双方人际关系入手，为可能的合作做大量的铺垫。这样，可能会出现前几天的日程安排比较轻松，主要是介绍中方的公司、产品，并不急于涉及合作的具体细节。而西方代表则比较习惯单刀直入地尽快切入主题的交际方式，希望能够在议程安排上直接进入实质性的谈判内容。由于存在这样潜在的思维方式差异，在交际中如果不能对双方的言语行为进行深入分析，敏锐地捕捉到这样的言语暗示信息的话，就可能使西方代表误认为中方没有合作的诚意或者是办事缺乏效率而失去了进一步合作的兴趣。反之，如果我们能够在语言交际中，细心地观察对方对我们的言语行为所做出的反应，并认真揣摩对方的言语行为的言外之力，预示我们的言语行事行为会对听话人产生什么样的影响，就可能有效地避免类似的交际失误。

### （四）为创建跨文化交际理论提供哲学基础

跨文化交际学是一门新兴的交叉学科，其理论框架的建构需要融合多个学科系统理论研究的成果，其中文化学和语言学可以说是整个学科的核心内容。文化与语言息息相关，而哲学研究成果往往都被运用到语言研究中并取得了很多的成果，因此跨文化交际学的发展也离不开哲学的有力支撑。

言语行为理论是语言哲学理论的重要组成部分，必然对促进语言的具体使用，为关

注主体的跨文化交际学奠定理论基础，并提供新的研究工具，以及更广阔的研究视角。例如，间接言语行为等理论观点的提出都将极大地丰富跨文化交际学的研究领域。

言语行为贯穿于跨文化言语交际的全过程，行为本身不仅具有本体意义，通过言语表述说话人想要表达的语句意义，而且还具有人际意义，在人际交往中起着十分重要的作用，能够在交际双方之间建立起特定的人际关系。

言语行为理论和跨文化言语交际紧密相关，相辅相成。跨文化交际双方所使用的语言和非语言背景知识、会话原则及双方的推理能力影响着双方言语行为的表现形式。而言语行为理论的基本观点可以指导交际双方准确理解相应语境下的语言表达形式、说话人的意图和听话者的反应等，可以正确分析对方的言内行为、言外行为及言后行为，适当调整自己的言语表达形式，从而顺利达到交际目的。

跨文化言语交际活动是在特定语境下由个体、社会以及文化等因素迥异的交际双方完成的，言语行为理论为准确分析和研究交际双方的言语行为提供了有力的理论支撑，也必然成为促进跨文化交际学发展的哲学基础。正确认识言语行为理论对跨文化言语交际的指导作用，具有积极的现实意义。

# 第三节　跨文化非言语交际

现阶段，全球经济一体化已经迈入新的进程，而世界各国间跨国、跨地区、跨民族的联系已经越来越密切，跨文化交际基于此也越来越流行，跨文化交际是融合着文化背景和语言背景差异的交际。伴随着我国近些年对外交流的频繁，跨文化交际也开始进入课堂，本节将从跨文化交际层面出发，探讨跨文化交际中的非言语交际在英语教学中的现状。

语言交际和非言语交际是人类沟通的两种主要手段，在人类社会中，两者互相结合才能进行更有效的沟通。非言语交际本身即是一种非常重要的交际手段，可以通过其表达人与人之间的态度，交流思想，并通过感情的交换继而达到交际的目的，国外关于非言语交际研究较早，且已取得较显著效果，研究学者定义其为不用言词的交际。非言语交际在我国的研究从 20 世纪 80 年代才开始，与国外研究学者不同，中国的研究专家学者们有着独特的范畴、特征界定，但国内外关于非言语交际的看法还是有相通之处的，而应用在课堂上，西方研究学者们更注重课堂上的师生关系，引入到如今的英语课堂上，将西方研究学者的观点借鉴修改，进一步改善师生关系，提升学生的认知能力和学习效率。

## 一、非言语交际

### （一）非言语交际的定义

非言语交际最早兴起于 20 世纪 50 年代，美国人类学家伯德威斯特于 1952 年出版《身势语入门》为此学科奠定基础。而近些年，国外研究非言语交际的热潮又一次风靡，引起更多专家对其更深层次研究。目前，关于非言语交际的定义，国内外各有不同看法，西方学者更认同 Malandroetal 的言论，即"非言语交际是不用言词的交际"。国内方面，毕继万曾在其著作《跨文化非语言交际》中提出，将非言语定义为："不用言词表达的，为社会所共知的人的属性和行为，这些属性和行为由发出者有目的地发出或被看成是有目的地发出，由接受者有意识地接受并有可能进行反馈。"更多的人认为，非言语交际具有重复、否定、补充、替代、强调和调节功能。课堂上的非言语交际，大多数研究学者认为，这会通过教师的表情、举止等非语言手段进行，如教师音量高低、节奏、语调、手势、姿势、表情等，都能传递给在座的学生某种信息，继而起到在课堂上交际的作用。

### （二）非言语交际的意义

日常生活中，人们大多都是使用语言交际，而忽略非言语交际的作用，而实际上，在人们面对面的交流中，只有 35% 的内容是通过语言交际完成的，其余 65% 其实都是通过非言语交际实现的，比如手势、眼神、表情等，这也表明，非言语交际在人们的社会生活中承担着非常重要的作用，决定着交流双方能否直接明白对方的真实意图，引用一句俗语表示，即"此时无声胜有声"。经济全球化使得跨文化交流越发频繁，但在跨文化交流中，人们常常会更注重语言的准确性，而下意识忽略非言语交际中行为的文化差异和影响，继而引起更多的文化冲突。

英语课堂是传授知识和技能的信息交流场所，教师使用正确合理的方式将非言语行为应用到英语课堂教学中，一方面能够引起学生们学习英语的兴趣，更加主动积极地去探索英语，另一方面教师也能够通过英语课堂提高教学效率，让学生们在习得丰富的英语语言知识的同时，也能够提高跨文化交际的能力，因此，教师在教学过程中，不仅要重视语言交际教学，也要注重导入非语言交际知识，帮助学生们更全面深入地理解跨文化交际中的非言语交际。

## 二、英语教学中的跨文化非言语交际

非言语交际包括多种类别，比如体态语、副语言、环境语、客体语等，这些在各个国家都是不同的，与个人行为及国家文化差异都有很大差别，在英语课堂上也是如此。

在英语教学中，跨文化非言语交际使用较多，相比于传统的外语教学只注重语言本身，过于强调语法和词汇本身，而忽视文化传播的学习过程，跨文化非言语交际的英语课堂更注重语言文化和思想文化的双重交汇，主要体现在以下几方面：

### （一）教师要帮助学生正确理解非言语行为的含义和文化特征

由于历史文化等种种不同，东西方文化存在较大差异，主要表现为，东方文化更讲究内敛、含蓄，西方文化更为开放，外露。但在两千多年前，我国伟大教育家孔子就提出要注重非言语行为，日常与人交流时，要注意"察言观色"，目光和眼神都是传递非言语的重要途径。俗话说："眼睛是心灵之窗"，通过眼睛，能够看出一个人心中所想，课堂上也是如此，教师要教会学生理解东西方文化差异。西方国家会将直视对方眼睛的交流视为礼貌行为，表达尊重；而东方文化中，为表示尊重和礼貌，会避免直视对方眼睛。同样的行为，不同的含义，教师一定要在实际英语教学中告知学生。

### （二）利用先进的多媒体教学手段改善教学环境

传统的英语课堂大多是使用课本传递知识，部分会使用到磁盘、磁带等。但随着现代科技的发展，多媒体在课堂教学中使用得更加频繁，音频、图像、动画等先进多媒体产物已经广泛应用于英语教学课堂，学生们可以通过多媒体技术，通过网络更直观地体会英语母系国家和人员的纯正英语，也能通过视频或图片等更直观地欣赏生动的姿态和表情，便于学生们深入地学习英语。

### （三）通过非言语交际教学提高学生综合素养

非言语行为是存在着信息的交换传递意义的，对于信息传递双方都有一定影响。因此，实际教学中，教师要充分调动学生们的学习积极性，发挥其主观能动性，引导学生们树立正确的行为观念和价值观念，帮助学生们培养并提高自身的综合素养。同时，教师们也应该鼓励学生要在课余时间多参加些跨文化交际活动，在课堂外也要感受英语学习氛围，在实践中感受不同地区的文化，在与不同地区的人们交流时，提高自身应变能力和语言转换能力，利用自身学习知识，解决交流中遇到的问题，以此提高自身跨文化交流能力。

非言语交际本身蕴含着非常丰富的意义，外在表现形式也多种多样，应用于英语教学中，一方面与言语交际有机结合，能够加深学生们的英语理解程度，并对英语学习产生更大的学习兴趣，提高教学效率；另一方面，英语教师要遵循西方英语文化教授英语非言语交际行为，帮助学生们更深入地理解文化差异，在学习中分析非言语交际的信息，在学习中提高自己的英语交际能力，以达到英语跨文化非言语交际教学的目的。

# 第四节　跨文化交际研究

对外汉语越来越适应当今社会的主流发展，在这种发展背景下，跨文化交流的风潮也随之而来。跨文化交流是培养自己的语言能力，是对情感、思考和行动的一种锻炼，只有积极锻炼自己，才会达到更好的交流效果。不同国家进行跨文化交流的过程中，都会出现因为文化理解差异造成的交流困难等现象，但是在交流的过程中，文化与文化之间也会彼此影响甚至相互融合。

不同国家、不同民族有着不同的文化，更有着不同的历史，当今社会是国际一体化的发展模式，每个国家的人都可以跨越种族歧视，打破时间地点的限制来进行交流，。所以在这种发展模式下，许多问题也慢慢显露出来，因为对民族风俗和时代文化理解的不同，许多人在交流中存在着心理上的隔阂，最终产生矛盾。为了解决这一潜在问题，对外汉语中的跨文化沟通便顺应了这一发展趋势，随之应运而生。

## 一、跨文化交际中的文化差异

跨文化交际中最重要的就是口语交流，其次还有行为动作、其他语言以及客体交流等，它主要是指文化教育和学习环境不同的人在一起进行交流。可是因为不同地区的文化不同，所以每个人都有自己的思维模式、交流方式和理解方式，正是因为这些习惯的不同，因此在跨文化交流中就很容易产生障碍。以上原因促使跨文化交流有以下两个特点。

一是因为汉语是中国传统的语言，所以，在中国传统文化的影响下，母语就很自然先入为主，在许多国人的思想中就很自然地形成了思维定式。例如，在汉语中，"红色"是形容颜色的词语，但是在跨文化交流的过程中，它的深层含义和语言理解就成为一个障碍。中华民族五千年的历史，从原始社会时期的伐木取暖到奴隶社会的火政管理，这些都是一代又一代的人对红色的理解。在我国，为了表达友人之间的重视，总是会请对方到餐厅一聚，而且主人总是会比客人早早来到相约的地方进行准备。相反，对于西方国家特别是欧洲人来说，客人提前到达才能显示出对主人的尊重，令国人无法理解的是，西方人吃饭也要平摊费用。如果将欧洲人的文化放置在中国，当你的欧洲朋友给你打电话相约出去吃饭时，如果你没有按照对方的时间出现，那么他就会认为你不尊重他。另一种情况，如果作为中国人的你约欧洲朋友出去吃饭，在对方说要 AA 制的时候，我们就会觉得对方没有尊重自己，更会觉得对方很小气。之所以产生这样的误解，是因为两人在刚刚成为朋友时并没有了解对方国家的文化，因此，我们在跨文化交际时要积极了解学习其他文化。

二是"以我为主"。在跨国交往中，许多国家的人会以自己的民族为中心，这样的思想很容易对外来文化产生排异思想，甚至会根据该国的经济政治文化来盲目定义。如现在的中国在国际上的地位日益重要，随之也有很多国际友人关注我国的传统文化，但是其中也有人对中国的认知仅停留在小农经济和封建社会时期。中国的儒家思想提倡虚心接受，谦逊有礼。可是很多外国人会觉得我们这是在贬低自己，甚至是对自己的不尊重。其实儒家思想是深入国人内心的，比方说在别人夸你家孩子懂事理、学习好时，大多数的中国家长都会很不好意思，然后谦虚地说："哪里哪里，他才不懂事呢，成绩也没你家孩子好。"在外国人看来，这样的态度就是没有做到实事求是，甚至是虚伪，他们将中国传统美德看成是迂腐落后的表现。出现这些问题的原因，最主要的就是文化差异和民族主义，这样的态度是跨文化交际中最大的阻碍，是不利于国际文化的融合与交流的。

## 二、跨文化交际中的相互影响

随着中国在世界上的地位越来越重要，我国的一些语言也发生了很大的改变。在很久之前留下来的说话方式随着西方文化的传入加入了许多新兴的词汇。例如，我们会用"先生""女士"代替以前"同志"的称呼，"咖啡""可乐"等都是"coffee""Cola"等英文的音译。同样，西方的英文单词中也有很多是汉语的音译，比如"Kungfou（功夫）""Tofu（豆腐）"。正是因为在跨文化交际的过程中，即使是不同国家的文化之间也是存在共性的，所以它们才会很容易融合。这些变化都是国际语言的魅力，也是它们相互影响的表现。

## 三、培养跨文化交际的"情感—认知—行为"模式

在跨文化交往中，我们要想使不同国家的文化融合在一起，那么我们每个人都要积极提高自身能力，从而减少文化交流的障碍，跨文化交际不仅是以语言为媒介，更是以我们自身为介质。跨文化交际中有三个因素：情感、认知以及行为。第一，在跨文化交际中，因为不同国家有不同的文化，所以我们应该尊重其他国家的文化。在自身的发展过程中剔除种族观念，放弃"以我为主"的思想，更要理解和包容他国文化，培养自己良好的心态。第二，在跨文化交际中，交际者应了解不同国家的语言文化，提高交际能力，准确掌握文化知识。除此之外，在交流过程中，交际者更要从不同的视角了解语言文化

之外的知识，即非语言交际，并要理解它与语言文化的不同，这样才能更好地揭示语言文化的差异。第三，我们要敢于实践，将我们所学的关于跨文化交际的知识放在实践当中，敢于反思自己的过错，勇敢面对交际中的困难，这样才能适应新的跨文化交际。

对外汉语是当今社会发展的主流，跨文化交际也逐渐适应了这一时代发展潮流。在跨文化交际的"情感—认知—行为"模式下，交际者不仅要提高自身能力，更要了解交际特点，只有这样才能更大地推动中西方文化的进步，消除中外文化差异，使对外汉语在国际上更加优秀。

# 第二章 跨文化交际的影响因素

## 第一节 环境因素

### 一、跨文化交际的含义及意义

"跨文化交际"（Intercultural Communication）指的是不同文化背景下个人之间的交际，也就是不同文化背景的人之间发生的相互作用。以前这是社会学、人类文化学和民族学主要关心的问题。随着英语学习者在中国的不断增加，跨文化交际逐步引起大众的注意，中国的语言教师也对此表现出极大的兴趣。从跨文化角度改进外语教学、提高学生们应用语言的能力迫在眉睫。

跨文化交际研究的目的主要有以下三方面：首先，提高人们对不同文化的理解。文化是存在差异性的，这是学习者必须承认的事实。如何面对这种差异性成为学习者开始接触这种语言时要面对的首要问题。通过比较本民族自身文化与对方文化的差异性，能够帮助学习者加深理解本民族自身文化，认识对方文化的不同特点，进而客观地把握各自的文化特性。在发现文化差异性的同时，我们要更加注重文化间相似性的比较，求同存异，批判地、有选择地接受外来文化。其次，培养跨文化交际时的适应能力。最初与不同的文化接触时，往往会受到文化冲击，从而产生某种不适应，对其他文化产生排斥，严重影响交往的顺利进行。要想尽快地熟悉目标语国家的文化，使交际顺利进行，必须设法缓冲压力，克服文化冲击，采取措施提高跨文化交际的适应能力。再次，培养跨文化交际的技能。随着改革开放的进一步扩大，中国加入世界贸易组织，越来越多的外国企业涌入中国，经济全球化使全世界国家之间的彼此联系更加紧密。走出国门或留在国内与外国人打交道的人越来越多，跨文化交际的能力成为决定事业成败的关键，人们开始逐渐重视跨文化交际技能的培养。从这个意义上说，跨文化交际的实际意义大于理论意义。

## 二、中西跨文化交际中经常出现的文化差异

中西跨文化交际中的文化差异非常典型。这些文化差异不同程度地影响了人们之间的交际，有时候甚至引起交际双方的误会。中西跨文化交际过程中的文化差异有很多种。

隐私方面的差异。中国人受传统集体主义思想的影响，隐私观念比较淡薄。中国人认为个人从属于集体，群体内部要讲究团结友爱，相互关心，相互帮助，因而中国人往往很愿意了解别人的日常琐事，点点滴滴，对方也能够体会这种友爱与关心，愿意坦诚相告而毫不介意。西方人则注重自由、民主和平等，个人主义观念强，集体主义观念弱。他们非常注重个人隐私，讲究个人空间，不愿意向别人过多提及自己的事情，更不希望别人的干预。比如年龄、婚姻状况、儿女、职业，甚至收入等都属于西方人的个人隐私。

家庭观念的差异。中国人的家庭观念强，血缘关系、亲情伦理在头脑中根深蒂固，父母、子女始终是一家人。哪怕成家立业，另设门户，和父母仍不分彼此，把赡养父母、侍奉父母看作自己应尽的责任和义务。西方人却不同，子女一到成年，就会离巢而飞，父母不再抚养他们；而子女一旦独立，对父母家的事，也不再理会，更休想赡养父母或几代同堂了。

时间观念方面的差异。西方人的时间观和金钱观是联系在一起的，时间就是金钱（Time is money）的观念根深蒂固，所以他们非常珍惜时间并善于利用时间，能把生活与工作计划得有条不紊，并养成了按时赴约的好习惯。在西方，任何事都要按计划进行。比如要拜访某人，必须事先通知或约定，说明拜访的目的、时间和地点，经商定后方可进行。他们不喜欢别人突然造访，也不喜欢客人提前到来，这会打乱他们预先制订的计划。而中国人则在时间的使用上具有很大的随意性，一般不会像西方人那样严格地按照计划进行，因此西方人往往对中国人的时间观念感到不适应。

造成中西方文化差异的原因有很多，究其根本，是因为中西双方有着不同的文化传统和历史背景。这必然造成人们在思想、行为等多方面的差异，甚至是冲突。另外，思维模式的不同、行为规范的不同、价值取向的不同，以及英语学习者本民族语言的语用迁移方面的差异都会造成不同文化间的差异。鉴于篇幅，这里不再赘述。

## 三、英语教学中培养跨文化交际能力的方法

从以上分析可以得出，在中西方跨文化交际的过程中，的确存在着很多文化方面的差异，这些差异性将直接影响跨文化交际的效果。为了避免跨文化交往时出现文化冲突，提高跨文化交际效果，我们极有必要在实际教学中注重培养学生的跨文化交际能力。

一方面，授课教师要转变观念。在中国当前的教育体系下，大多数外语教学只在课堂上进行，教师起着绝对的主导作用。这种以教师为中心的教学方式，极大地限制了学生积极性和主动性的发挥。当前中国还处在由应试教育向素质教育过渡的转型阶段，由于各种各样考试的压力，英语课堂上的教师仍把重点放在语法和词汇教学上，学生就不可能真正地学会一种语言，他们实际运用语言的能力也受到禁锢，无法获得跨文化交际的能力。以语言知识传授为重点的英语教学忽略了跨文化交际能力的培养因此，授课的教师必须要切实转变自己的教育观念，充分认识到文化冲突的危害性和培养学生跨文化交际能力的重要性。

另一方面，教师要改变现有的教学方法。切实改善教学方法要求教师在质和量两个方面加强课堂教学中的文化教学，并且可以借助于现代化的教学手段，如电影、投影仪、互联网等。同时，教师也要加强学习，提高自身的综合文化素质，将枯燥无味的语法学习与目的语国家的文化恰当地结合，提高学生们学习英语的积极性和主动性，增加英语学习的兴趣。此外还可以举办一些专题讲座，以满足学生不同的求知欲望，培养出具有较高跨文化交际能力的人才。值得注意的是，改进教学方法的同时，一定要使文化教学与学生所学的语言知识紧密结合起来。只有这样，才能全面掌握英语文化知识教育的量与度，以及教学的具体步骤和方法，以达到预期的教学目的，改善中国外语教学的现状。另外，在教授英语的过程中，需要重视非语言交际能力培养，引导学生广泛接触西方文化材料，这对他们跨文化交际能力的提高也是有帮助的。

跨文化交际就是要了解西方文化，要认识并掌握中西方文化的差异。但我们应该清楚地意识到学好中国的传统文化才是根本。只有熟练了解掌握了中国的文化，才能更好地理解并掌握中西文化差异，看到文化差异的本质，进而归纳总结，以培养自身的文化敏感性，为外语的学习提供重要的文化基础。此外，在教师的指导和帮助下，学生要学会自己去发现和总结规律，使客观指导和主观努力相结合，才能实现正确理解和灵活运用英语的目标。学好英语不是为了应付各种各样的考试，而是为了交际，因此在当前英语教育领域中，跨文化交际能力的培养是关键。

# 第二节　语言文化因素

跨文化交际中汉语言的运用时有发生语用失误的现象，其原因在于背景文化的差异导致留学生无形违背交际原则，或者尚未考虑到汉语言语义的复杂性。本节着重探讨跨文化交际中汉语语言交际语用失误的表现及影响因素，研究目的在于更深层地了解汉语语言交际的要求及其承载的文化，以辅助跨文化交际中汉语言使用者更好地完成交际要求。

随着我国国际化的发展，汉语言成为继英语之后留学生关注的另一大语种，但是受到中西方文化差异以及母语意识等多方面的因素制约，很多来华学习汉语言的留学生在跨文化交流过程中，往往因为交流双方的文化背景和沟通方式以及理解能力等方面存在的差异，其汉语语言交际常会出现语用失误等情况。

## 一、跨文化交际中汉语言语用失误的基本表现

跨文化语境中汉语语言使用的语用失误，基本表现在语用原则选择的失误、言语行为实施方式的失误、实施言语行为的合适性条件的失误三个方面。

由于生活在不同文化背景下的双方在不同交际场合中对礼貌原则和合作原则的认知不同，在汉语引用时使用的原则也不同，这是导致汉语言语用失误的根源。语用学理论中强调语言行为发挥作用必须满足适当条件。在留学生与中国人在日常交际中，很多留学生因为没有充分关照对话双方之间的社会距离等合适性条件，很容易导致语用的失误。

此外，在实施语言行为时，部分留学生也会因为中国文化与其母语文化规则实施方面的差距而出现汉语言使用引用失误。比如，中国的邀约方式，一种表示客气，另一种表示真正的邀约。但是两种邀约的差别，很多留学生难以判断，因此分不清沟通对象是假意还是真心。

## 二、跨文化交际中汉语言语用失误的原因

语言作为跨文化交际的基础，仅能作为交流双方跨语言交际的工具，而并不代表着双方的沟通能力。在对外汉语教学中，很多汉语言教师有意识地培养来华留学生语用能力，并重视引导留学生吸收和认识中国文化，以此来避免出现语用失误或尽可能地减少语用失误的情况。但是这并不应该成为汉语言学习的根本性目的，毕竟即便是国人学习汉语言，在对外交际的过程中也有可能出现语用失误的情况。因此，针对跨文化交际中语用失误的原因做出分析，基本可归纳如下：

思维模式差异。与国人相比，来华留学生在学习汉语言的过程中难免受到其母语思维和母语影响下语言应用语境及惯性行为等的影响和制约。尤其是在不同个体之间，其思维模式不同、文化背景不同、文化特性不同等的前提下。西方传统文化和东方文化之间存在极大的差异。比如西方传统文化，更重视逻辑性和理性思维，但是东方文化却更倾向于个体直觉感知，国人的思维判断大多源自自身的观察和个体经验的积累。这两种存在差异的思维模式，在使用汉语语言进行交流时，在双方文化语境中就会形成固定的

模式。因此，即便就某一话题使用汉语语言来沟通时，西方人更重视语言的逻辑性，东方人则更重视语言的伦理性，即双方沟通的和谐性。两者的此种思维差异势必会导致双方沟通存在语用失误的情况。

价值观差异。与西方人相比，中国人价值观中更重视集体荣誉，重视团体合作，一旦个人利益和集体利益出现失衡时，国人更顾全大局。只在评判某件事情或某个个体行为对错时，往往由社会道德作为行为标准。但是西方人更重视维护个人利益，重视维护个人能力。两者之间价值观点的差异，在跨文化交际语境上，其语用失误情况的出现就不难理解。比如中国人在接受他人帮助时，出于礼貌会使用"麻烦了"之类的惯用语。但是在西方人眼中此种措辞比较虚伪，而交流双方之间的相互谦让更没有必要性。因此，中西方人价值观念的差异会导致双方在汉语言应用时产生明显的应用失误。

文化背景差异。中国人重视仁义道德，在千百年封建思想的影响下，国人大都以道德作为基本行为准则。但是相对而言，西方人更重视个人利益和个性化，其对平等和自由的追求，在西方文化氛围下便形成了自主独立的性格特征。中国的谦逊、深厚的等级观念，尊老爱幼的思维，与西方的价值观和文化背景存在相悖的情况。比如西方人更重视家庭成员的平等，并没有明显的阶级观念，师生和家庭成员之间大多以姓名作为称呼方式，但是此种情况在中国家庭中是不可取的，甚至是忤逆不道、以下犯上的。因此，在日常交际中，留学生与中国人的文化背景差异往往导致留学生在使用汉语言时形成语用失误。

综上所述，出于防范汉语语用失误，建议不断强化留学生中国文化的文化学习意识和敏感性，引导其克服因文化迁移对跨文化交际所产生的负面影响，科学合理设计汉语言教材及语言测试方式，继而提升语言学习和应用双方对不同文化的包容度。

# 第三节　心理因素

跨文化交际是不同文化认知和符号系统的人们之间所进行的交际，这意味着两种文化的载体需要根据对本族文化和异族文化的认知及情感进行互动，因而加剧了交际的复杂性。在这个过程中，人们心理往往会经历一系列的变化，因为两种不同文化的碰撞必然会带来很多未知数，使交际充满了不可预测性或不确定性。它的不确定性在于交际双方难以对彼此的行为、情感、态度以及价值观进行预测和解释。在这种情况下，人们往往倾向于按照本族文化的价值观和标准去评判异族文化群体成员的行为；另外，人们为了获得社会身份认同和个人身份认同，往往习惯于把属于相同文化背景的人看作是内群体或本群体（in-group），而把陌生文化背景的人看作是外群体或他群体（out-group）；加上受到文化因素的影响，容易形成一些偏爱内群体（in-group favoritism）而疏远外群体的主观印象或态度，具体来说主要表现为民族中心主义（Ethnocentrism）、文化定型和偏见，从而构成了跨文化交际的主要心理障碍，直接影响跨文化交际的数量和质量。

## 一、跨文化交际的主要心理障碍分析

### （一）民族中心主义

民族中心主义一词是从希腊语的两个词 ethnos（国家）和 kentron（中心）演变而来的。它是一种把本民族看作是世界中心，认为自己的文化优越于其他民族文化的态度。美国社会学家 William G.Sumner 把它的特点概括为"以其个人所属群体为一切事物的中心为出发点来看待事物，对其他所有群体则按照自己的标准把他们分成等级。每个群体都认为只有自己的社会习俗是恰当的，看到别的群体有不同的社会习俗就会嘲笑"。例如，当希腊文化处于鼎盛时期时，那些讲希腊语的人被看作是"有文化的"和"有口才的"，而那些不会讲希腊语的人则被嘲笑为"野蛮人"。事实上，我们每个人都有一定程度的民族中心主义倾向，它是文化熏陶的结果，即是在家庭、学校、社会的影响下习得并逐渐形成的一种无意识的行为。由于民族中心主义具有"自我中心""文化优越感"的特点，社会心理学家普遍认为这种态度会给跨文化交际带来严重的负面影响。首先，因为人们往往根据本群体文化的社会规范和准则去对其他文化群体的成员的行为做出预期，从而很容易误解或曲解他人的价值观、意图、言语和行为，因此导致严重的跨文化交际障碍。Wiseman，Hammer & Nishida 的研究发现民族中心主义对涉及跨文化交际能力的三个方面产生负面的影响，包括对他人具体文化的理解、对他人普遍文化的理解以及对他人正面的看法。第二，由于存在着本土化优越感，人们很容易把其他文化群体的行为看作是错误的，加上人类对自己熟悉的文化有偏爱倾向，因此在接触异质文化时往往会产生一定的心理抵触，从而降低了去了解行为背后不同文化含义的意愿，给跨文化交际带来心理屏障。Jandt 指出："严重的民族中心主义会导致人们拒绝接受其他民族丰富的文化知识，使人排斥其他观点，是一种狭隘和局限的态度，因而阻碍来自不同文化背景的人们在思想和技术上的交流。"

民族中心主义最直接的后果就是导致产生交际距离，包括说话人对对方的蔑视程度，以及说话人讲话的内容、说话的语速、说话所采取的语气等。Lukens 把"民族／群体中心主义言语"纳入交际距离的范畴，提出"民族／群体中心主义言语"包括以下三种交际距离：①漠不关心的距离（distance of indifference），这属于轻微民族中心主义的表现，说话者在与外部群体成员进行言语或非言语交际时态度冷漠，往往采取冷淡的提问方式、故意提高嗓门或放慢语速，用外国人的腔调（foreigner talk）和对方说话，完全把对方当作是外国人对待；②回避距离（the distance of avoidance），这属于较强的民族中心主义的表现，说话者在外部群体成员在场时有意试图转换语言或方言，并在身体语言上忽视对方，譬如只与内部群体成员保持目光接触，以突出与内部群体的联系，从而避开与外部群体成员的接触；③蔑视距离（the distance of disparagement），这属于严重民族中心主义的表现，说话者往往通过挖苦、种族笑话、充满仇恨的言辞，甚至身体暴力来孤立或排挤外群体的成员。总而言之，这些极端态度会导致与其他群体的敌意与冲突，甚至引发战争。

## （二）、文化定型

"定型"（Stereotyping）这个概念最早是由美国政治评论家 Walter Lippmann 于 1922 年在他出版的《大众舆论》（*Public Opinion*）一书中提出的，在跨文化交际中被称为"文化定型"或"文化定式"，它是指一个群体成员对另一个群体成员固定的简单化的看法。从人们的态度取向来看，文化定型分为"积极的文化定型"（positive stereotypes）和"消极的文化定型"（negative stereotypes）。如果某一文化定型带有褒义，如"中国人擅长数学""美国人直率"，则被称为积极的文化定型；相反，如果某一文化定型带有贬义，如"黑人有暴力倾向""德国人刻板"，那么我们就称之为消极的文化定型。

人类的认知方式和民族之间的文化差异决定了文化定型的客观存在性和必要性，它是文化分析和文化学习不可避免的方法。无可否认，文化定型作为跨文化理解和交际的切入点，是人类应付复杂的外部世界时不得不采用的一种基本认知策略，但是由于它对文化差异过分简单化的概括，因此存在着很大的局限性和片面性。根据 Scollon & Scollon 的观点，它是一种无视群体内部存在差异的思维方式，是一种无视普遍性以外还存在着特殊性的思维方式。贾玉新也指出，文化定型是一种极端的做法，它不仅把整个群体的文化特征应用到该群体的每个成员，而且把该群体的长处和短处都夸大了，所以文化定型的最大弊端就是夸大群体内部成员的相似性，而忽略了群体内个体的差异。在跨文化交际过程中，当人们把某个群体的文化特征应用到该群体的每个成员身上进行判断时，其实就是一种先入为主、以偏概全的做法，如果这个判断是负面的，带有贬低其他群体的话，那么必然会造成交际失误，影响交际质量。正如 Porter 所指出："文化定型会使我们相信，所有爱尔兰人都是红头发、急脾气；所有日本人都个子矮、龅牙、狡猾；所有犹太人都精明而贪婪；所有黑人都迷信且懒惰。虽然这些概括为人们普遍接受，但它们并不正确。"因为文化定型毕竟过于简单化和标签化，很多时候是建立在半真实的、歪曲的或不真实的前提下，从而使人对其他文化的个体产生认识上的偏差。另外，文化定型是后天习得的行为，一旦形成便容易在我们日常生活中不断得到强化，成为我们思维中放之四海而皆准的"真理"。所以在实践中，人们更倾向于做出选择性的记忆，保持以前形成的印象，形成一种思维的惰性，总是期待某群体成员会有某种特定的行为模式，更倾向于注意那些与我们的文化定型相吻合的现象；当出现对方的行为与我们所持有的文化定型不一致时，我们甚至会怀疑别人行为的正确性。因此，文化定型的这一特点的确会给交际者带来困惑，从而阻碍跨文化交际的顺利进行。

文化定型的另一个弊端就是夸大群体间的差异性，容易产生对其他群体成员的偏见与歧视。Runymede Trust 认为定型、偏见和歧视三者之间存在着因果关系，定型产生偏见，偏见导致歧视，歧视导致排外和不平等，那么后果也就不堪设想了。

## 二、偏见

偏见（Prejudice）这一术语来源于拉丁文 Pracjudicium，Pracjudicium 在拉丁文中的意义是"以事先所做出的决定或先前的经验为基础的判断"。Allport 把偏见定义为"一种以错误的或不可变通的概括为基础的反感态度。这种态度可能是隐性的，也可能是公开的。它可以是针对一个群体，也可能针对某一群体的个体"。它是一种随意地对外部群体所有成员或部分成员的一种诋毁态度，如"意大利人事前聪明，德国人事中聪明，法国人事后聪明"，这些都是带有负面情感的态度，常常以无理由的厌恶、规避、怀疑、仇恨等形式表现出来。偏见不是一般性的错误看法，而是一种僵化的、不可逆转的、不可改正的态度，它是基于错误的判断或是先入之见，是对别的群体或个人采取的否定的态度，它是一种不健康、不合理的心态。

偏见在跨文化交际中的表现是多方面的，Brislin 认为偏见表现在以下几个方面：根据内群体的标准评价外群体，并认为其他群体是低下的。譬如，有些美国白人认为黑人是低人一等的种族，从这个意义上来说，民族中心主义思想本身就是一种偏见；对外群体成员持有敌意，因为对方的存在威胁着群体利益；对外群体持有反感，但通常自己不承认有偏见，而且会通过一些不显眼但比较积极的行为来掩饰自己的偏见；某一群体在某些情况下（如正式场合），对其他群体在态度上、表面上仍然表现得比较友好，但内心却有意识地与他们保持一定的距离，这往往是轻微的偏见；当某一群体的成员与不同群体的成员相处时产生"不自在"或者有压迫感时，不愿意与他们有任何接触。

由上可见，某个群体对其他群体产生强烈的偏见时，往往会采取避免接触的方式，从而阻碍跨文化交际的进行。极端的偏见甚至会发展为歧视的行为，即拒绝给予其他群体成员平等的机会，包括就业、住房、政治权利、教育、娱乐机会以及其他社会权利等。随着对其他群体的歧视程度的加剧，很有可能演变为暴力行为。

## 三、克服跨文化交际心理障碍的对策

1. 树立对文化定型的反思意识，以达到对定型的超越

在跨文化交际中，不同文化背景的人为了相互了解，就必须建立某种文化定型，然而这些文化定型的过分概括和标签化，又可能人为地制造屏障，妨碍文化之间的交流、理解。一方面是架设桥梁、沟通文化的使者，另一方面是构筑壁垒、隔绝文化的危险。这一"桥"与"墙"文化定型的打破与建立的矛盾，高一虹称之为"跨文化交际悖论"。既然文化定型是不可避免的认知方式，那么，根据 Stella Ting-Toomey 的观点，我们只有尽量避免对外部群体成员不加思考的定式思维（mindless stereotyping），而是要对定式思维有一定的反思意识（mindful stereotyping），其实就是要提高对文化定型的元认知。譬如说，当我们认为"法国人都很傲慢"的时候，首先我们要清楚地认识到这是一种定式思维，是以偏概全的，片面不合理的；另外，我们还要反思这样的文化定型是如何形成的。因此，只有通过不断反思，才能超越定式思维，克服偏见，从而减少定型的不准确性，避免跨文化交际的失误。

2. 增强文化相对论意识，克服民族中心主义的偏见

文化相对主义（Cultural Relativism）的核心是尊重差别并要求相互尊重的一种社会训练。它强调多种生活方式的价值，强调以寻求理解与和谐共处为目的，不去评判甚至破坏那些不与自己原有文化相吻合的东西。在跨文化交际越来越频繁的时代背景下，我们应该适当采取文化相对论的观点，以宽容的态度和开阔的胸襟对待不同的文化，在积极平等的对话中理解对方文化，承认世界上每种文化都是独一无二的，民族文化没有优劣之分，文化价值是相对的，不存在一个放之四海皆准的标准去判断一种文化的优劣。另外，在强调各民族的文化差异的同时，我们也应该充分意识到人类文化存在的共性。只有通过构建多元文化的视野，增强对文化差异的敏感性，才能克服民族中心主义思想的傲慢和偏见，以促进跨文化交际的有效进行。正如费孝通先生所说，我们对待世界上不同的文化应该采取的态度是："各美其美，美人之美，美美与共，天下大同。"

3. 培养文化移情能力

克服交际心理障碍。文化移情（Empathy）是指交际主体自觉地转换文化立场，在交际中有意识地超越本土文化的俗套和框架模式，摆脱自身文化的束缚，置身于另一种文化模式中，如实地感受、领悟和理解另一种文化，不以自己的经验和文化准则作为解

释和评价别人行为的标准，而是必须设身处地，将心比心，推己及人。文秋芳指出："对异国文化的理解和宽容来源于换位思维能力的提高，即一旦我们从对方的角度考虑问题，就不会认为异国文化奇怪或不可思议。"文化移情是跨文化交际能力的重要组成部分，一般包括六个步骤：承认世界的多元化，充分认识自我，悬置自我，以别人的视角看待问题，做好移情的准备，重塑自我。因此，为了克服由于各种偏见带来的交际障碍，我们必须培养文化移情能力，力求在感情上对异质文化产生共鸣，以缩小与异质文化的心理距离，成为交际主体之间在语言、文化和情感之间的纽带和桥梁，有效促进不同文化背景的群体或个人之间的交流和沟通。正如刘润清为《跨文化交际——外国语言文学中的隐蔽文化》所作序中所说："两种文化相遇，只有区别，没有优劣，尽量去理解、容忍、接纳对方，而不是排斥、敌视、污蔑对方，世上缺少的是'多文化人'。

# 第三章　翻译基础认知

## 第一节　翻译的定义

翻译教学的目标是培养有良好双语转换能力，对预期译入语读者的阅读需求、身份、审美标准及其所处的文化语境高度敏感，并自觉根据这些因素灵活调整翻译策略，从而创造出满足特定历史时期、特定社会群体需求的译作的翻译工作者。多数情况下，翻译教学中采用的是一种绝对化的、僵化的"忠实"翻译标准，课堂讲授和讨论都是在"真空"状态下进行的，忽视了翻译活动的社会文化属性，学生被训练成缺乏自主性的翻译机器，毕业后不能很好地适应社会的需要。造成这种结果的根源是传统译论在翻译教材编写者和翻译教师头脑中留下的根深蒂固的对翻译的限制性定义。要改变翻译教学与社会严重脱节的现状，需要对翻译定义进行重新厘定。本节拟以维特根斯坦的语言哲学观、认知语言学的原型理论和描写译学为基础，对翻译的定义进行重新审视，把它看作一个开放性的概念，并建议翻译课堂引入 Toury 等学者的开放性翻译定义。

### 一、翻译定义的重新审视

"定义是揭示事物本质属性的逻辑方法"。"任何学术领域，定义都是一个必要的步骤。如果不对研究对象进行定义或限制，就不可能展开抽象或具体的研究"。在过去的半个多世纪里，翻译理论家们从没停止过揭示翻译本质属性的尝试——对翻译的定义。然而，绝大多数定义缺乏足够的概括力，未能真实反映多种多样的翻译活动，经不起事实检验。请看如下几个具有代表性的定义。

1.Translation maybe definedas follows : there placement of text ualmaterialin one language( SL )by equivalent text ualmaterialin another language( TL ).

2.Translating consistsin reproducing in the receptor language the close stnatura lequivalent of the sourcelanguage message，first interms of meaning and second lyintermsofstyle.

3. 翻译是把一种语言文字所表达的思想内容和艺术风格正确无误地、恰如其分地转移到另一种语言文字中去的创造性活动。

4. 翻译是译者将原语文化信息转换成译语文化信息并求得二者相似的思维活动和语言活动。

这四个定义的共同之处是在定义中加入了翻译标准，强调翻译结果的"对等""正确"或"相似"。"对等"是社会对翻译的普遍期待，强调"对等"本身没错，但把它作为概念的内涵之一，导致了外延的缩小。中西翻译史上，误译、不对等和不完全对等的翻译广泛存在，人们并没有因为错误和"不忠"而否认它们是翻译。实际上，大量与传统定义格格不入的翻译实践同样推动了跨文化交际和人类文明的进程，它们理应被纳入翻译的范畴。传统翻译定义"对定义项限制过度"，无法包容客观存在的形式多样的翻译活动。翻译教学中采用传统翻译定义的做法较为普遍，这掩盖了翻译活动的复杂性、多重性及其社会文化属性，禁锢了学生的思想，严重制约了他们的翻译实践。翻译教学迫切需要一个能真实反映各种客观存在的翻译活动的翻译定义做指导。

### （一）维特根斯坦哲学视角下的翻译定义

维特根斯坦反对本质概念，因此，在谈到语言概念的时候，他说："我无意提出所有我们称为语言的东西的共同之处何在，我说的倒是：我们根本不是因为这些现象有一个共同点而用同一个词来称谓所有这些现象，不过它们通过很多不同的方式具有亲缘关系。由于这一亲缘关系，或由于这些亲缘关系，我们才能把它们都称为'语言'。"接下来，维特根斯坦考察了棋类游戏、牌类游戏和球类游戏，以论证语言范畴边界的模糊性。他说，棋类游戏之间有许多共同点，但在牌类游戏中，这些共同点很多都消失了，而出现了一些新的共同点，再转到球类游戏，与前两者相比还有些共同点，但更多的是不同之处。有些游戏有竞争，但单人牌戏就没有；球类游戏有输赢，可小孩对着墙壁扔球接球玩就没有输赢。"这种考察的结果是这样的：我们看到了相似之处盘根错节的复杂网络——粗略精微的各种相似"。按照维特根斯坦的说法，各种语言、各种游戏分别构成一个家族，它们内部存在着各式各样的亲缘关系，"家族相似"的说法最能体现这些亲缘关系的特征；我们用"语言"和"游戏"来称谓所有语言和游戏，并不是因为它们有什么相同的本质特点，而是因为存在着把它们连接起来的"家族相似性"。

维特根斯坦关于语言的观点同样适用于我们看待翻译。文学翻译、非文学翻译及其下属的各个子类之间何尝不也是亲缘关系？艺术文体翻译"不求字面对应，但求精神一致，讲究语言艺术"，应用文体翻译"严守格式法度，讲究字面对应"；合同翻译、法律翻译注重信息功能，广告翻译信息功能与启示功能兼顾。每一类翻译活动跟另一类翻译活动之间有相同之处，但也有不同之处，它们之间没有一条明晰的界线。我们很难找出一个包容所有翻译现象的本质特点，从而也不可能以这个所谓的本质特点为标准来判定什么是翻译、什么不是翻译。维特根斯坦的哲学思想给我们的启示是，跟语言和游戏一样，各种翻译活动之间的边界是模糊的；充分必要条件下定义的翻译存在着本质缺陷，不能涵盖和真实反映所有的翻译现象。

### （二）认知语言学原型理论视角下的翻译定义

20 世纪 60、70 年代，人类学家 B.Berlin 和 P.Kay 对颜色范畴进行了研究，提出了人类是依赖焦点色对颜色进行范畴化的观点。心理学家 E.Rosch 也对颜色进行了认真的研究，得出了相似的结论。此外，她还对鸟、水果、交通工具、蔬菜等十个范畴进行了实证研究，并在此基础上提出了"原型理论"，认为大多数认知范畴不可能制定出必要和充分的标准，人类是依赖原型对事物进行分类的。后来，语言学家 Lakoff 和 Wierzbicka 等人给该理论补充了语言学内容，"原型"成为认知语言学中的一个基本概念。原型不是一个特定事物，而是整合了一类事物最常见特征的抽象事物，对具体事物的范畴划定起着牵引作用。原型具有抽象性、整合性、优先性（容易优先被识别）和可扩展性（原型产生于对所有范畴成员的体验，遇到新成员时，原型就会发生细微变化）。原型理论打破了经典范畴观根据充分必要条件对事物进行二元划分的做法，更接近人类对世界的心理体验，真实地反映了事物的客观存在，因而具有较强的解释力和说服力。

从原型理论的视角重新审视翻译，可以得到一个新的认识。翻译是一个原型范畴，各种类型的具体翻译呈现出翻译原型典型程度的差异，反映了翻译原型在特定社会文化背景下的各种属性，它们只是翻译原型范畴的成员，不能代表所有的翻译。由于翻译原型的抽象性和整合性，我们不可能对翻译下一个明确的定义；由于具体翻译不能代表所有翻译，也不能以个别范畴成员的特征为概念内涵对翻译定义，只能从整体上把握它。此外，由于翻译原型的可扩展性，翻译定义应该是开放的，应该能随时把新产生的翻译类型和翻译现象纳入翻译原型范畴。

### （三）描写译学视角下的翻译定义

描写译学的创始人 Toury 认为，"翻译是一项受制于规范的活动"。特定历史时期、特定人群的翻译规范决定什么是翻译、什么不是翻译和翻译的标准。在翻译规范论的基础上，Toury 指出，"不论基于什么理由，译入语系统中任何以翻译的形式出现或被看作是翻译的译入语文本都是翻译"。这一定义被描写译学的另一代表人物 Tymoczko 誉为"翻译定义研究分支中最引人注目的部分"。Toury 的翻译定义并非源自先验猜测，而是实证研究的结果。该定义充分考虑到了翻译活动的民族性、地域性和历史性，"容许在不同的文化语境下对翻译下不同的定义和赋予不同的外在形式"，如实地反映了翻译的客观存在。它没有对概念的内涵做过多的限制，因而外延相当宽泛，能够涵盖所有的翻译现象。

Tymoczko 把翻译看成是一个开放的集合概念。她认为，"被不同历史时期、不同地域的人们视为翻译的这一类事物之间没有简单的共识。相反，跟游戏一样，翻译是一个由许许多多部分或完全的'家族相似性'连接起来的概念……人类文化的多样性导致了翻译和游戏的多样性，正是这些多样性使得我们不可能采用经典范畴观，在实践和理论层面给翻译范畴划上一条明晰的界线"。Tymoczko 说，"翻译研究中对定义的冲动不能以完全限定研究对象为目标。把翻译看成一个开放的或边界模糊的概念，那么大多数的研究成果将具有广阔的前景（反之，其适用面将非常狭窄）"。Tymoczko 本人没有给出一个明确的翻译定义，但是她为翻译定义指明了方向：翻译定义只可能是开放性的，它应该标明翻译的外延，让我们了解大多数翻译过程和翻译作品的本质。

## 二、翻译教学中的开放性翻译定义

维特根斯坦的语言哲学观、认知科学的原型理论和描写译学给翻译定义的启示是：人类文化的多样性导致了翻译的多样性，翻译是一个集合概念、一个原型范畴，翻译的定义应该是开放的。

翻译教学必然涉及翻译的定义。科学、客观的定义可以让学生清楚认识翻译活动的本质属性及其多重性，对他的翻译观、翻译标准取向和译作的最终形态产生深远而持久的影响。据笔者调查，较多的翻译教材与翻译教师采用的是传统的翻译定义。传统翻译定义过多强调"忠实"或"准确"，较少考虑翻译发起人的需要、译入语读者的阅读期待和社会文化因素对翻译过程的干预，致使学生对翻译的认识单一化、译文取向单一化，以为只有忠实、准确的翻译才是唯一存在的翻译和好的翻译，不会根据具体情况灵活调整翻译策略。描写翻译学告诉我们，翻译标准是由译入语系统中翻译规范决定的，它具有文化相对性且变动不居。因此，翻译活动多种多样，译文的价值取向也不是一成不变的。从翻译定义开始，包括教学的各个环节，让学生正确认识翻译的本质属性和产生高度的社会文化敏感性，是翻译教学与社会接轨的重要途径，而 Toury 的定义在这方面的作用最为明显。Toury 的翻译定义与维特根斯坦对语言和游戏的描述有着惊人的相似，它真实地反映了翻译活动的客观存在，是翻译理论界迄今为止提出的最开放的定义。其深刻内涵在于：翻译就其本质而言是一种受制于规范的语言符号转换行为；翻译标准取决于译入语系统的翻译规范，符合规范的是好的翻译，不符合规范的是不好的翻译；特定情况下，翻译可以不完全对等甚至不对等。对等与否、哪些方面对等、应该有多大的对等度取决于译入语系统的翻译规范；译者是具有主体意识的行为主体，可以根据译入语系统翻译规范的要求，随时灵活调整翻译策略。

翻译教学中采用传统翻译定义的最大弊端在于我们培养出来的学生成了缺乏个性、缺乏创造力的翻译机器，他们无视翻译活动的社会文化属性，不分具体情况执行相同的翻译标准，采用千篇一律的翻译策略，译作不能很好地满足社会的需要。翻译课堂引入 Toury 的定义并辅以翻译规范的概念，向学生深入剖析该定义的内涵，此举意义重大。它能改变学生对翻译的单维、狭隘认识，帮助他们看清翻译受制于社会规范的本质属性，而看清这个本质属性后，学生就初步具备了翻译工作者最基本的素养。

现代译学的不断发展也把其他开放性翻译定义推入了我们的视野，如"翻译的主要任务是在相对狭窄的语义空间内，把潜在的对抗转化为和谐的对话，达到调解协商的效果"，"翻译是以符号转换为手段，意义再生为任务的一种跨文化的交际活动"。跟 Toury 的定义一样，这些定义不对翻译过程和翻译结果做任何限定，能让学生跳出传统翻译定义中人为设立的藩篱，摆脱束缚他们思想的桎梏。翻译教师和翻译教材编写者完全可以根据个人的理论取向，采用这些或其他开放性定义。本节重点推荐 Toury 的定义，是因为它有一整套先进的理论作支撑，能更好地指导翻译教学。

翻译能力不仅仅包括娴熟的双语转换能力，还包括对翻译本体科学、客观的认识和高度的文化敏感性。要帮助学生正确认识翻译，提高他们的文化敏感性，应当从翻译定义开始。传统翻译定义对翻译的社会文化属性重视不够，预先捆住了学生的手脚，容易让他们产生单维、狭隘的认识。开放性的翻译定义能真实反映翻译活动的客观存在，把它们引入翻译课堂，将解放学生的思想，帮助他们正确认识翻译的复杂性与多重性，为从事翻译实践打下良好的认识基础。

# 第二节　翻译的要求和实质

## 一、翻译的要求

随着改革开放政策的日益深化，中外交流日益广泛，翻译工作也显得日益重要。那么，何谓翻译？翻译是把一种语言所包括的思想、所表达的内容以及所隐含的意义用另一种语言恰如其分地、妥善完整地重新表达出来。与此同时，还需克服时空、文化背景、宗教信仰等方面因差异带来的诸多困难。翻译要尊重原著，忠实于作者，贴切地展现其立意和独创性，以求一个"信"字；保持原著风格，体现不同作者、不同体裁的特性，以求一个"达"字；吃透原著，不断地对两种语言进行对比、切换，注意其异同性，提高自身的文化修养，以求一个"雅"字。

翻译是一种语言活动，其范围极其广泛，它涉及人们生活的方方面面，如引进外国的家用电器、医药、食品、护肤化妆品等需要翻译其使用说明书；撰写论文时一些国外文献、书籍的部分篇章或段落；随着国际交往的日益增多，尤其是在加入世界贸易组织之后，经济交往日趋频繁，再加上科学技术的迅猛发展，对翻译的要求越来越高。它要求译者不仅要拥有扎实的外语基本功，还要拥有本国语的语言基础和丰富的文化知识。英国文人 Dr.Sanmel Johnson 说："A translator must be a master of two languages. His mastery must not be of the same sort in both tongue，for his knowledge of the foreign language must be critical，while that of his own must be practical." 意为：译者必须精通两门语言，他所掌握的两门语言各不相同，他的语言知识必须严谨。他的本国语知识必须实用。译者的语言素养是翻译质量最基本的保证。鲁迅也说过："我向来以为翻译比创作容易，因为至少无须构思：但到真的一译就会遇到难关，比如一个名词或动词写不出，创作的时候可以回避，翻译上却不成，也还得想，一直想到头昏眼花，好像在脑子里摸一把急于要想打开箱子的钥匙，却没有。"这句话明确地告诉译者，翻译的要求是完整地、不折不扣地再现原著的风采。

翻译是一种极其古老的人类活动形式，在人类历史上刚刚形成一些语言不同的集团时，就出现了"双语人"，帮助语言不同的集体之间进行交往。翻译从一开始就执行了极其重要的社会功能，使人们的语言交往成为可能。其实说到翻译，大概总离不开如下十二个字："辩证论译、实践出艺、才学打底。"不管当今的译论如何繁多，精彩纷呈，令人目不暇接，也不管今后的翻译如何发展，如何充满层出不穷的新术语，抑或引进多少令人炫目的新系统、新模式，都要始终坚持这十二个字，用它们来指导人们的翻译教学、实践与理论研究。

随着文字的产生，除了这些做口译的人外，又出现了笔译工作者，他们翻译各种官方的、宗教的和商业的文件。笔译的推广使人们能够广泛地了解其他民族的文化成就，使不同民族的文学和文化能够互相作用，互相丰富。翻译在许多民族语言和文学的形成和发展中也起了重要作用，某类作品的出现往往以翻译为先导。众所周知，翻译是一门矛盾和问题最多最复杂的学科，这是因为：

（1）翻译范畴的不确定性。

（2）翻译体裁的多样性。

（3）翻译内容的广泛性。

（4）翻译主体对客体理解的差异性。

（5）翻译者时空位置的变化性。

（6）译文读者口味要求的不同性等。

诸多变化不定的因素，决定了翻译是一门跨学科、跨文化的综合学科。

翻译作品介绍了新的语言形式和文学形式，培养了广大读者。西欧各国的语言和文学在很多方面应归功于古典作品的翻译，翻译在古代俄罗斯文学中占有重要地位，在亚美尼亚、格鲁吉亚，以及其他许多民族文学的形成过程中起了重要作用。它涉及哲学（翻译学的指导学科）、语言学、符号学（翻译学的两大主要基础学科）、心理学、文化学、文艺学、美学、社会学、人类学、系统论、信息论等（翻译学的重要基础学科）。翻译对东方的印度、中国，以及亚洲其他国家文化发展也具有重大贡献。

翻译是人类社会发展到一定阶段产生的一种必不可少的语言中介手段，是一种社会现象，是一种语际交际，即把一种语言话语转换为另一种语言话语的行为。因此，翻译所提出的问题、所遇到的矛盾，往往是多领域、多方位、多层次的。这就是为什么有的学科可以列举出很多定理、公式，而翻译中的几乎每一个重大问题都存在争论、分歧，长期得不到解决，始终没有一个"放之四海而皆准"的"翻译模式"被世人普遍接受与认同。但并不是任何语际转换都是翻译，也就是说，翻译必须严格控制在一定范围之内，超出这个范围，就不能称其为翻译了。既然是翻译，那么在译语话语替换原语话语时必须保留某种不变的东西，保留的程度决定译文和原文的等值程度，而翻译的目的是尽可能使不懂原文的读者了解原文的内容。翻译应当忠实而完整地用另外一种语言的手段传达原文语言手段表达的东西（内容）。在翻译过程中，陷阱遍布：语言陷阱、文化陷阱、历史陷阱等。稍有不慎，就会身陷其中，出现译文有悖原文的错误，并且常常会遇到"剪不断，理还乱"的各种关系与矛盾。这些关系与矛盾表达得确切与完整是翻译同改写、转述和简述等的区别所在。但是，保持原文表达的内容只是相对而言，在语际转换中不可避免地会有所损失。译文绝不可能与原文百分之百地等值，只能争取尽可能地等值，争取把损失减少到最小。

译者应当客观地表现原文，选择忠实解释原文所必需的、相应的译文表达手段。大而言之有：科学性与艺术性、可译性与不可译性、主体与客体、忠实性与创造性、原作风格与译文风格、直译与意译、形似与神似、异化与归化、等值与超越、语言与文化等；

尤其是在翻译文学作品时，需要用另外一种文化语言氛围替代原文，而且要发挥译者的再创作能力。小而言之有：如何再现原文风格之藏与露、曲与直、疏与密、淡与浓、文与质，再现原文句式或表达方式之急与缓、短与长、强与弱、行与歇、纵与横、点与面，以及翻译技巧之增与减、顺与逆、分与合、正与反、抽象与具体、主动与被动等。语言在翻译中的作用和它在社会生活中一直所起的作用一样，它也是人类交往的最重要手段。因此，在翻译中用另外一种语言表达原作的思想时，必须使译文翻译全面、明确、真实，必须使译文符合译语规范。对于翻译中的诸多矛盾，古今中外的译论均有论述，但由于论者所取的立场与角度不同，或所涉及的翻译客体性质有别，或所处的语言、文化环境及时空位置不一，更重要的是，论者所持的世界观、认识论不同，往往造成对同一个问题的看法不一致，乃至相互对立、各执一词而互不相让。原作的内容同原作语言的形式有直接联系。翻译中必须突破原文和译文的语言单位在表达方面即形式上的不同，以求得它们在内容上的一致。

　　翻译过程必然要分为两个阶段。为了进行翻译，首先必须透彻地理解原作，然后进一步在译语中寻找相应的表达手段（词、词组、语法手段）。自觉工作的译者，在任何条件下，都不可能在选择语言手段时持无所谓的态度。翻译本身的任务是客观地反映原作，它要求从正确诠释原作的角度选择相应的语言手段。国外的语言学派与文艺学派之争、国内的直译派与意译派之争，都是旷日持久、人人皆知的。要正确解决这些争论与矛盾，必须运用唯物辩证法。也就是说，要把翻译中所遇到的作者、译者、读者之间以及内容、形式、风格之间所引发出来的各种矛盾，看作对立与统一、作用与反作用、制约与反制约、互动与互补、相对稳定与不断发展的关系。翻译是一种言语活动，这就决定了在翻译过程中语言起决定性作用。但是在翻译过程中起作用的不仅仅是语言，还有超语言，它首先表现在能够揭示多义的语言单位，包括词汇意义和语法意义。在翻译过程中，由于译语具有与原语不同的文化背景，因而，交际层次和话语层次都可能产生两种文化的差异和冲突。明确这一点对于全面理解翻译的本质是十分必要的，其中包括关于周围世界的知识和关于客观现实的知识。这些知识对于解释言语产物也起着很重要的作用，有时甚至起着比语言更大的作用。译界中的许多争论，很难说哪一方绝对正确，哪一方绝对错误，也很难说中西译论孰优孰劣；它们各有所长，亦各有所短；各有其真知灼见，亦各有其局限性。正确的态度应该是互相吸收，取长补短，彼此融合，即所谓"兼容并蓄""统筹兼顾"，用一种相对的而非绝对的、唯物的而非唯心的、发展的而非凝固的观点，对具体问题进行具体分析。不论是中国的传统译论，还是引进的外国译论，也都要运用辩证法进行正确分析。除此之外，翻译的非语言方面还包括翻译意图，在这方面，帕斯捷尔纳克和莫罗佐夫翻译的《奥赛罗》的两个不同译本就很能说明问题。帕斯捷尔纳克的译本是供阅读和作为剧本使用的，它的对象是读者和观众，目的是使读者和观众产生一定的情感和美学感受；莫罗佐夫的译作则是供演员和导演使用的，其主要任务是将莎士比亚悲剧的思想内容最确切、最完整地传达给读者。不同的翻译意图形成了不同的译文，这样的事例并不鲜见。这也属于翻译的非语言方面。近几十年来，我国先后引进了泰特勒、奈达、费奥多罗夫、巴尔胡达罗夫、加切齐拉泽、纽马克、卡特福德、穆南等人的译论。关于翻译理论的定义，翻译理论界不同的人在不同的时期有不同的提法，其中具有代表性的有：

1953 年费奥多罗夫曾提出，翻译是用一种语言手段忠实全面地表达另一种语言手段表达的东西。

1954 年巴尔胡达罗夫提出，翻译是将一种语言的言语产物（话语）在保持内容，即意义不变的情况下改变为另一种语言的言语产物的过程。从巴尔胡达罗夫的这一定义中可以清楚地看到一门新兴的语言学科——话语语言学对翻译理论的影响。

对于他们的这些译论，也要一分为二、辩证地去看。一方面，外国的某些译论以其系统性与科学性令我国译界眼前一亮，开阔了我国翻译理论研究者的视野，也确有不少启迪与借鉴作用。但是另一方面，平心而论，它们究竟对我国的汉外互译实践起到了多大的指导作用，却有待研究。正是在这样的背景下，费奥多罗夫于 1983 年也修改了他为翻译所下的定义，提出：翻译是将一种语言（原语）的言语产物用另一种语言（译语）予以再现。

基于西方各国语言、文化比较接近而总结出来的某些规律、规则、模式、系统，究竟在多大程度上符合我国的汉外互译实践，1988 年什维采尔在翻译的定义中增加了"文化"内容，他提出，翻译是单向的语际和文化交际过程。在此过程中，在对原话语进行有针对性（翻译）分析的基础上，创造另一种语言和文化介质中的次生话语以代替原话语。翻译的目的是传达原话语的交际效果，但因两种语言、两种文化、两种交际情景的不同，局部会有变化。谈到外国译论，有人乐于称道的是它们的"科学性"，说它们有着"坚实的学科基础"。言下之意是"中国的传统译论缺乏科学性"，全是些没有上升为理论的"经验之谈""登不得大雅之堂"，羞于同立于世界译论之林。殊不知，翻译的指导学科乃是哲学，要考察某种译论是否具有科学性，首先就得看它是否运用唯物辩证法的哲学观点来研究翻译，同时是否把对翻译问题的认识上升到哲学高度。

我们认为，应当把翻译的定义与对翻译质量的要求区别开来，这两者属于不同的范畴。"忠实""全面""等值"等是对翻译质量的要求，把它们纳入"翻译的定义"未必恰当。

"我们的翻译哲学应是以辩证唯物主义与历史唯物主义为指针的认识与实践的哲学，是世界观与方法论相统一、唯物论与辩证论相统一、认识论与价值论相统一、决定论与选择论相统一的翻译哲学。"因为存在各式各样的翻译：有全译，有节译；有意译，有直译；有优质翻译，有劣质翻译等。初学翻译的人，其翻译质量未必都能"忠实""全面""等值"，但终归是翻译。其次，应当把"翻译的定义"与"翻译理论研究"的重点区别开来。说我国传统译论缺乏系统性尚可，因为至今的确难以找到几部囊括翻译中的所有问题、从各相关学科全面探讨翻译的系统著作；话语的翻译可以是翻译理论研究的重点，但翻译的对象并不仅限于话语。例如，双语词典词条中提供的是词、短语和例句，以及它们的译文，而不是，也不可能是话语和它的译文。但是说我国传统译论缺乏科学性，却绝不敢苟同，因为双语词典还可以称作翻译词典，而不是其他物体；研究专有名词的翻译问题，不一定都要通过话语；对音译和意译的选择也不一定都要通过话语来论证。因为那些长期以来对汉外互译实践有着实际指导意义的传统译论，几乎都闪耀着唯物辩证法的哲学思想光辉，而这正是它们科学性的集中体现和经久不衰的魅力所在。总之，把翻译界定为话语的语际转换是片面的，把话语作为翻译理论研究的重点则是完全必要的。

## 二、翻译的实质

翻译究竟是什么？这是从事翻译的人一直想弄清楚的问题。在中外翻译史上，许多人从翻译实践和翻译理论研究出发，为翻译下了这样一些定义：

前国际译联主席、保加利亚女学者安娜·利洛娃教授在《普通翻译理论概要》一书中说：作为一种过程，翻译是一种口头的或笔头的活动，目的在于把一种话语用另一种语言再现出来，并且保持原话的内容基本不变。就翻译的结果而言，译作是原文的类似物。

美国语言学家和翻译理论家奈达在《翻译的科学探索》一书中认为：翻译是指在译语中用最切近而又自然的对等语再现原语的信息，首先是意义，其次是文体。

英国翻译理论学家彼得·纽马克说："What is translation?Often, though not by any means always, it is rendering the meaning of a text into another language in the way that the author intended the text."（A Textbook of Translation）在另外一本书中，他说："Translation is a craft consisting in the attempt to replace a written message and／or statement in one language by the same message and／or statement in another language."（Approaches To Translation）

英国著名语言学家、翻译理论家卡特福德说："Translation may be defined as blows：the replacement of textual material in one language( SL )by equivalent material in another language( TL )."

苏联语言学家巴尔胡达罗夫认为：翻译是一种语言的言语产物，在保持内容方面，也就是在意义不变的情况下改变为另一种语言的言语产物的过程。

张培基在《英汉翻译教程》一书中说：翻译是运用一种语言把另一种语言所表达的思维内容准确而完整地重新表达出来的语言活动。

范仲英在《实用翻译教程》中认为：翻译是人类交流思想过程中沟通不同语言的桥梁，使通晓不同语言的人能通过原文的重新表达而进行思想交流。翻译是把一种语言（即原语）的信息用另一种语言（即译语）表达出来，使译文读者能得到原作者所表达的思想，得到与原文读者大致相同的感受。

钟述孔在《英汉翻译手册》中说：Translation，essentially，is the faithful representation，in one language，of what is written or said in another language.

古今明在《英汉翻译基础》一书中指出：翻译是把一种语言所表达的思维内容用另一种语言表达出来的语言活动。

杨莉黎在《英汉互译教程》中说：广义的翻译指语言与语言、语言变体与语言变体、语言与非语言等的代码转换和基本信息的传达。狭义的翻译是一种语言活动，是把一种语言表达的内容忠实地用另一种语言表达出来。

杨自俭认为：翻译是译者的一种特殊而复杂的思维活动过程。

王寅认为：翻译是一种认知活动，是以现实体验为背景的认知主体所参与的多重互动为认知基础的，译者在透彻理解源语言语篇所表达的各类意义的基础上，尽量将其在目标语言中映射转述出来，在译文中应着力勾画出作者所欲描写的现实世界和认知世界。

郭著章和李庆生在《英汉互译实用教程》中认为：翻译是一门艺术，一门双语艺术。严格地说翻译也是一门科学。

李运兴在《英汉语篇翻译》一书中给翻译下的定义是：翻译就是用译语语篇传达原语语篇的信息，以实现原语语篇及译者的交际目的。

陈宏薇在《汉英翻译基础》中认为：翻译是跨语言、跨文化的交际活动。翻译是科学，翻译是艺术，翻译是技能。

冯庆华在《实用翻译教程》一书中说：翻译是许多语言活动中的一种，它是用一种语言形式把另一种语言形式里的内容重新表达出来的语言实践活动。翻译是一门艺术，是语言艺术的再创作。

叶子南在《高级英汉翻译理论与实践》中给翻译下的定义是：把原文中的意思在译文中表达出来。

就中外学者给翻译下的定义来看，有这样一些共同的东西在里面：其一，翻译是一种语言活动；其二，翻译的目的是传递信息，进行交流；其三，信息（思维代码）不能失真，传递过程是一门艺术。根据对翻译的研究和翻译实践的经验总结，笔者认为：翻译是通过一种语言活动实现两种文字之间所传递的文化信息的有效交流。翻译的目的就是促进各国不同文化的传播和交流；翻译的过程，要遵循文化信息传播和交流的有效途径的目的，要为人们所广泛接受和认同。·

# 第三节　翻译的标准与过程

## 一、翻译标准

众所周知，"信达雅"的翻译原则源于严复的有影响力的翻译著作《天演论》一书。在这本书中，严复在一开始就说过："译事三难，信达雅。"这一翻译准则始终被视为翻译界的黄金原则。长期以来，许多学者致力于研究这一翻译原则，取得了新的理解和成就，这也恰恰说明了"信达雅"的翻译原则在文学翻译中起着非常重要的作用，值得译者采用并进行持续的研究。

### （一）"信"的含义

"信"即忠实于原文。忠实于原文是翻译的基础。若译者随意添加内容或思想，那就是重新写作而非翻译。严复表示，对原文中内容和思想的忠实表达是译者应遵循的首要原则。翻译家杨宪益曾说，翻译应该遵循信达雅的原则，"信"意味着翻译应忠实原文，不应偏离，它就好比玫瑰是英国人最喜欢的花朵，而牡丹是中国人喜爱的花朵。但如果你把玫瑰译为牡丹，那么就是遵循了翻译的"达"，但却并不"信"。"信"的实现，要求译者在准确理解源文本的基础上忠实地传达原文意思、风格特色和语言风格。

### （二）"达"的含义

"达"指译作的语言通顺流畅，符合译入语的语言规范。中西语言在句法的组织上，差别较大，逐字逐句的翻译，不但不能"信"，而且也不能"达"。从文法上来看，英文多复句，修饰较，比较复杂。而中文弹性较大，如若用词颠倒排列，意义常常并无变化，且中文没有英文的关系代名词之类，所以很少有复句。如果按照原文的顺序翻译，非但不"信"，也不能"达"，所以结果也等于不"信"。因此，为了确保翻译的连贯性和完整性，译者必须通篇理解文章的含义，然后才能在笔下传达整个意义。如果原文内容太过深刻，译者应该阐述其含义。具备所有这些条件，译文才能够通顺流畅，才能忠实原文。

### （三）"雅"的含义

"雅"则是一种更高的翻译标准，是严复翻译原则的最高境界。完美的翻译不仅忠实通顺，而且文雅。在严复看来，译文的美感和优雅品位可以促使译本广泛传播。但需要进一步明确的是，译文追求"雅"，并不能一味追求其文雅，应注重译文尽可能再现原文的意境神韵，再现原文风格特色。文学作品的翻译需要艺术美，"雅"则是传递源文本的文学之美。在文学翻译中，最困难和最具挑战性的任务是传达诗歌意象、源文本的风格，因此译者应该尽可能地达到"雅"这一标准，这也决定了译本的质量和水平。但若原文本身意境朴实无华，而译文一味追求文雅，则会令目标语读者感受不到源文本的魅力，因此，追求"雅"也需要反复斟酌。正如王佐良先生曾言："雅不是美化，不是把一篇原本就不高雅的文章译得很典雅，而是一种努力，传达原作者的心智特点，原作的精神光泽。"

### （四）对"信达雅"的思考

在翻译的发展过程中，"信达雅"的翻译标准经受住了考验。显然，这三个字是独立存在的，每个字符都对翻译者提出了不同的翻译要求。但如果深入研究它们，就会意识到这三个角色之间的联系。信、达、雅是紧密联系的，它们不是相互分离的翻译标准，而是相互依存的整体。对"信达雅"三字的解读有助于更好地理解其内在的关系。

严复更加注重准确自然的意义传达和渲染，而不是严格遵循源语言的语法表达。"信"和"达"同样重要并且相互支持，如果翻译中只有一方实现，那便是不完美的，所以两者都是必要的。翻译不是盲目地模仿源文本的信息，而是忠实地呈现其内容和意义。因此，译者不应该逐字翻译。严复说过，没有实现"达"的"信"也称不上是好的翻译。因此，翻译必须"信"且"达"。人们都认同"信"在翻译中的重要性，而其中很多人可能忽视了它与其他两者之间的统一关系。在严复翻译的《天演论》中，他明确指出译者需要以适当的方式将源文本的内容（包括信息、精神和风格）转换为目标语言，以使得翻译能够使目的语读者获得同源语读者相同的感受。这正是"达"所要求译者所做的事情。只有"达"的补充，才能实现"信"的完成。

将"雅"的含义局限为文风典雅绝对是错误的。严复在《天演论》中解释说，在翻译中追求"雅"有两个原因，获得更多的读者以及实现"达"的标准。作为翻译大师，严复在追求"雅"的同时实现了"达"的目标。因此可以得出结论，这两个标准是统一的。正如已经证明的，在翻译中"达"是为了实现"信"，同时"雅"是服务于"达"的标准。因此可以得出，"雅"也是为了"信"而服务。

严复的"信达雅"翻译标准并不过时，它对今天的翻译实践与批评仍然具有广泛的指导意义。优秀的翻译应该是忠实、通顺和典雅的有机统一。总而言之，信达雅是不可或缺的统一体，它们是紧密联系、相互依存的整体，应将这三字标准的精髓继续传承发展下去。

## 二、翻译的过程

中国翻译追溯千年，起于佛经翻译，盛于清末和民国年间。随着世界大格局的改变，理论更加成熟，翻译作品硕果累累。英汉翻译理论以及实践历来是国内外从事翻译工作的学者的关注点和研究方向，并且形成了众多的成熟和完备的理论体系。下面我将从翻译的具体实践出发，结合众多国内外理论知识，浅谈英汉翻译过程中的三个步骤。

### （一）分析

分析原文，主要是为了理解原文的意思，并且挖掘出句子中的潜台词。宏观分析包含了对整个文本的归类，从而有整体的理解和大概的方向把控。在微观的分析过程中，要考虑到翻译单位，特别是要对词义有准确的分析和认识。

文本分析。在对文本研究中，著名学者纽马克做出了巨大的贡献。他采用语言功能分类的方式，将文章分为三个语言功能：表达功能、信息功能和呼唤功能。第一类以表达作者的主观思想为主，第二类以信息为主，比较客观。第三类以读者为中心，旨在唤起某种感情或行为。中国学者叶子南根据纽马克的理论，做出了一些补充。他指出，在文本分析时，还有四个方面是可以考量的方向。一是逻辑驱动还是情感驱动。强者更关注的是行文的逻辑性，而后者注重的是行文的流畅性。二是文本评价性的强弱。作者在文中的褒贬态度和情感取向越明显，文章的流畅性越重要。三是文本与文化和紧密程度的联系。文本与文化离得越远，就越不需要在翻译中调整语言格式。四是语域问题，即词语的正式非正式的问题。根据这些理论，对文本进行宏观上的把握，更好地理解原文，为下一步的翻译工作打下基础。

词语意义。在划分词义时，有三种情况，即所指意义、关联意义和结构意义。所指意义指的是词的最基本的意义，客观稳定，不容易被误解。而关联意义则由于和上下文以及语言之外的大环境有关，文化色彩浓重，且经常变化。结构意义指的是词语本身的语言结构所带来的意义，比如说句法结构和语域问题。

### （二）转换

转换位于分析和重建之间，是连接两者的中间桥梁。转换是将线性的语言转化成立体的图像或概念。对于具体的事物来说，译者通过理解分析，在头脑中形成了具体的画面或一系列的可视的动作，从而摆脱了原文中语言结构的限制，为译入语的重建做基础。而对于抽象的事物来说，因为不能够或很难在头脑中形成可视的理解，所以译者自然而言地就形成了概念，并从概念入手，对抽象的事物进行理解。具体的方法可以从认知隐喻的角度入手，恢复核心意义所诱发的图像和概念，从而更加准确地完成信息和意义的提取。

### （三）重建

翻译的最后一步重建，就是用译入语将分析中形成的图像或抽象的概念再次用线性结构的文字表达出来的过程。在重建过程中会涉及翻译准则、翻译单位及翻译技巧等方面的问题。

翻译准则。翻译界对准则的争论从来就没有停止过，内容和形式之争、源语和译入语之争、作者和读者之争，这些都是译者在最后的翻译过程中需要考虑的因素。无论是直译还是意译，功能对等还是形式对等，每种原则都有自己存在的意义。但这些准则不应该成为僵化的规矩，译者应该做的，应该是结合文本的类型，了解原作者写作的目的以及自己翻译的目的，同时结合源语读者和译入语读者的心理活动，灵活交替地变换原则，并灵活使用翻译方法。

翻译单位。翻译单位分为六个层次，从音位到语段或文本。音位本身不承载语义，所以在翻译时主要遵从的是音译的原则，有时也可以采用音译兼顾的译法。词素、词义及词组作为语言单位的机会很少，因此不予赘述。句子是写作的基本单位，也是译者翻译的基本单位。以句子为翻译单位是指在翻译的过程中可以将句子内缩小的语言单位的位置进行调整，从而可以使译入语更加流畅地道。最大的翻译单位是语段或文本。对于这两个概念，至今也没有一个明确的定义。不过，有一点可以确定：这两个都跳出了句子的思路，将视野放置于更大的语义单位中，从而使翻译的工作更加灵活，也是解决英汉语言结构方面差异的一个有效的方式。

翻译技巧。翻译技巧是译者在翻译实践过程中，通过大量的实践而总结出的规则。这些规律虽然不能解决翻译过程中所有的问题，但了解这些，对于初涉翻译的人来说，可以更快地了解翻译活动并进行实践。翻译技巧种类繁多，但大都集中在词性、语义结构以及句法结构等三方面。词性转换是最常用的方法。在翻译过程中，不应过度强调词性功能及搭配，而应该结合尤金奈达的关于词性的理论，以意义为主，灵活地改变词性。加词一是为了解释说明一些比较抽象的、难以理解的词，二是为了调整语言结构，使译入语更加地道。减词符合英文重形和、中文重意和的特点。因此在英译汉时，常常删去代词、连接词等以防累赘。正说反译是指译者从相反的方向进行考虑，可以是主谓宾的调换或是肯定否定的转变等。

英汉翻译历史悠久，理论层出不穷，关于翻译的争论也从没有间断过。不同的译者有自己不同的翻译见解，对同一作品也可能译出完全不同的作品。其实，无论是怎样分析作品，运用怎样的技巧翻译，译者最终的目的还是引入外国精髓，并使作品为国人所接受。本着这项原则，译者才可能翻译出好的作品，更好地为读者服务。

# 第四节　翻译的注意事项

英语和汉语是两种不同文化背景和国家背景下产生的两种不同类型的语言文化体系。英语和汉语作为国际社会应用范围最广和应用人数最多的语言类型，其相互之间的沟通与交流对于文化的发展具有非常重要的意义。由于文化背景、语言习惯等因素的影响，在英语和汉语的翻译中存在很大的障碍，应分析原因，阐明文化因素对于英汉翻译所造成的影响，尽可能克服文化差异，减小对翻译工作的负面影响。

对于两种不同的语言类型和语言环境来说，翻译工作的质量直接影响到两种语言的沟通交流和两方面人员相互之间意图的理解。虽然本节探讨的英汉翻译工作具有非常显著的专业性特点，在工作的开展中也有其专业的方法，但文化差异对于这项工作的开展仍然产生非常重要的影响。

## 一、中英文化差异

文化作为一个宽泛的概念，在实际应用中涉及多个层面的问题。例如，不同地域造成的文化差异、不同文化领域之间的差异，都属于文化差异的范畴。本节探讨的是以语言文化为出发点的汉语和英式英语在文化内涵上的差异。如果对语言文化的差异进行细分，其实语言上的差异和文化上的差异，是不同的两个层面上的差异类型，但语言上的差异在一定范围内反映文化方面的差异，而文化方面的差异又在一定范围内包含语言方面的差异。从本节研究的方向上来讲，中国和英国的文化差异，实际上是指由于地域上的差异引起的语言文化上的差异。而从语言的角度来说，由于地域差异引起的语言结构和表达方式上的不同，实际上是作为中西方文化差异的一个典型表现而出现的。因此，适应中西方文化交流需要的英汉翻译工作的优化和改进是非常必要的，只有对中英文化的差异有一个清晰全面的认识，才能克服英汉翻译中文化差异因素所带来的不利影响，促进中英文化的良好、高效交流。最后，中英文化差异，从其影响角度来看，能够影响其产生差异的因素具有显著的多样性特征，但从影响程度的角度分析，可知语言文化对于英汉翻译工作的影响是最为显著和深刻的。

## 二、开展英汉翻译研究的意义

### （一）为中英文化交流提供服务

关于英汉翻译的研究，其存在的主要意义在于，我国社会和经济发展都进入一个相对稳定的新阶段，经济发展进入新常态，社会主义建设也走向了全面建成小康社会的决胜阶段。这种社会背景和历史发展阶段中，习近平主席也在十九大召开期间明确提出了"构建人类命运共同体"的要求。这种从世界范围内出发，越来越趋于融合化和一体化的社会发展趋势，决定了世界各国之间的交流和互通将成为未来发展的主要趋势，英语和汉语作为全球范围内应用范围最广的两种语言体系，中英文化的交流，英语和汉语必然成为主要的载体和通道，对英汉翻译的研究，首先基于为中西方在社会、经济、文化等各个领域的发展提供有力保障。

### （二）促进专业化英汉翻译人才的培养

中英文化交流必然进入新的阶段，这意味着，要想保证为两方的文化交流提供更好的服务，就需要一批具有过硬的专业技术的翻译人才做支持。因此，对英汉翻译的相关问题进行研究，有利于为专业人才培养计划的制订和实施提供基础引导和参考意见，从而促进专业人才培养，培养高素质、高质量、高效率的应用型人才。从性质上来讲，英汉翻译是讲求实用性的专业类型。可见，人才培养工作的开展，也需要结合中英文化发展的历史和实际的发展状态，这也是本节立足于研究文化差异对英汉翻译影响的主要原因。只有从与语言表达最接近的文化层面对英汉翻译工作的影响进行研究，才能在专业人才培养过程中实现提高其针对性和实用性的目的。

## 三、不同层面文化差异的具体类型

### （一）地域性因素带来的文化差异

这里所说的地域方面的因素带来的文化差异，实际上是从物理环境和地理位置的维度对中英文化的差异找到了一个形成标准。不同的地理环境，意味着人们生长生活的自然环境和语言文化氛围的形成环境会产生本质上的不同。对于中国和西方国家而言，这种由于地理环境和位置上的差异引起的中西方文化差异，主要表现在不同民族和文化背景的人群，对于同一事物的认知效果和认知角度上的差异。例如，关于天气和气候方面的英语表述方式，与我国的常规认知就存在一定差异，在我国的语言文化中，风向的不同，可以辅助表现不同的季节特点。例如，东风一般代表春天的气息，而西北风，则是寒冷冬季的代表。但在英语翻译中，"biting east winds"这个句子的汉语直译结果却是"刺骨东风"的意思。这种文化差异，就是由地域方面的因素引起的对于同种词汇含义的相反方向的理解和翻译的现象。分析这种现象产生的原因，与翻译人员未充分全面了解西方文化有密切关系。

### （二）风俗习惯因素带来的文化差异

风俗习惯，同样是中西方文化差异形成的主要因素，一个地区的风俗习惯，是该地区社会状态、经济发展和文化教育等多方面因素综合作用形成的。由于中英在以上所讲的三方面都存在很大差异，这种差异也会延伸影响人们的文化生活和精神生活，语言表达方式和内涵上的差异也是一个典型表现。例如，在英语词汇中，有一个典型的词组是"Blue blood"，如果按照字面意思直译为汉语，则这个词汇的字面意思是"蓝色的血液"，但由于受风俗习惯因素引起的文化差异的影响，在英国语言文化环境下，这个词组代表西方阶级中的"贵族"。这个词组翻译的结果本身，就带有非常浓厚的风俗习惯色彩。在西方文化背景下，贵族是特指一批坚持不向通婚政策妥协的西班牙人。而由于血统纯正的原因，这批人群的血管颜色呈蓝色。正是由于这个原因，血统纯正的贵族在西方文化中被定义为贵族。这种与社会发展中所形成的历史维度和阶级认知维度的差异，实际上可以归结为在社会风俗和习俗因素的驱动下，形成的一种文化差异。

## 四、英汉翻译的具体方法

通过上文的分析可知，翻译效果上的差异引发因素，在很大程度上与不同的文化背景有直接关系，但要想更加准确地分析文化差异对英汉翻译产生的影响的原理和形式，还需要从英语翻译的专业角度，对不同翻译方法进行了解。

### （一）直译法

直译法，是直接根据英语词汇的字面意思进行翻译。这种翻译方法的形成，是基于中西方文化在差异的背景下，同样存在一定的相似性的因素。在直译法的具体应用中，虽然从方法和原则上来讲，可以直接通过对英文单词的翻译达到，但基于保持语言文化的美感的要求，在实际翻译过程中，对于同义词汇的选择还应注意其修饰语。例如，"鳄鱼的眼泪"实际上具有非常深刻的含义，是一个具有伪装和掩饰意味的谚语。但在翻译中，却可以直接翻译为"crocodile tears"，这就是直译法最显著的体现。这种方法的主要优点在于能通过一定的简化和灵活表现方法，为达到英汉翻译的效果提供更大的便利。

### （二）意译法

意译法，是一类注重翻译内涵的方法。要求翻译人员对翻译内容的深层次内涵理解到位，这无疑增加了英汉翻译的难度。另外，翻译过程中，在对翻译内容的含义深入理解的基础上，还需要结合语境和语意对其进行修饰，以便营造最佳的翻译效果。例如，对成语"不辞而别"的翻译，通常应是"to take French leave"，句子中的 French 这个词，实际上是指法国人懂得浪漫的含义。

## 五、文化差异对英汉翻译的影响

### （一）地域因素的影响

地域文化对英汉翻译的影响，以地理环境的客观因素引发的文化习俗的差异为代表。上文已经从宏观的文化方面，针对地域性因素的影响进行分析。在下面的分析中，主要细化到英汉翻译的维度，对地域文化的影响进行分析。语言是人们交流和沟通的主要工具，而语言表达从根本上来说，是由词汇和句子两种元素组织而成的。语言表达习惯在不同的地理环境中都会有其具体的差异，这使翻译工作进行时，由于受地理环境差异的影响，需要遵从不同地区人们的语言习惯，以一种能够习惯和接受的方式开展翻译工作。而英语和汉语作为两个不同的语言种类和体系，其在客观上的发源和产生属于不同的地缘，这使两方的语言表达习惯有所差别，只有通过翻译对其完成调整和优化，才能克服客观上的地缘差异，达到良好的英汉翻译效果。

### （二）歧义因素的影响

所谓歧义，是中英民众由于对具有多重含义的英语或汉语的词汇和语言在理解上发生的偏差。这种现象的产生，最初是由英语词汇方面开始发生和表现出来的。随后，逐渐表现在英语句式的表达上。上文已经提到，从本质上来说，英语和汉语还是两个完全不同的语言体系，其词汇的结构和含义，必然存在同一词汇所表达的含义有差异，或者是一个词汇的表达方式在不同的语言环境和场合下所表达的意思发生很大变化。例如，在中国文化中，狗更多的原始含义是作为一个发挥看家护院功能的动物出现的，因此，狗在中国文化中虽然也有忠诚方面的含义，但更多的存在一定的贬义内涵，而在英国文化中，狗代表的主要含义是忠诚。因此，在英语表达方式中，一些积极意义的英语短语表达中，常常会用到"狗"这个单词。最为典型的代表成语是"爱屋及乌"，英语翻译为"Love me，love my dog"，虽然将狗这个词带到句子中，但在实际表达含义上却是更加深层次的含义的现象，可以理解为歧义因素对中西方英汉翻译造成的影响。

## （三）民族文化背景的影响

这里所指的民族文化背景，主要是从历史的角度对语言之间的相互影响进行阐释。无论是汉语还是英语，都具有非常悠久的发展历史，这种状态决定了汉语与英语作为语言，在发展过程中必然经历了许多不同的历史发展阶段和应用人群。从汉语的角度来讲，方言是语言文化差异化的典型表现，而对于西方国家而言，一些具有显著的地域性特征的俚语，也是语言文化和历史发展阶段的差异带来的语言体系和表达方式在细节上的差异。这些差异都会使英语翻译中一些具有地方特色的语言文字在表述和翻译过程中，呈现差异化的特点。

综上所述，文化差异，是我国和以英国为代表的西方国家存在的对语言表达方面影响最为显著的因素，且从文化交流的角度来说，语言是实现我国和英国等西方国家沟通交流的工具和途径，同时，语言交流也是实现文化层面的进一步交流的重要条件。而从交流沟通的实现方法角度来讲，英汉翻译工作，是通过一种专业的转化手段，实现两方面文化交流的活动。同时，这项工作的开展又受双方文化差异的影响，可见，文化差异与英汉翻译具有非常密切的关系，需要相关人员在翻译工作中充分考虑这种影响因素。

# 第四章 文化差异与英语翻译

## 第一节 英语翻译中中西文化差异的影响

文化是语言存在的一个背景，语言是文化的表达，文化与语言之间可以说是互相依存的关系。翻译就是两种语言互相转化的一个途径，而文化差异可以说是翻译工作中最有影响力的因素，对译者来说是一个巨大的挑战。翻译工作可以说是跨文化的一种理解力，为了保证翻译的准确，所以译者必须去了解语言产生的文化背景，在中英文翻译中亦是。中西文化之间的差异在中英翻译工作中的影响也是很大的，文中将阐述中西文化的差异对英语翻译工作的影响，及如何做可以更好地避免这些差异对翻译的影响，从而提高英语翻译的准确性。

随着世界发展和经济一体化格局的形成，文化与文化之间的交流也越发重要和频繁。中西文化因为地理环境、宗教信仰等各方面的不同出现差异，而翻译工作就是为了促进中西文化之间交流和沟通，所以翻译的合理准确是非常必要的。所谓翻译工作"就是在准确、通顺、优美的基础上，把一种语言信息转变成另一种语言信息的行为"，翻译可以说是中西文化连接的桥梁。

## 一、中西文化产生差异的因素

纵观世界历史发展，人类文明的发展是一个经历了漫长时间的积累和沉淀的过程，因此文化的形成也不是一蹴而就的。而中西方文化的差异主要表现就是在地域环境、风俗习惯、宗教信仰等方面。①文化的地域差异主要就是因为地理位置的不同。因地理位置的差异，所以文化产生的自然条件及环境气候等存在差异，所以地域文化各有各的特点。地理环境的差异直接影响人们的生活，从而影响着产生的文化。②风俗习惯的差异主要跟政治、经济、艺术等方面密切相关。不同的地域与不同的民族，在政治、经济、艺术等方面的追求也存在着千差万别的不同。而这些具有民族特色的风俗习惯，也是文化差异产生的因素。③宗教信仰可以说是人们的一种精神寄托，一种对美好生活的向往，也是人类文明的重要组成部分。不同地域民族的国家，有着不同的宗教信仰。比如中国遵从儒、释、道，而西方多数国家信仰基督教。由此可见，地域差异、风俗习惯的差异及宗教信仰的不同，可以说是中西文化差异的主要因素，这些差异也成为了解和理解不同文化的重要因素。

## 二、中西方文化差异对英语翻译的影响

翻译可以说是中西文化互相交流的桥梁，在现在世界经济一体化的格局下，越发显得重要。随着翻译工作的重要性不断提高，对译者的要求也在不断提高。如何在中西文化差异客观存在的现实中，能最准确地将中西文化中的特色展现出来，对翻译者来说了解语言产生的地域文化、民族文化和风俗习惯以及宗教信仰是非常重要的。①了解语言文化所产生的地域环境特点，是翻译的基础条件之一。地理位置和自然环境等是地域文化产生的自然因素，所以译者在翻译前必须对语言产生的地理位置和自然环境有最基本的了解。地域文化在英语翻译中有着一定的影响。地域差异也直接影响着英语翻译的效果，有时候容易产生歧义。翻译工作的质量和效果直接影响文化的交流和沟通。地域文化的差异也导致人们对一件事的表达方式和态度。比如东风与西风这两个词："东风"一词在中国有一种"莺飞草长"的温暖感觉，而"西风"一词在中国会让人感觉到一种"古道西风瘦马"的寒冷。在西方国家往往会觉得"biting east winds"（东风刺骨），而恰恰用温暖来形容西风，比如雪莱的《西风颂》中有一句："Oh wind，If Winter comes，can Spring be far behind?"（啊，西风，假如冬天已经来临，春天还会遥远吗？），可见在西方西风一词象征温暖来临。而这一差异主要就是由中西方地理环境差异造成的。我国的地理特点是东临大海，故东风吹来更舒适一些；而西方国家是西临大海，自然是西风更加温暖。由此可见，译者在翻译的时候要首先了解这些地理位置及自然环境的差异，不然译者很难准确表达出原文的文化含义。②了解语言文化产生的风俗习惯的特色，是翻译的基础条件之一。语言文化是一种历史的沉淀，也是一种民族特色不断发展的结果，因此译者在翻译之前首先要了解其语言文化产生的独特的民族风俗习惯。语言是人们生活交际活动的根本条件，也是文化的重要组成部分。中西方在语言表达方面也存在差异，比如中国人在表达方面比较含蓄委婉，而西方文化中，人们的表达方式更直接开放。风俗习惯的差异，也直接导致中西文化之间的差异。例如，在中国红色象征红红火火，在各种喜庆的场合多用红色，而在西方国家则认为红色包含一点贬义色彩，代表了血腥等的意思。因此译者在翻译之前要对语言文化产生的风俗习惯有一定的了解，才能更好地表达原文的意思，才能更好地促进文化的沟通和交流。③了解语言文化产生的宗教信仰

的背景，是翻译工作的基础条件之三。宗教信仰就是人们的一种精神寄托，一种对美好生活的向往。宗教信仰也是人类文明发展传承下来的，也有外来的一些宗教文化的影响，而语言表达也受到了宗教信仰很大的影响。众所周知，在我国儒、释、道与外来的佛教互相渗透，从而形成具有中国特色的宗教文化；在西方国家，宗教文化融合了基督教文化和哲学思想。两种截然不同的宗教体系，这样直接导致人们对事物认识的不同，也对语言表达有着影响。西方认为上帝主宰一切，而在中国则认为是神话传说的神仙主宰天地万物，因此在具体的翻译实践中，应注意到宗教文化的差异。不同的宗教信仰也影响着中西文化的迥异发展，在翻译过程中也要注意，只有这样准确的翻译才能更好促进中西方精神层次的交流和沟通。

## 三、在中西文化差异中寻求英语翻译中的具体方法

中西文化之间的差异对翻译工作者来说是一种巨大的挑战。为了更有效地进行文化的交流，在英语翻译中需要寻求具体的解决方法，才能达到翻译中的信（准确）、达（通顺）、雅（优美）的效果。①译者要了解语言产生的文化背景。而人类文明的文化背景都是历经历史的沉淀和积累形成的，中西方文化也是如此。一名合格的译者，就是要深入了解中西文化之间的差异，不断提高自身素养，才能更好地应对中西文化差异对英语翻译工作的影响。②在翻译中根据中西文化表达的特点，在翻译中可以适当调整语言表达的结构和格式。中西文化的差异也导致双方的语言表达方式也是有区别的。因此在翻译的时候，要根据中西语言表达习惯来调整语句格式。中西因文化差异，所以人们的思维逻辑方面也是有差异的，这也需要译者在翻译实践中注意区别，才能使翻译具有合理性。③适当地添加注释、注解来避免中西文化差异在翻译中带来的歧义。中西文化的差异，如果仅仅是按照字面的意思来翻译，很多时候会产生歧义，理解上难度也会增加。在这样的情况下，有必要在翻译的时候加一些注释或注解，这样也可以增加英语翻译的准确性。例如，中国的成语虽然大多只有简单的四个字，但也隐含着深刻的意义。如果只是简单的字面翻译，在中西文化差异中外国友人是不能很好理解的。由此可见，在翻译中适当添加注释注解，更有助于理解彼此的文化，也能加深彼此的文化交流。因此，在翻译中要了解文化差异，也要了解中西方语言表达习惯，这样才能使得翻译更合理和准确，更好地达到文化的交流和沟通。

综上所述，地域的差异、风俗习惯的不同及宗教信仰的差异，直接导致中西文化之间的差异产生。近年来世界经济格局一体化，翻译在文化交流中的作用越来越重要。而中西文化的差异对英语翻译的影响也是很大的，所以对彼此文化的了解是非常重要的。

在英语翻译的具体实践中，译者要了解文化背景及差异和了解中西语言表达习惯等等，才能更好地通过注释或调整句式表达的结构，才能提高翻译的信（准确）、达（通顺）、雅（优美）的效果，更好地实现中西文化之间的交流和沟通。

# 第二节　英汉文化差异与英语习语翻译

本节从习语与文化的关系出发，结合大学英语习语翻译教学实际，探讨英中两国在地理环境、历史典故、风俗习惯、宗教信仰等方面的差异，提出了大学英语习语翻译可采取直译、意译、套译、直译加注解等翻译方法，力求对译者的英语习语翻译实践教学提供有效借鉴和参考。

## 一、习语与文化

语言是文化形成和发展的前提，文化的发展也促进了语言的丰富和完善。习语是语言发展的结晶，是民族语言的精华所在，主要包含比喻性词组、俗语、俚语及谚语等，隐含着丰富的民族文化内涵，带有浓厚的民族色彩。英语习语在语言表现形式上具有生动、形象、通俗的特点，同时意蕴深刻，在交际中被广泛使用。

但习语翻译一直是大学英语教学中的难点，学生在具体的习语翻译实践中，往往忽视英汉习语的文化差异或因翻译方法不够灵活、熟练，导致习语翻译效果不尽理想。这就需要教师在具体的教学实践中引导学生深刻认识英汉习语的文化差异，灵活运用多种翻译方法，促使学生的习语翻译实战能力不断提升。

## 二、英汉习语的文化差异

英汉文化存在很大的差异，其习语也各具风采。教师在大学英语习语翻译教学中应引导学生充分关注英汉习语的文化差异，为精准翻译打好基础。英汉习语的文化差异主要表现在如下 4 个方面。

### （一）地理环境方面的差异

习语是实践的产物，它与人们的生产生活、工作环境密不可分。英国属于岛国，海岸线绵长，其航海业一度在世界上遥遥领先，英国人长期在海上生活劳动，因此，英语习语中有很多与海和海上生活相关的表达。比如，all at sea（一片茫然、不知所措）、like a fish out of water（处在陌生的环境中、感到不自在）、raise the wind（筹钱）等。而中国是海陆兼有的国家，汉民族自古以农业为生，所处的环境大多是山和地，所以汉语中的许多习语和土地、农业生产息息相关。比如，我们说的挥金如土（spend money like water）、斩草除根（cut the weeds and dig up the roots）、顺藤摸瓜（follow the vine to get the melon）等。这些以陆地文化为依托的汉语习语和以海洋文化为背景的英语习语明显不同。

### （二）历史事件与典故方面的差异

英汉习语有不少来自历史事件、神话、寓言、典故等，这些习语由于来源的特殊性，仅从字面上来理解难免会望文生义。如 drop the pilot，这一英语习语的本义是指船泊岸或者过了危险区域后就叫领航员下船，而后转译为"成功后抛弃得力助手或功臣"，类似于汉语中的"过河拆桥"；meet one's Waterloo，意指曾经横扫整个欧洲大陆、不可一世的拿破仑遭遇滑铁卢之役一事，现一般译为"遭受惨败"；pan out，本来是指美国淘金热时淘金者用淘金盘（pan）捞起沙子，不断用水清洗，最终幸运地滤出小粒金子，现在该习语演变为"成功"。汉语中也有很多富含历史典故或实践的习语，如守株待兔、亡羊补牢、东施效颦、精卫填海等。不难看出，中英因各民族历史不同、历史事件发生的时间不同，由此产生的习语也就不同。

### （三）风俗习惯的差异

风俗习惯是一种社会现象，是群体在生产生活中逐渐形成的约定俗成的生活方式。英汉习语中与风俗习惯相关的民族特色非常鲜明，比如土豆很受英国人青睐，据传，英国人每年就要吃掉四百多万吨土豆，因此，英语中有不少关于土豆的习语。英国人自谦时会说："I'm a small potato."（我是小人物。）英国人描述那些终日无所事事、手持电视遥控器躺在沙发上不断换频道的人为 a couch potato（电视懒虫）；用 a hot potato 来比喻对人诱惑很大但又很难得到的好处或利益。而中国人的饮食以米面为主，茶水是必备饮品，汉语中有很多相应的习语表达，如"巧妇难为无米之炊""粗茶淡饭""不思茶饭"等，但在中文习语中就很少能见到土豆的影子。

## 三、习语翻译的主要方法

习语翻译本身是一项系统而复杂的工作，翻译时仅仅关注习语的文化差异是不够的，还需要译者有扎实的翻译技巧。因此，在习语翻译教学实践中，教师还要引导学生掌握并能灵活运用多种翻译方法。习语翻译常用方法有如下 4 种。

### （一）套译法

套译法就是在英语习语汉译时直接套用汉语中现存的、与约定俗成的含义对等的习语。汉语里有为数不多的习语在风格、形象、语体色彩等方面与英语习语对等，这样的习语在文化内涵和语言意义两方面都基本等值，在跨文化交际中能很容易地被人们接受，且不会引起歧义。比如，"To go through fire and water"可以相应套译汉语中的"赴汤蹈火"；"Where there is life，there is hope"可以译为"留得青山在，不愁没柴烧"；"Talk of the devil，and he is sure to appear"可以套用汉语中的"说曹操，曹操到"。这样的套译是对汉语习语的一种有效套用，能够准确地表达原语的深层含义，同时会使译入语读者感到亲切易懂。但这样的套译有一定局限性，一是套译的范围有限，英汉对等的习语并不多见；二是有些汉语习语和英语习语貌合神离，直接套用会犯张冠李戴的错误。比如，"A miss is as good as a mile"，这个英语习语会很容易被套译为"差之毫厘，谬以千里"，但该英语习语最主要强调的是错误的本质，即"大错小错都是错"；而汉语"差之毫厘，谬以千里"所表达含义是开始时微小的误差，会给结果造成巨大的误差。由此可见，两种习语的语义内涵相去甚远，直接套译会产生误译。

## （二）意译法

英语中一些习语有其特殊的地理、历史、政治、经济等方面的内涵，无法用汉语对其进行对等翻译，只能采用意译法保留原语的基本含义。这种情况下，英语习语的文化信息和比喻形象往往很难保留，比如英语习语中"A new broom sweeps clean"，不能直接翻译为"新扫把打扫得干净"，人们习惯把它意译为"新官上任三把火"；又如"A cat has nine lives"，在中文里没有完全对等的套译表达，如果直译为"猫有九条命"，中国人可能会一头雾水，不知所云，因此只好将其意译为"吉人自有天相"，这样，数字"九"和"猫"在英文中的神秘性在汉语译文中就得不到有效体现。虽然意译法往往难以保全原语的文化内涵，无法使译入语和原语的语义和内涵等值，但意译法是一种比较变通的习语翻译方法，因而在习语翻译中的使用较为广泛。

## （三）直译法

习语翻译中的直译法即是把习语构成词的字面意义直接翻译出来，这种方法貌似有悖于习语的性质，往往适用于那些比喻形象突出、文化色彩较浓的习语。直译得当不但能够有效传达原语的形象和意义，且会让译入语读者会心一笑，倍感轻松，同时，这种洋味十足的翻译能够丰富译入语的表达方式。比如，"Strike the iron while it is hot"可直译为"趁热打铁"；"Fish in troubled water"译为"浑水摸鱼"。这些译文由于多次使用，逐渐成了中文表达中的俗语，丰富了汉语的语汇库。另外，还有"as busy as a bee"（忙得像只蜜蜂）、"Blood is thicker than water"（血浓于水）、"armed to teeth"（武装到牙齿）等，都是通过直译而来的表达。直译法使英语习语翻译更轻松，也易使译入语读者所接受。但直译法需充分考虑译入语读者的理解力和联想力，否则非但达不到准确传神表意的效果，还会弄巧成拙。

### （四）直译＋注解法

不少英语习语由历史典故而来，民族色彩浓厚，看似结构简单，但不能直接从字面去理解和翻译，这时候就需要采用直译＋注解的方法。比如，"as fair as Helen"若直译为"如海伦般艳丽无比"，不懂希腊神话故事的中文读者就很好奇"Helen 是何许人？怎么个美法？"这时，我们可采用括号加注法，注明 Helen 是希腊神话中著名的美女，这样读者就不觉得难懂了。再如，伊索寓言的习语"dog in the manger"，如果直译就是"马槽里的狗"，译入语读者会不明就里，若加注"自己不做却不让别人做""自己不用却不让别人用"等解释，该习语的意思就非常清楚明了。

当然，英语习语翻译并不是一蹴而就、照葫芦画瓢的简单工作，它不仅需要译者有知识面上的宽度，还要有文化内涵上的深度，即 To know everything of something and something of everything（通百艺而专其一），同时，要能在具体的翻译实践中灵活运用多种翻译方法，做到具体问题具体分析，使译文既能准确表义，又能为译入语读者所理解。这就需要教师在具体的习语翻译教学实践中，引导学生加强习语文化的学习和习语翻译经典案例的积累，在练习中大胆实践习语翻译的各种方法，加强学习、实践、反思，不断优化习语翻译效果。

# 第三节　英语文学翻译中文化差异的处理

在翻译英文原著的译作里，因为受到不同国度语言差异性的干扰，翻译含义的准确率显著减小，同一译品翻译的时间也越长。因此，翻译者应该更加注重如何采用更具有操作性的方式，解决翻译英文原著中出现的语言差异性的矛盾，从而提升英文原著译品的质量，培养阅读者的文学素养，理解西方原著含义里透露出的文化背景与特点。

## 一、翻译、文化的内涵以及文化差异处理在英语文学作品翻译中的重要性

### （一）翻译、文化的内涵及标准

翻译是借助译文对原文进行阐释的过程，文学翻译是一种以文学作品为基础的翻译活动。作为文化的核心构成部分，文学创作亦是艺术创作的一种形式。所以，从文学的

角度来看，翻译也是一种艺术娱乐活动。文学翻译不仅对等地实现了转换两种语言字符，而且实现了原作中文化信息的传递，从而满足了阅读者在阅读中探寻的满足感，使阅读者能够体会到原著里特有的含义与文化思想。

语言是文化的中心构成成分，是传承文化的一条极有效用的路径，能够更好地传达出文化的内涵。因为语言历史背景不同，因此国度差异引出文化里词汇自身的特别性，以及特别事物身上所被赋予的内涵。比如，中国的"龙"代表好运、吉利和晴空万里，西方的"龙"则代表反抗、暴虐和十恶不赦。在语言交际过程中，不同民族的人们是否能够有效地进行交际，关键在于对句子背后含义的深刻把握，以及句子背后更为雄厚的历史背景的理解。翻译能够使得不同的国度有效用地进行文化、语言交流。翻译和语言、文化差异性关联极大，因此翻译者应该要对原著和译品的语言都了解颇深，并充分理解两种语言下的背景文化。翻译的宗旨在于最大限度地将源语言文化内涵在目标语言中完整地表达出来，实现真正的沟通。

### （二）文化差异

"文化差异"是指不同社会发展模式与生态环境中特定群体的人在语言交际、生活信仰、思维方式、风俗习惯、道德等方面的差异。它最为突出的表征显现便在于同样事物和现象里相异的理解，从而导致了交流障碍。本节从翻译学的角度探讨了英汉两种文化的差异，这是英汉文学译作的前提，是达成相异文化、语言有效率联系的前提。一种是文化蕴涵关联，也就是文化内涵表征为文化内涵里涵盖一种文化内涵，也可以说是文化内涵相交的情境。二是文化排斥关系，即两种文化有着不同点，甚而已经不能表达出其更为深刻的含义了。三是文化联系里的差异，也就是说两种文化都有自己独特的文化成分，与其他文化相比就是这一部分的差距。

### （三）文化差异处理在英语文学作品翻译中的重要性

从英语文学翻译的意义来看，英语文学作品的翻译过程相当繁杂。中西方语言的差异性使得倘若无法深刻理解两种文化差异与特征，译作就会受到阻碍。产生文化解读错误，从而影响学习者的学习效果。因此，正确把握英文译品差异性的意义极大。所以，在译作时，翻译者需要把握好方式，处理好语言间的差异性，提升译品的质量。针对译者而言，了解一种语言的直接意义是远远不足的。

## 二、英语文学翻译中处理文化差异的具体方法

### （一）分析文学作品语言风格

想要完美展现英语文学作品，翻译中译者应仔细分析源语言和目标语的语言风格，

因为相异风格的原著自身的文化含义与因素是不同的。语言风格相异的作品带来的特征也不同。唯有把握语言特色，才能提升译作的可靠性。翻译小说、戏剧类，翻译者应该要把握其内在内涵与文化背景。倘若依旧使用科学技术方式，文学译品就仅仅是文字累加，而失去了美感，阅读者也不会再那么有兴趣，反而感到厌烦。所以，英文译品翻译时，要想清楚译品的语言风格，开发其实质语言差异性，并通过针对性方式能够处理好文化间的差异性。

### （二）运用动态对等定义

由于中英文之间存在着诸多差异，尤其是文化的差异性，所以翻译者应该要擅长使用动态对等来处理英文原著翻译里会出现的文化差异性。英文文学原著的翻译是英语作品在汉语中的完整表达。因此，在翻译英语文学作品时，译者在理解文化差异的基础上，能够使用翻译技巧，保证其准确率，使阅读者完整地阅读完译品，增强对其理解。事实上，此处动态对等的含义也就是说把原著词汇译成中文，并且能够相对应译语法，使其保证译品文体与语言风格都能够相应对等。文学体裁、散文、语法和词汇是译品的四个成分。所以，翻译者应该充分理解动态对等的定义，并且能够通过该方式翻译原著，使译品与原著文化含义和风格对等，确保翻译前后作品的风格和文化内涵的一致性。

为使得英文原著的译品，能够更为整体且准确地表现出原著的含义，基本所有的翻译者都是逐词进行翻译，从而保证阅读者对译品的理解性。然而因为中英文之间的差异性，尤其是语言与文化的差异，所以翻译一方面要保证对差异的理解，另一方面也要能够采用动态对等的理论将差异降到最低。翻译中存在一种动态对等的观念，即将原著中的词汇或词组逐个翻译成相对等的中文。但因为西方原著所属的文化与本国文化间的差异性，词汇逐词直接的翻译极容易造成无法正确表达原著含义，甚至导致错误。因此有时候需要一些变通的方式。

仅仅针对"动态对等"观念而言，大致涵盖的内容有四部分：①原作与译品题材的一致性；②翻译时篇幅的相应性；③翻译时语法的统一性；④原作与译品词汇的一致性。这些内容保证了译品的质量。所以，我们应能够更为有效且正确性地了解动态对等的理念，且在翻译中确保中英文的思维含义的对等。

①译品与原著的题材的对等，在翻译时，要确保译品与原著题材的对等，科技应用的文章便要确保科技性，小说便译为小说，散文便译为散文，诗歌便译为诗歌，尽量确保文学体裁的正确性。②译品与原著的篇幅的统一性，即对原著的翻译，要确保译品完全根据篇幅进行翻译，确保其完整的性质，不要改变篇幅的顺序性，使其具有无序性。③语法的统一性。即在翻译原著中语句时，确保其完整性，并且确保其含义被完整翻译

出来，使得原著与译品的语法能够具有统一性。④译品与原著的词汇的相对应性。即在翻译间，需逐词将原著翻译成译品，确保其含义的统一性与质量性，使其英文与中文的词汇含义能够对应上。

### （三）通过对异化和归化翻译理念的研究，正确处理文化差异

在翻译西方原著过程中，有一种要找到原著所属语言文化根源的翻译理论，即异化翻译理论。迄今采用该理论最为出彩的，得提到美国的译者劳伦斯·韦努蒂。为了加深对该理论的含义了解，此文将其作为例子，如《三字经》的西方译品中，使用了该理论，一定程度地确保了原属于中文里的成分，如"头悬梁，锥刺股。彼不教，自勤苦"在译品中便被翻译为"Head hung high!Needled his thigh!Not pushed，they kept working away."

在翻译里，有一种将译品整体特征作为根源，以实现归化的理论。这是同异化完全相异的理念，严格参考了译品自身的文学特点。采用此种理念，纵然对原著有了部分变化，然而却使译品拥有更多的阅读特性，也是对译品传达文化的一种理解与尊重。

### （四）利用创造性叛逆手段

本国翻译西方原著的译者时常会在翻译中遇到一个相似的困惑：在翻译原著的时候可否融入译者自身的一些独创性的想法，又或者可否仅仅参照原作翻译，保证准确性即可。但事实上，该类问题需参考原作的类别。倘若原作属于散文、小说或诗歌一类，便可以使用一种创造性叛逆的方式，因原作中一些涵盖的思维与含义倘若直接翻译，是难以表达出那些原作里的美感的，并且不会让阅读者感受到原著的吸引力。倘若原作属于应用科技一类题材的书籍，则直接进行译作即可，且要保证其准确性。事实上，创造性叛逆方式，也就是译者在尽量保证译品准确性的前提下，采用更为技巧性的方式，加入译者自身的想法，从而提升译品的想象力与新意，使译品更富有创造性。

英文文学是西方国度思维含义与该国此时文化状况的整体表现，一方面它们反映出的是该国度所展示出的时代与民族的特点，另一方面也是作者乃至整个国度所属文化以及思想的展现。翻译实际上是本国与西方国度文化相互传达以及学习的主要方式，也是为了使各国度的阅读者能够通过这些文学了解到该国文化，并且对待相同的作品能够产生跨越国度却相似的体验和感想。纵然语言的相异使得这些作品的表达不尽相同，然而翻译者在翻译途中，需能够对该作品创作的前提与时代有一定程度的了解与感受，能够领会这些作品想要传达的情感与思想。因此翻译后的作品一方面要能够符合原作品的含义，另一方面要考虑清晰所使用语言含义、符号和所使用人名间的联系，从而尽量贴切地描绘出该作品的思维意境、民族、时代、文化的情景，使其因语言间的差异而带来的

理解难度降到最低。要把握清楚语言背后所包含的含义，书写、语音以及词汇间差异也要考虑清楚，从而尽量保证其准确性，并压低语言带来的局限性，使阅读者最大限度地理解原作。

中西国度间语言差异而带来的差异难以忽视，也不可忽视，因而在翻译外国原著时需考虑清楚其间的差异，并使用可操作性的方式尽量将其降到最低，才能够翻译出最好的译品，保证其效率与质量，使本国阅读者能够通过阅读译品培养良好的文化素质，同时也推进针对英文原作的译作项目的有效且质量性的前行。

# 第四节　商务英语翻译受东西方文化差异影响

随着经济全球化以及商务一体化的出现，已经有越来越多的人关注到商务英语的发展，由于东西方地域文化、思维方式的差异，中文和英语翻译的过程中也会存在很多问题需要我们关注，如何才能够提高商务英语翻译的效率已经成为时下讨论的热点话题。

本节从商务英语的特点进行分析，结合实际情况指出东西方文化的差异给商务英语的翻译所造成的问题，并针对对东西方文化差异的认识、商务英语的翻译技巧以及商务英语的翻译原则这三个方面指出如何才能够提高商务英语的翻译效率。

## 一、商务英语的特点

商务英语属于英语的一部分，其中包含着丰富的欧美文化内涵。这些文化与我国历史文化之间的差异性较大，会给商务英语的翻译造成很大的影响，同时，商务英语是一种专业英语，主要用于商务活动当中，因此商务英语翻译需要达到礼貌、实用的要求。这样贸易双方在商务活动中才能准确地表达己方的意愿和要求，从而促成贸易成交。此外，商务英语是以适应职场生活的语言要求为目的，内容涉及商务活动的方方面面。商务英语课程不只是简单培养学员的英文水平、能力，更多的是向学员传授一种西方的企业管理理念、工作心理，甚至是如何和外国人打交道，如何和他们合作、工作，以及他们的生活习惯等，从某种程度上说是包含在文化概念里的。

## 二、东西方文化差异对商务英语翻译的影响

### （一）地域文化差异

东西方所处地域、环境的不同，所以直接导致地域文化出现差异，例如，英国是一

个岛国，海岸线曲折而漫长，所以当地的航海业及捕鱼业对于英语的发展产生了巨大的影响，同样，中国有较长的海岸线，但是中国是一个农业大国，所以导致中文的形成和演变均和农业有关，东西方文化之间所存在的差异对英语的翻译造成巨大的影响，所以我们在翻译的过程中需要关注这部分问题。

### （二）思维方式差异

在翻译商务英语的过程中，由于东西方思维方式之间所存在的差异，所以中西方文化中对于语言的要求存在着区别，中文讲究"意合"，也就是说，在使用中文的时候只要意思表达正确就行了，对于句子的格式不做要求，但英语中对于句子格式以及单词组成的要求则更为严格，讲究"形合"，例如，"热死了"这句话，很多学生在翻译的过程中都会犯一个常见的错误，那就是找不到本句的主语，但是我们仔细思考后就会发现主语是天气，翻译的过程中，主语是"天气"，系动词是"是"，表语是"热"。

### （三）民族心理差异

在商务英语翻译的过程中，民族心理也会给商务英语带来很大程度的影响，所以译者需要注意不同民族文化背景所造成的翻译差异，例如同样是喜鹊，东西方人面对它却会有不一样的态度，中国认为喜鹊本身代表着吉祥以及好运，在古诗中也会有喜鹊的身影，如"绵绵远念近来多，喜鹊随函到绿萝"，而在西方人眼中，喜鹊是啰嗦、烦琐的代表。又比如东方人认为绿帽子是一种贬义词，而西方则不这么认为，所以好莱坞华人区的 Green Hat 餐馆就几乎没有华人光顾。

## 三、东西方文化差异对商务英语翻译产生影响的应对策略

### （一）加强对东西方文化差异的认识

翻译者在从事商务翻译时，需要对中西方文化的差异有所了解，很多西方国家都认为 13 是一个不吉利的数字，而中国人则不这样认为，在中国文化中，中国人对于 9 更情有独钟，9 这个数字，在古代多用于帝王，例如九五之尊，再如我国现下常见的 999 感冒灵。

不同文化所造成的习惯差异也体现在颜色方面，在西方国家眼里，蓝色代表着忧郁，但是在中国人眼里蓝色则有着另外一种象征，虽然蓝色在西方人眼里代表着忧郁，但是还是会有很多地方的 blue 并不翻译为忧郁，例如 blue blood 直译为蓝血，并非忧郁的血液，而是代表着贵族出身以及贵族身份，如果对于中西方文化差异不够了解，在翻译的过程中，则没有办法准确表达。

此外，在中西方文化里，即使是同一种植物或者动物，也代表不同的意思，例如常见的芳草牌牙膏，在翻译的过程中，则不能直译为"fangcao"，"fang"在英语中其实是一个英文单词，指动物的犬齿或者是毒蛇的毒牙，这种牌子的牙膏会让西方人觉得很不舒服，直接影响这个品牌的推广。

不同的生活习惯、文化认知以及习俗方式，都会造成东西方文化的差异，这就要求翻译者在翻译的过程中，需要充分了解东西方文化的差异。随着经济全球化的加速，会有越来越多的国际贸易活动出现，商务英语也会不断地发展，翻译者对于东西方文化差异的不了解，将会直接导致在翻译的过程中无法准确翻译，或者是翻译出让某一方反感的文字，从而影响交易的完成，影响商务交流的正常进行。

### （二）掌握商务英语翻译的技巧

商务英语在翻译的过程中，对于翻译者的反应能力和应变能力要求很高，但是很多人都没有办法满足这一要求，所以为了提高反应能力不足的翻译者的翻译能力，我们就会选择借助一些言简意赅的程序化用语来帮助我们完成商务英语的翻译，例如想要表达感谢时，可以选择句型："Please accept my sincere appreciation for..."翻译为"请接受我方对……真挚的谢意"，同时，翻译者还可以对句子中的部分单词进行替换，从而提高翻译的表达效率，实现商务交流过程中信息的高效传递。

因为商务英语是应用在商务交流中的语言，所以在应用的过程中，还需要保证其简洁直观性，所以翻译者可以通过适量的增词减词来达到目的，可以根据谈话前后的逻辑关系和表达习惯，在适当的地方增加没有出现但实际已经包含的词，或者去掉出现但不需要表达的词汇，例如 All cash shall be subject to income tax，就可以翻译成所有现金红利均需要缴纳所得税，在翻译的过程中，将被动转变为主动更符合中国人的翻译习惯和阅读习惯。

商务英语多用于不同的场合，所以翻译者还需要对英语中所出现的缩略词进行辨析，确保缩略词所代表的意思是正确的，此外，翻译者在将中文翻译成英文的时候，也可以适当增加一些缩略词，以保证文章的简便性，从而提高翻译的效率，例如翻译中常见的"WTO"，也就是"World Trade Organization"，也就是我们常说的世界贸易组织，虽然缩略词经常广泛应用在商务英语中，但并不是每个翻译者都能够熟练地应用这些缩略词，所以就需要翻译者们平时的积累和学习，才能够在工作中发挥作用。

结合目前的实际情况来看，商务翻译的过程中，四字结构的应用也已经十分广泛，例如"work on small profit margins can not grant open—account facilities"，可以翻译为"利润率低的工作不能提供开放账户贷款"，但是在商务英语中，则可以翻译为"薄利经营，概不赊账"，四字结构的使用，使原文变得更加简洁流畅，庄严正式，能够体现出书面用语的正式程度以及结构的严谨性。

相较于其他的英语翻译来说，商务英语翻译对于词汇的准确性要求较高，所以翻译者在翻译的过程中，需要对意思相同但含义有所差别的词汇进行辨析，例如我们常说的 problem、question 和 job、work，这些词汇都可以翻译成问题和工作，但是其中的含义还是所有差别的，还有其他的专业词汇，所以翻译者在翻译的过程中需要结合语境的变化以及词汇本身所具有的含义进行辨析。

### （三）掌握商务英语翻译的原则

由于中西方语言习惯的不同，所以翻译者在翻译的过程中需要避免东西方文化差异对商务英语翻译所产生的影响，还应该熟练掌握商务英语中翻译的各项规则，从而使对方能够感受到尊重的同时，传达自己的意图，做到简洁明了，准确全面，突出重点，在翻译过程中，还应该避免带入自己的语言习惯以及个人情绪，保证商务英语的准确性以及职业性。例如，在东方，龙和凤都寓意着吉祥健康，很多中国的名字中也常常会出现龙和凤这两个字，所以以龙和凤为元素所涉及的商标也广泛地受到消费者的喜爱，但是在有的西方国家中，龙代表着邪恶，而孔雀则象征着淫、祸，所以译者在翻译的过程中就需要注意这一常见的文化差异问题。同时，在翻译的过程中还应该保证语言的简洁性，尽量用简单明了的语言来向双方传达对方的意图，在翻译一些外国品牌的时候，要注意对品牌文化的了解和翻译，尽量避免音译，而是通过翻译将品牌背后的故事传递出来，例如，UNIQLO 的音译尤尼秋，但是我们在翻译的时候会选择将其翻译为优衣库，不仅能够很好地体现出原品牌的品位，还能够让消费者更加直观地感受到优衣库对于衣服设计和质量的高要求，从而传递品牌的力量，给双方留下一个更好的印象。此外，在商务英语的翻译过程中，译者还应该多使用礼貌英语，让谈话双方能够感受到自己被尊重，从而促进双方的交际。最后，译者在翻译的过程中，需要对双方的谈话内容进行分析，并抓住其中的重点，准确全面但又要重点鲜明，避免出现把所有表示语气的非实质性谈话内容都翻译出来，这样不仅会令听者一头雾水，还会造成谈话效率的下降，这对于商务合作以及双方洽谈都是非常不利的。商务英语是一门较为复杂的科目，商务英语翻译也是一份挑战度较高的工作，所以更需要学习者和从业者做到勤学苦练和随机应变。

在激烈的国际市场竞争中，要保证我国的竞争力，高素质的商务英语翻译者是必不可少的，东西方文化之间的差异，导致商务英语在翻译的过程中存在很多需要注意的问题，所以翻译者只有在不断学习和积累的过程中，才能够切实提高自己的工作效率。

# 第五节　中西文化差异与农业英语翻译

不同民族的人是否能够通过语言互相沟通，不仅取决于他们对语言本身的理解，而且取决于他们对语言所负载的文化意蕴的理解。唯有深刻理解两种语言的文化差异，才能跨越语言鸿沟，从而使翻译中的问题迎刃而解。在文化趋同的过程中，文化的差异依然存在，不同的文化背景不可避免地会发生局部的交叉，从而给语言的翻译带来种种障碍和困难。正如美国翻译理论家尤金·奈达指出的："翻译是两种文化之间的交流，对于真正成功的翻译而言，熟悉两种文化甚至比掌握两种语言更重要，因为词语只有在其作用的文化背景中才有意义。"这说明农业英汉翻译也要将中西文化结合起来，离开文化背景去翻译，不可能实现两种语言之间的真正交流，文化差异会引起文化意象的失落或扭曲。主要表现在以下几个方面：

## 一、地理环境

自然环境是人类赖以生存和发展的基础，不同的自然环境对民族文化形成和发展有着不同的影响。英国是一个岛国，四面环海，受海岛狭小范围的限制，土地资源十分有限，航海业和渔业十分发达，因而生活中有许多习语源自航海业，它们在汉语中很少有完全相同的对等习语，如：to rest on one's oars 暂时歇一歇，to know the ropes 某人非常精通某项业务，或者熟知其中的套路、内行。这些习语多和航海有关，代表岛屿文化，而中国传统文化以陆地为主，华夏民族生活在广袤肥沃的东亚大陆上，理解这些表达方式就较为困难。

中国自古以来就是一个农耕氛围比较浓厚的国家，典型的大陆环境，土地在人们的生活中至关重要，汉语中有相当一部分和土地及农业生产相关的成语，如挥金如土、拔苗助长、顺藤摸瓜等，英语用"spend money like water"比喻花钱浪费、大手大脚，而汉语用"挥金如土"。如果不了解中西方存在的这些差异，往往会在翻译过程中出现差错，使原文和译文意思大相径庭。同样，汉语有许多关于山川、四季等方面的习语，在英语中也难以找到现成的对应词。如"东风"是"春天的风"；夏天常与酷暑炎热联系在一起，如"骄阳似火"。英国地处西半球，报告春天消息的是西风，英语中不乏歌颂"西风"的诗篇，如英国著名诗人雪莱的《西风颂》（*Ode to the West Wind*）正是对春的讴歌；英国的夏季正是温暖宜人的季节，英语诗歌多抒写夏日之丽，如莎士比亚在他的一首十四行诗中把爱人比作夏天，"Shall I compare thee to a summer's day?Thou are more lovely and more temperate." 这些习语充分体现了英国与中国在地理环境上的差异。

## 二、历史文化

历史文化指由特定的历史发展进程的沉淀所形成的文化。在英汉两种语言之间进行翻译时，会经常遇到由于历史文化差异而出现的翻译难题。要对一些历史典故进行恰当的翻译，就必须正确理解它们丰富的历史文化底蕴和内涵，并施以恰当的译法，否则就不可能很好地体现和传递历史典故的含义。例如，汉语中的"鸿门宴"应译为"Hongmen feast with a trap for the invited"，若不了解中国楚汉相争时的历史背景，很可能会直译成"Hongmen feast"，该译法就会令西方人莫名其妙，不能确切地理解。又如英语谚语"Talk of the devil and he will appear.""Speak of angels and you will hear their wings."意思接近于汉语谚语"说曹操，曹操到"。然而前者带有浓厚的西方宗教色彩，而后者则与历史有关，译者在翻译时若不了解中国三国时期的历史背景，很难将该英语谚语翻译到位。

## 三、价值观

价值观是文化的核心和灵魂，是特定文化中人们对好坏美丑等进行判断的标准。表现在两种语言中，会对语言理解和翻译造成很多障碍，在翻译中要引起足够的重视。中西文化传统的差异，导致了人们价值观的差异。中国人的价值观在很大程度上受儒家思想的影响，相反，英美文化中最重要的价值观念是个人自由，以自我为中心，非常注重个人隐私，而中国人的个人隐私观念没有那么强，经常主动关心别人，以别人为中心，考虑别人的感受。如在中国，服务生通常这样问："先生（小姐），请问您需要什么？"这是中国人的习惯性说法，体现中国人考虑的主体是对方，而不是自己，但西方国家的服务生却要问："What can I do for you?"或者"Can I help you?"，这样的问法体现了他们从自身角度出发的观念。

## 四、风俗习惯

风俗习惯的差异是文化差异的另一个主要方面，英汉民族不同的生活经验和民俗习惯势必造成观察、认识问题的角度、方式和方法的不同。就话题的选择来看，英美人交谈忌讳涉及年龄、收入、婚姻、信仰等有关个人的话题，认为这些属于个人隐私；而中国人见面就会问"你多大了？""结婚了吗？""每月能拿多少工资？"等，以示关心、亲近。

风俗习惯的差异在成语当中有较多的反映，特别是在动物形象上。例如，龙在中西文化中就代表了两种完全相反的形象。在中国传统文化中，龙象征着吉利、尊贵，而在西方神话传说中，dragon 通常是邪恶的代表。表示颜色的词语同样由于中西文化的差异，其所蕴含的意义也有很多不相吻合的地方。blue（蓝色）在英美文化中常意味着"忧郁，伤感"。例如，in a blue mood、having the blues 均指"忧伤"，a blue fit 指极其愤怒，但 a blue film 却并非伤感的影片，而相当于汉语中的"黄色影片"，blue jokes（improper jokes）指"猥亵的笑话"，也就是时下流行甚广的"荤段子"。在中国文化中，黄色既有"污浊，淫秽"之意，又象征"王权、皇家"，而西方文化中 yellow 并无此意，如 yellow pages 指电话簿或其他登记各种机构、商店、团体等的册子。yellow journalism 指以耸人听闻的方式报道新闻消息等。

中西方在地理环境、历史文化、宗教信仰、价值观念、风俗习惯等方面的差异，对语言学习造成一定障碍，对农业英汉翻译也产生很大的影响。在农业英语翻译课上，应注意培养学生的跨文化交际意识，侧重讲授翻译技巧和方法，以实践为手段，提高学生的农业英语翻译能力。

# 第六节　中英文化差异与英语翻译教学

翻译教学在基层电大占据着重要的位置，翻译是把一种语言表达出来的东西用另一种语言准确而完整地表达出来，为了准确地转换语言，必须要熟练掌握不同语言之间的差异，文化差异是学生自行翻译时比较难以掌握的部分。英文习语和中文习语表达的文化差异、词汇表达的文化差异以及中英语言表达习惯的差异都是翻译教学和翻译过程中极需注意的问题。

在基层电大的英语考试中，无论是公共英语还是专业英语，都会出现中英互译的题型，商务英语专业专科的毕业考核是让学生自己找一篇 2000 字以上的英文原文，翻译成中文。在公共英语和英语专业基础课上也都会有英汉互译的题型出现，这需要在平常的教学中渗入翻译的知识。翻译是一种跨越时空的语言活动，是"把一种语言表达出来的东西用另一种语言准确而完整地表达出来。"鲁迅先生认为："凡是翻译，必须兼顾两面，一当然力求其易解，一则保存着原作的丰姿。"这就是说，译文既要信又要顺（both faithful to the SL and smooth in expression）。当代翻译理论家张培基等人在《英汉翻译教程》书中也提出"忠实"、"通顺"的翻译原则。翻译是检验学生是否能自如运用语言的一种形式，可如何才能让译文和原文更贴切呢？语言是经过长期的历史文化发展而慢慢形成的，由于不同国家有着不同的地理位置、历史发展、宗教信仰等，语言的表达存在着极大的文化差异。而大部分学生所能接触的英美文化相当有限，中英文化的差异成为学生翻译过程中的一块很大的障碍石，所以教师要在课堂翻译教学中时时涉及跨文化知识，这不仅能让学生更易理解英文的表达，也能让学生翻译得更为正确和恰当。

## 一、翻译教学应注意中英习语表达的文化差异

习语是人们在长期观察、劳动、生活、娱乐等活动中积累起来的约定俗成、具有完整独特含义的词语，是某一语言经过长时间的使用而形成并提炼出来的固定的表达方式，具有浓郁的民族文化特色。而在我们的课堂翻译教学中，习语也是最能体现文化差异、最难准确翻译的。由于中西方地域文化、历史文化、生活及风俗习惯等方面的不同，习语的翻译也一定要相得益彰。在英汉互译时，我们可以根据语言蕴含的文化背景找出贴切的习语来进行翻译。如 "spend the money like water"，在中文我们用来表示此意义的习语是 "挥金如土"，中文里 "画蛇添足" 的成语用英文来表达的话，我们就可以根据英国的文学历史用莎士比亚的 "To gild the lily" 来贴切对应，而像 "对牛弹琴" 我们可以用 "to cast pearls before swine"，还有其他的英汉对照翻译，如 "laugh one's head off"（笑掉大牙），"love me，love my dog"（爱屋及乌），"Misfortunes never come singly"（祸不单行），"like father，like son"（有其父必有其子）。还有像在基层电大商务英语专业使用的新思维综合英语系列的课文中出现的 "when in Rome，do as the Romans do."当学生了解了这习语背后的文化知识，知其所以然，学生自然而然地想到了用 "入乡随俗" 的中文来贴切翻译。这样既不违背原句表达的意思，也能准确表达译句背后的文化知识，符合了翻译家们提出的 "忠实、通顺" 的原则，但也正因为中英文化存在差异，所以并非所有的习语都能一一对应，像 "Beauty lies in lover's eyes" 汉语的相似表达是 "情人眼里出西施"，但 "西施" 是汉语文化中的美人，这样翻译体现不了原文的出处，所以翻译成 "情人眼里出美人" 会更好。从上述例子可以看出，由于中英地域、历史、宗教信仰等文化的差异，语言的表达方式也大相径庭，想要翻译好句子或文章，一定要在课堂教学中深入讲解中英文化方面的差异，根据中英不同的文化背景，正确理解原文的含义，了解原文的文化特点，注意英汉习语之间的异同，运用直译或意译的方法贴切地翻译原文，在准确译出习语意义的同时，对原文的民族文化、不同的文化背景、不同的思维方式和表达习惯也要多加考虑。这也能让学生对中英文化差异有更好的认知。

## 二、翻译教学应注意词汇表达的文化差异

很多学生在记忆单词含义的时候，都是对着单词表机械地记忆，这样在进行英汉互译的时候学生翻译得枯涩难懂，词不达意，还会出现很多的 Chinglish 的表达。所以在翻译的教学中，要引导学生去根据句子来理解单词的意义，而要准确地分析单词的意义，就要涉及单词背后的文化背景，因为很多单词的意义会根据文化背景来分析。如在《新思维综合英语 2》出现的句子 Mr.Heinlein uses fictional characters in fictional situations to attack all explanations of the universe based on faith, to undermine the idea of love based on jealousy, and to annoy the materialists and the politicians. 在学生的翻译中，materialist 学生大多翻译成唯物主义者，这就是因为不了解美国人讲究实际，追求物质利益的价值观。而 politician 翻译成政治家，但其实 "politician" 在句子中表示的是贬义，政治家却是褒义，所以这样的翻译会让读者理解不了作者所想表达的真正含义。这需要教师在翻译教学的过程中灌输词汇蕴含的文化背景知识，这样才能让学生正确把握句子的含义而翻译得恰如其分。与此相似的例子还有：Ambition，aggressive。由于中国和西方文化信奉的价值观不同，两个单词在英汉两种语言中的含义也不尽相同，ambition 在中国一般会解读为 "野心勃勃"，而在英美文化中却多为 "雄心壮志" 的含义。而 aggressive 在英美文化中的含义是 "进取上进，有开拓精神"，中国却大多把此作为 "挑衅，激进，好斗" 的含义。除此之外，中西文化的不同也表现在对词汇的象征意义运用上，如：She is as timid as a hare. 她胆小如鼠（在西方文化中，兔子用来表示胆小的含义，而在中国却把老鼠比喻为胆小，这就需要我们在翻译的时候了解词汇在不同文化的含义），还有红色的象征意义，中国多用来表示吉利，而在西方文化中，却多表示的是邪恶、凶兆的含义。因此在翻译 green-eyed，A white lie 等词汇和短语时，就要多从中英文化的差异方面来进行翻译理解。教师在平时的教学中也应当对单词的含义进行深入挖掘与剖析，并且结合特定的文化背景来引导学生更好地理解词汇的含义，深化学生对中英文化差异知识的认知，提高学生的翻译技能。

## 三、翻译教学中应注意中英文语言表达方式上的不同

中英文化的差异不仅体现在语言的含义上，在语言的表达方式上的差异也很明显。由于文化背景的不同，语言的运用也大不相同。翻译教学中也需要时时地突出中英文化差异，尽可能地去培养学生学会运用英语和汉语的地道表达以及理解表达方式的不同，提高学生的语言表达能力。以汉语作为母语的学生对汉语的各种表达方式可以运用

得很贴切，但是对于英语的表达方式却会经常混淆，不知如何应对，在运用过程中当遇到英语的某些表达在汉语中没有完全对应的表达时，不少学生就胡乱套用一些汉语的表达方式，造成如中国式英语等的各种错误。譬如英文中最基本的时态表达，很多学生总是难以理解，因为这在中文表达是没有的，所以在翻译的时候学生总是对时间概念难以把握，这就需要教师基于中英语言表达方式的差异来对学生进行引导。还有英文中常会出现的形式主语"it"，如：It seems as if it is going to rain. 看来要下雨了（It 并不需要翻译出来）。这只需根据英文的表达而做出合适的中文翻译，学生在完成毕业翻译作业时，因语言表达方式的不同而出现的错误比比皆是，很多学生都是根据英文的表达直接一字一词地翻译成中文，效果很不理想。如：The higher rate of unemployment was caused by the recession. 经济的萧条导致了失业率增高（学生多会翻译成高的失业率是由经济衰退引起的）。由于英汉两种语言的语法结构和表达习惯存在较大的差异，在翻译时既要忠于原文的意思，又要保留原文结构。但在不能兼顾的时候，需要改变结构，保留原文的意思。We tried in vain to persuade him to give up his wrong belief. 我们尽力劝说他放弃错误的信念，但没有成功。在翻译教学中教师一定要让学生对英语中的典型表达方式有良好认知，并且要在比较的过程中让学生们直观感受到中英文化的差异。在这样的基础上才能够保障学生的翻译过程准确恰当，这也能极大地提升学生的语言素养。

语言只有在文化背景下才能更真实，更饱满，中英文化的差异导致了中文和英语在表达和含义上的明显差别。在英语翻译教学中，教师要注重对于中英文化差异的有效渗透，充分考虑到英语语言是受其文化制约的，只有去理解和把握中英文化的差异，才能理解英文语言的本质。教师要让学生们对于习语中体现的文化差异有良好认知，并且要让学生有效辨析单词的字面含义与引申含义，这些在翻译的过程中都非常重要。教师也要让学生明白两种语言在表达方式上的不同，在这样的基础上才能够保障学生的翻译过程准确恰当。

# 第五章 跨文化英语翻译的理论研究

## 第一节 跨文化英语翻译中的语境研究

随着全球文化交流日益增强，对语言社会性研究也越发深入，语境对于语言研究的作用是不可替代的。翻译作为一种跨文化活动的承载介质，自然更要强调语境在翻译过程中的作用和应用。综合分析不同的语境，从而帮助翻译者对内容达到正确的理解，消除不确定现象，对翻译过程起到最大的促进作用。本节主要从语言语境、文化语境以及情景语境来分析语境在英语翻译中所起的作用以及其应用路径。

自从 1932 年人类学家提出了"语境"这一概念，人们才知道对于语言的理解和领悟并不仅仅靠语言本身所表达的字面意思，还要依赖于推敲使用者和使用环境的背景，失去了语境，语言就失去了色彩。20 世纪 50 年代，语境的概念就渗透到翻译的行业中，翻译工作中最重要的事就是要正确理解原文的意思，而翻译的第一步工作就是分析原文的语境，而不是拿着文章逐字逐句地对照翻译，这是很多学习者会出现的错误，如果不能事先很好地揣摩作者的思想和感情，可能会使译文失去原文的风采和意义。因此，我们可以说语境在英语翻译中的作用是不言而喻的，翻译者能够根据文章的语境来判断文化背景和作者的中心思想，为下面的翻译工作打下坚实的基础。

### 一、语境在英语翻译中的作用

#### （一）定义与阐释词义

英语的单词有成千上万个，我们不可能知道每个单词的确切意思，就好比中国人也认不全中国的汉字一样，在这个时候就需要结合全文上下的语境去揣测新词的意思。在我们学习英语阅读时，也可以借鉴这种揣测方法来快速完成阅读。定义的作用，就是一些生僻的单词可以根据句子后面的定语来进行猜测，例如，The theory to come out of knietics，was suggested by professor Bird whistell，who suggested the body of movement. 意思是说 knietics 衍生出来的学说是 Bird whistell 教授提出的 the study of body movement，其中 knietics 的意思就可以从后面的人体运动学说中推测出来。而阐释的作用就好比我们的汉英词典，作者会利用更简单的单词或者语句来解释生僻词的意思，让人觉得通俗易懂。

### （二）语句在互译中的专一性

单词存在异议性和多义性，这就决定了一个单词可能有好几种意思，这也与中国的汉字类同。在不同的语境中，单词的多义性可能会给翻译工作带来阻碍，如果作者不能正确地理解文章的语境，可能会出现南辕北辙的错误。例如，He is a hard man 中的 hard 有不容易对付的和勤劳的意思，仅仅从这句话中翻译者不好去判断；如果出现 He is a hard man to deal with，那么翻译者就可以明确这里的 hard 是不易对付的意思。还有当一个单词出现在俚语或者俗语里面，也会有一定的歧义，例如，That's your business，就翻译成那是你的事，而另外出现歧义的情况就是由于同音同形不同词性造成的。

### （三）影响词语的语言色彩

我们常说中国的汉字是有魅力的，是丰富多彩的，其在不同的语境下可以体现不同的感情色彩，而英语词汇在不同的语境下也可以体现出不同的感情色彩。就比如 Hey，guys 和 HELLO，Everybody 就体现了不同的感情色彩，前者偏向于轻松愉悦，而后者偏向于正式化。因此，我们可以得知语境在英语翻译中的作用只是将作者原本的感情通过苦涩的词汇流露出来，从而使翻译者能够走进作者的内心世界，感受作者对于内容所赋予的附加价值。

## 二、语境在英语翻译中的应用路径

### （一）语言语境与词汇选择

语言只是一种冰冷的符号，如果失去了语境，那么语言就失去了意义，失去了色彩。我们所说的语言环境，通常指上下文联系，包括周边句子、段落、章节、整篇作品等。英国的语言学家曾经说过，每一个新的单词在一个新的语境当中就会被赋予一种新的含义，这也更好地阐释了词汇如果离开了具体的语境，就是毫无意义的符号[1]。就比如我们想表达好的意思，好的天气可以用"fine"，好孩子可以用"great"，好丈夫可以用"dutiful"，虽然每个单词不同，但是其表达的意思却是一样的，同时也代表着各自不同的含义。因此，翻译者在翻译过程中要根据语境来取舍诸多词义，达到最准确最精确的效果。

---

1　左滢.ACTIVE教学模式在高中英语读写结合课中的实践研究——以 School life 教学为例 [J]. 英语教师，2017，17（04）：141-143.

### （二）文化语境与词汇选择

翻译工作中肯定会发生两国文化之间的碰撞，因此，作为一名优秀的翻译工作者，了解两种文化比掌握两门语言还要来得重要，语言是其文化的产物，只有正确理解语言的文化背景，才能真正地领悟语言的含义。就比如中西方生活文化的差异，一般在西方问好就是 say hello，而在中国则是问"你吃饭了吗"或者"你上哪儿去"，如果真的把它们翻译成"Do you have a meal"或者"Where are you going"，就丧失了原话的意义和应酬功能，西方国家会认为这是一种打探人家隐私的不礼貌行为。所以，在翻译的时候应该用类似的语言功能进行转换，达到通俗易懂的目的。

### （三）情景语境和词汇选择

每一个语言活动都会发生在特定的情景语境当中，同时也蕴含着特定的思想和感情，因此，每一个词不仅仅是由语言因素来决定的，还与情景语境息息相关。就好比小说中描写主角闷闷不乐地去散心用"mope round"而不用"walk alone"，前者的意思是没精打采地游荡，后者的意思是独自走着，从情景语境中就可以看出"mope round"更贴切地表现了人物的无助感。

总而言之，语境在英语翻译中的作用是至关重要的，如果不能很好地分析翻译内容的语境，就会导致翻译的主题与原文有所偏差，那么就会失去原文的传播意义和风采。因此，这需要我们广大的翻译工作者充实好自身的文化素养，增加专业知识。

# 第二节　跨文化翻译与文化人类学的发展研究

文化人类学的重要任务之一是对异域文化的描述。因此，翻译问题始终是文化人类学研究的一个核心问题。民族志的撰写过程是对于异域文化的描述过程，也是一个翻译的过程，这种翻译不只是文本翻译，而且是一种涉及跨文化翻译的问题。在全球化和跨文化的大背景之下，文化人类学翻译理论有了新的出发点。文化人类学视角下的跨文化翻译为新时期的翻译理论研究提供了新的素材，特别是对于后殖民主义翻译理论提供了理论依据。

文化人类学自诞生以来就一直对翻译问题充满兴趣。不仅如此，甚至可以说，文化人类学本身就是翻译科学，而且是跨文化的翻译学。跨文化翻译的核心问题始终贯穿着文化人类学和人种学各种理论方向的始终，它已经超出了语言翻译的范畴，这是与语言层面翻译研究的最大不同。文化人类学视角下的翻译是一种社会实践行为，同时也是跨文化交流的一种形式。它按照不同的社会文化关联性揭示了意义的多样性。文本层面的翻译研究在这里也获得了扩充其研究范围的基础。

文化人类学翻译的一个主要问题是把陌生文化，特别是欧洲以外的文化"译入"西方接受者所熟悉的语言、经验范畴以及精神世界。同时还要保证陌生文化应该在西方自我阐释的主导思想下被理解，也就是说，按照西方自己的思维方式、象征和符号来理解。这一点正是美国文化人类学家克利福德·格尔茨根据他所秉承的文化人类学所提出的一个重要要求。显而易见，文化人类学的研究过程是一个复杂的翻译工程，没有文化分析、阐释和建构，文化人类学研究无从谈起。文化人类学研究中的翻译行为可以分为如下几个阶段。

20 世纪初，文化人类学进入了田野考察的实践阶段，因此，相关外语的学习和翻译就成为必不可少的前提条件。人类学家把许多口头表达的词汇和内容翻译成为一种能够反映完整生活方式的表达，并从中重新构建出一种文化关联性。但存在的问题是，他们无法把这种翻译回溯到某个特定的原始文本。

在翻译过程的第二阶段，乡土概念和重新建构的文化联系经过翻译，成为民族志读者所熟悉的语言和表达方式。民族志学者对于异域文化进行的田野研究被翻译为专题性的文章。这样，民族志对一种当地文化的事件和习俗的内部描写一方面需要把口头的表达翻译为书面的固定文本，这种要求成为反思文化人类学研究的一个挑战。另一方面，民族学必须是一种文化比较的科学，包含大量的比较性和分析性的概念，如亲属关系、权利结构、社会矛盾、等级制度等。这时就出现一个悖论，即在翻译异域文化的时候，必须用西方的概念来描述异域文化的本土性内容。

第三阶段，以特有的核心范畴"文化"为媒介的人类学蓬勃发展。文化人类学翻译被视为一种特别的文化实践，并与其认识论的大环境密不可分，如殖民主义、东方主义。由于历史上民族学与殖民主义一直紧密合作，因此文化翻译与权利关系，至少是文化不平等性紧密相连。

民族志翻译的多样性主要产生在下面几个转化阶段。如在把异域文化体验转化为文本的时候，把田野考察转化为专业著作的时候，从口语转化为书面语，把欧洲以外的异域思维方式转化为西方人熟悉的表达方式和理论。在这一系列的转化之中，文化人类学翻译的实践和反思扩大了翻译的概念，即翻译从纯粹语言的转化过程演变为文化转换过程。这对于纯粹语言层面的翻译研究来说无疑扩大了研究的视野。文本翻译和语言翻译已不单单是词汇文字的翻译，还包括与文化相关的思维方式、世界观和行为方式的研究，并且能够区分出文化差异，甚至翻译本身就已成为一种跨文化交际行为。

## 一、民族语言学，田野考察与翻译

自 20 世纪 20 年代初美国文化人类学研究的第一阶段以来，翻译问题仍然来源于对于外来语言的经验研究，当时主要是对于印第安语的研究。其中获得的人类语言学的知识在理论层面上与萨丕尔 - 沃尔夫假设紧密衔接，这就是所谓的语言相对论。按照该理论，不同的文化决定了不同的文化价值观和对于世界的体验。按照这种语言决定论和文化相对论，不同文化之间的翻译（至少是准确的翻译）是不可能的 [2]。20 世纪 60 年代以来，人类语言学朝着会话和交流的民族志方向发展，研究内容已不侧重于语言结构和语法，而更多地对语言的功能进行研究。并且在可比较功能的层面上突出可译性，并扩展到非语言因素。这种民族语言学的结构功能主义与英国社会人类学的观点非常类似，后者认为，翻译是民族学研究的重要活动，它通过田野考察中的"直接观察法"确立了自己的重要性。

文化翻译理论肇始于 20 世纪初的田野考察方法。田野考察最主要的方法是"直接观察法"，这种方法融合了个人体验与科学分析。仅仅依赖语言知识本身不足以理解一种文化。人类学家马林诺夫斯基曾详细论述了撰写民族志中出现的翻译问题，其出发点最早来源于对于异域文化语言表达和文本的语言学材料的分析。1935 年，马林诺夫斯基把他对于民族志翻译的思考写入了其著作《整体语境翻译》。其中，他创造了"意义语境区分理论"。该理论不仅考虑文化的整体语境（如道德观、美学观等），而且还要考虑与特定场景相符的情景语境（如词汇功能、会话行为等）。马林诺夫斯基认为，民族志撰写的核心难题是神秘话语的功能和它的仪式作用，对它们的解读必须依赖熟悉异域文化的知情者。他认为熟悉情况的知情者能够阐释神秘的瞬间、暗示、专有名词和神秘的假名。没有他们，神秘性便无从翻译。民族学翻译虽然是以源文化的语言为对象，但是"必须走出原住民语言的概念"，而且还得借助于科学的概念和民族志与语言学的描述与评论。

马林诺夫斯基之后，爱德华·埃文斯 - 普里查德（Edward Evans-Pritchard）对于民族学翻译问题进行进一步的研究。在他的研究当中，文化翻译成为核心概念。自 20 世纪 50 年代以来，它的运用为英国社会人类学的研究奠定了基础。社会人类学家通常致力于研究并不熟悉的文化。这一事实使他们不得不面对翻译的问题。因此，1971 年出版的埃文斯 - 普里查德纪念文集特意被命名为《文化的翻译》。这个标题反映了埃文斯 - 普里查德对于翻译问题的一个基本设想，即如何把不同的语言，特别是氏族社会独特隐

2　刘小琴 . 应用型本科高校"英语语言学"教学存在的问题与对策 [J]. 英语教师，2018，18（07）：56-58.

喻和思维方式翻译成为欧洲的语言和合理的想象。如埃文斯－普里查德在其名著《努尔人》中对于苏丹努尔人语言的研究中发现，努尔人经常说"双胞胎是鸟"，这句话应该如何翻译？文化人类学翻译中的一个核心问题是宗教信仰概念的翻译。许多信仰概念只能用冗长的词汇进行翻译。即使成功地翻译了字面意义，也很难保证实际内容与源语文化相符。

对于文化人类学翻译问题的另一个反思来自英国的社会人类学研究，它要求在翻译田野考察经验时一定要"语境化"。这一点特别在相对主义——理性论的讨论中明显地表现出来。在这次争论中专门讨论了文化人类学翻译的认识论基础，如异域文化思维方式是否可以翻译和理解，一个客观的、不依赖于语言的世界是否可以被客观反映出来等等。这场争论旷日持久，其核心问题始终是外来文化翻译和理解对于语境的依赖性。它一方面涉及词汇翻译的语境化过程、分类（例如色彩的区分）以及如何包含异域文化的概念和行为方式。另一方面，这种语境化又不仅仅局限于词汇和语言转换过程。它要求译者要全面了解异域文化的思维方式和世界观。"我们要翻译的不是'词汇'，而是要翻译一种认识世界的方法，这个世界是我们必须去理解和学习的"。因此，翻译不应只服务于片面的、欧洲中心主义的理解方式，而更应该促进文化间的交流。为此，克利福德特别列举了传教士的例子，如法国传教士和民族学者莫里斯·利恩哈特（Maurice Leenhardt)20 世纪初在新喀里多尼亚传教时，做了大量的翻译工作。

塔拉尔·阿萨德就特别注意到这一点，并且和英国社会人类学的翻译观进行了长时间的争论。如阿萨德曾经向英国人类学家欧内斯特·盖尔纳（Ernest Gellner）的观点提出挑战。盖尔纳曾多次指责，功能主义社会人类学在翻译外国社会的话语时过于肯定和宽容，缺乏理性的批判和评价。由于语境阐释的方法和文化相对主义，外来思想被赋予了意义和关联性。英国人类学家和宗教学家戈弗雷·林哈德（Godfrey Lienhardt）的著作中就充分体现了这种文化翻译中的关联性原则。阿萨德认为，盖尔纳这种在人类学翻译中保持批判性距离的观点无助于研究分析异域思维结构，而只是追随西方合理性、客观性和逻辑性的标准。因此他对于这种狭隘的翻译观提出疑问。阿萨德认为，民族学翻译实践是一种存在于不平等社会之间的制度化的社会实践，民族学翻译本身受到权利结构和语言文化不平等性的影响。在他看来，这种保持距离的翻译论也受到语言不平等性的影响，这种不平等性主要体现在口语和书面语的差异以及第一世界和第三世界语言之间的权利落差。

## 二、"文化即文本"理论的反思

阿萨德的批判也适用于另一个文化社会学翻译反思的主要观点，即"文化即文本"。该观点的主要持有者是克利福德·格尔茨。文化社会学研究主要依赖的是在"文化即文本"的背景下对于"原住民的观点"的翻译，也就是说，文化实践就像文本一样可以阅读和翻译。异域文化只有具备文本的地位才能变得客观。这样，在远离主观判断的情况下，文化意义被记录下来，并且固定在意义和文化内部自我阐释的社会体系之中。文化是一种由社会以全体成员共同编制的意义之网，通过这张意义之网，人类行为不断被翻译为具有阐释作用的符号与象征。文化符号学认为，文化是一种符号体系和文本结构。这样的视野凸显出文化的可译性。但同时也出现了对于文化整体性的疑问：不是整个文化，而是象征、仪式和实践作为文化的意义载体进入人们的视野。在它们之上建立了一种翻译策略，这种策略通过重要的部分阐释并反映了文化的整体性。在这个节点上，以文本为导向的阐释性的文化社会学与文学理论和翻译研究中的所谓"人类学转向"相会合。

在文化人类学的发展中，对于语言的研究始终是其重要的组成部分。语言学家和人类学家罗杰·基欣（Roger M Keesing）曾经反思过文化人类学中文化翻译的危险性。他从隐喻翻译的知识论难题着手研究。他认为，由于人们在会话中借用其他概念来谈论自己的某个体验区域（如情感），因此所有文化中的日常会话均渗透着各种传统的隐喻。这种所谓"隐喻性会话的整体"会引发这样一个危险，即人类学家赋予了异域文化的日常会话以更大的意义。原本是一种异域文化中的隐喻意义的表达，却被这些人类学家过度阐释，这样便会导致文本的误解，甚至是"误译"。如译者在翻译过程中用名词取代源语中的动词，这样，一个充满动态与过程的世界就会被一个静态的实体世界所取代。或者译者把异域文化中丰富多彩的想象或观念仅仅局限在某个西方语言的概念之中。对于文化翻译困难性的分析以及对于"异域文化概念"可译性的质疑已经远远超出了自身的范畴。它们同时还扩大了文化人类学中的翻译观，即翻译不仅被视为理解的手段，而且还是一种"建设性误解"的过程。文化人类学更大的挑战不是文化翻译的成功，而是它的失败。

## 三、翻译与表现

翻译是一种文化转换的模式。随着人类学研究中的语言学和社会学转向，对于文化人类学翻译策略的反思也经过了多次修正。它从文化理解和文本阐释层面转移到表现批判的重点。20 世纪 80 年代兴起的所谓"书写文化争论"把人们的注意力转向了书写过程和修辞的表现手段。对于文化"原文"的忠实性讨论已退居次席，取而代之的是对于表达习俗、语言形象性、叙事方法以及异域文化所产生的历史与社会条件的讨论。"民族志文本的创作者无法回避表现性的传喻、讽喻和隐喻。因此，当他们翻译的时候不得不对它们的意义进行选择和附会"。因此，民族志的描写事实上成为具有独立文本地位的阐释性的翻译，它当中大量运用文字描述策略和会话策略，以及各种表达方法（如反讽、比喻等）。克利福德认为，这时没有精确的翻译，只有借代性的转换。这样，"通过民族志的翻译来传播纯正的异域文化"这个普遍的观念无疑是错误的。

19 世纪 80 年代的书写文化争论凸显了跨文化表现的问题。自此，人类学专著中的经验翻译成为一个很大的问题，正如文化翻译过程中的文化虚构过程一样。人类学实践自身被视为一种创造性的翻译过程，这个过程包括对于文化整体性的整合和创造，并且反映了跨文本所应具备的前提条件、表达的传统以及文化概念的变迁。翻译理论的人类学构想一直是一种所谓"独白式的表现"，后来从中产生了"对话人类学"，即通过与原住民的对话进行表现。它虽然没有给内在的文化整体赋予其文化意义，但是却突出了多元视角翻译的必要性，这种翻译能够正确应对一种文化当中各种不同的甚至是矛盾的声音。即便如此，对话式的翻译策略也无法消除文化间的权利不平衡以及民族志撰写中的选择垄断。相反，改变对于一种文化的理解对于民族志翻译理论构建具有更大的影响。以所谓"超越界限"为标志的一种新民族志重新定义了一些传统的核心概念，如"他者""直接观察"和"文化翻译"等。这样，随着"书写文化争论"，民族学翻译理论也出现了新的变革。文化翻译在这里不只是局限于文字与文本，还包括语用学、言语行为和语言行为。挪威奥斯陆大学人类学教授乌妮·维坎（Unni Wikan）对于一个明确的文化人类学翻译理论的构想就具有"超越词语"的目的。这样，文化翻译就不仅是词汇意义的转换，而且是应当介绍语言的使用和影响、行为主体的表达目的和非语言交际。与文化作为文本的观念不同，这里，主体间的意义生成和它与说话者意图的关联性得以强调（Wikan）。因此，欧洲民族学片面的翻译独断性就受到了质疑。

这种质疑起源于詹姆斯·克利福德（James Clifford）。他认为，即使以对话方式开展，民族志翻译始终包含翻译独断性。因为田野考察的具体经验被转化成为一种所谓的"独断性描述记录"，这个翻译过程体现的要么是观察的独断性，要么是表达方式的片面性。目前，在翻译独断论的视野中，文学翻译也被重新视为一种对于语言和文化的表达权利和支配权利。这种新的翻译观起源于萨义德的东方主义批判理论。这里，翻译学的观察角度已经转向了翻译的权利视角。

这种关于文化翻译和文本翻译权利关系的认识成为文化人类学和后殖民主义理论的

结合点。在这个结合点上，民族志的翻译问题被赋予了政治意义，即所谓"（第三世界）文化翻译政策"。翻译对于权利的依赖性受到批判，同时要求第一世界的"强势语言"要在第三世界的"弱势语言"的影响下学会改变。这与德国思想家本雅明和翻译家鲁道夫·潘维茨的翻译观一脉相承。后者认为，母语应该从外语中汲取灵感。

## 四、后殖民主义与翻译

后殖民翻译理论的理论基础是后殖民理论，它通过研究译文与历史条件之间的关系揭示译文背后源语和目的语文化之间的权利斗争和运作。在西方翻译史上，翻译行为始终具有政治和文化政策意义，因为它涉及权利、殖民主义和语言的不平等性。文化人类学从两个层面对于翻译进行反思：一是来自经验研究的反思；二是基于知识论层面的反思。反思的出发点主要是殖民者和被殖民者之间的关系，当然还包括传教翻译，特别是欧洲殖民地中传教翻译家和民族志撰写者的相互利用的关系。在这个背景下，翻译行为被视为一种种族与性别的建构行为。

来自经验研究的反思主要来自三位学者。一是爱尔兰都柏林城市大学应用语言学与跨文化交际学教授迈克尔·克罗宁（Michael Cronin），他关注的重点是欧洲内部的殖民主义及其对于语言的影响。他认为翻译是对于原住民语言的削减，例如，爱尔兰原住民语爱尔兰语和强势语言英语的关系。二是美国华盛顿大学东南亚历史学教授文森特·拉斐尔（Vincente Rafael）在研究了西班牙在菲律宾的殖民史后认为，翻译行为不是文字间的和谐转换，而是对于少数族裔和原住民语言的压制。三是美国康奈尔大学人类学教授詹姆斯·西格尔（James T.Siegel）主要研究了多语种国家（大多数超过上百种语言）文化内部的翻译过程。西格尔教授认为，同一文化内部的多语种翻译实际上减少了弱势语言的数量，并且形成了语言等级制度。

知识论反思的切入点强调了交互翻译的重要性，也就是说，翻译不应该只是西方单方面学习异域文化的手段，而应该是各种文化相互影响的互动过程。传统意义上的翻译过程是以两种不同的话语为前提，它们之间互为客体。而新的民族学则更强调话语平等性和互文性，它放弃了传统的二分法思维，把两个不同的世界联系起来，并且支持在文化人类学的发展中回译民族志文本。

一种文化被接纳到另一种文化的过程中，翻译问题便会凸显出来。这不仅仅表现在欧洲文化接受外来文化的过程中，而且也包括欧洲以外的文化在现代化过程中对于欧洲文化的接受。此时，翻译理论包括了各种文化实践，而不仅仅是思维方式。"我们需要系统地考虑翻译西方社会实践活动话语的先决条件和后果，这些实践活动包括法律、银行体系、公共管理、教育等等"。话语转换会导致对于相应实践模式的接受，例如日本社会对于欧洲社会模式的接受。在这种情况下，翻译成了进入世界文化的入场券。而这种发展不利的一面也引起了人们的反思。这种现象主要体现在对于跨民族翻译的文化抵抗性。"所有的跨民族文化研究都必须进行翻译，这破坏了国与国之间的统一性"。这样，重译与重写便成为反对殖民历史的手段。

　　全球化时代的翻译实践的特征是不同文化层面的重叠和转换。这样，文化就不再是一个封闭的传统和身份认同的因素了。文化不仅被翻译，而且还在翻译中得以加深，也就是说，文化可以理解为翻译过程的组成部分或者结果。文化及其结构特征始终在被翻译。文化人类学和后殖民主义不仅注意到了文化之间的差异，还注意到了文化内部的差异。文化的这种翻译特征被称为"混合性"。此时人们发现了翻译中的新的元素：国家和文化不再是决定性的，最重要的是世界民族融合当中本地化和全球化之间的互译形式。文化不再是翻译的对象，而是冲突、差异、重叠和混合的过程。翻译概念的重要性在于，它反映了文化概念已经异化成为一种协调文化差异的手段以及文化整合的过程。在后殖民主义的背景下，翻译逐渐成为文化人类学研究中的一个重要内容。在社会层面，翻译创造了不同文化之间进行交流的社会与政治条件，甚至包括一种文化内部不同社会族群的交流，例如，印度社会中低种姓族群争取话语权的运动。翻译实践同时也激发了重新区分文化理解与文化比较的方法。在全球化和跨文化的大背景之下，文化人类学翻译理论有了新的出发点，即文化并非优先存在，而是通过文化接触逐渐定型。这种文化接触的区域被称为"文化差异翻译的第三空间"或者"跨文化间隙"。在方法论和知识论的层面上，克利福德认同"文化即翻译"的观念。他认为，文化人类学中的文化比较其实就是翻译过程，它所探寻的概念必须要有一个界定，至少不仅仅是普遍化的西方文化意义。"我所谓的'翻译概念'是指一个偶然用来进行比较的具有普遍意义的词汇，如文化、旅游、艺术、社会、女性、现代性等"。这些概念在其扩展意义上适用于文化比较。这些翻译概念不仅可以用来比较，并且区分差异，还能够使文化人类学具有跨学科文化研究的意义。

　　目前，文化翻译的地位不断提高，已经成为用来弥合全球化世界中文化差异的一种方式。爱德华·里奇在 20 世纪 70 年代就曾经提出要建立民族学翻译方法论："人类学家应当建立文化语言翻译的方法体系[3]。在一个充满通信卫星和超音速飞机的越来越小的世界里，这样的工作十分重要，而且值得一做。"里奇把翻译置于一个文化分级的地位。而如今，文化间的翻译更是一种"文化斡旋"。但是这个重要的任务并不能全部留给文

---

3　王令申．英汉翻译技巧 [M]．上海：上海交通大学出版社，1998.

化人类学去完成。目前重要的是在一个全球化的世界中进行"文化管理",这个任务无法只由"文化翻译"来完成。

# 第三节 英语翻译中的跨文化视角转换与翻译研究

就英语翻译来讲,并非对语言进行简单的转化,而是要将文化内涵贯穿其中,这样才能保障英语翻译的准确性。因此,在具体翻译中,必须注重文化存在的差异性,并且要善用文化差异做好英语翻译工作。基于此,本节将着重对英语翻译中跨文化视角转换以及翻译技巧进行探讨。

视角转换指的是将文化背景的影响忽略,翻译者根据原语言的信息将其作为目标语,然后利用角度转化的形式,让译文的最终表达形式与读者的习惯保持一致。从跨文化的视角转换来讲,主要有正反转换与虚实转换。其中正反转换是视角转换最为常用的一种形式,能够在汉语与英语之间进行有效转换。虚实转换大致就是将具体概括化,或者抽象概念具体化,在具体翻译中通过虚实转化的形式可以将语言特征带来的差异降到最低,从而提升翻译的准确性。因此,英语翻译中跨文化视角转化非常重要。

## 一、汉语与英语之间的差异表现

### (一)生活习惯与风俗文化的差异

不同的国家以及不同的地区,人们的生活习惯与风俗文化都存在着一定的差异性,这些是由各个地区民族特色与环境差异而引起的。同样,这也是汉语与英语之间存在差异最为明显的因素。中英地域上相差很远,其环境差异很大,所以风俗文化、生活习惯、生活方式、表达方式等细节之处都有差异,英国人思想观念由于地域四面环海,所以比较开放,对外交流开发程度较高;而中国地大物博,大部分居民身处内陆,在思想观念上则显得相对保守。

### (二)思维方式方面的差异

西方人善于运用抽象思维、逻辑思维,而中国人更多的是运用形象思维。抽象思维一般指的是人善于对事物的概念进行探索、推理、理解等,而形象思维则主要指的是对一个事物的形象进行直观呈现。例如,在实际生活之中,拌嘴就是"bicker",其本质意思是"抬杠""斗嘴",倘若再上升一点,则成为吵架"quarrel",而动手则是"fight"。而在关于个人行为管理方面的翻译过程中,"concrete"有两个常用的意思,在作为形容词使用时，则是"具体的"的意思；而作为名词使用时，则是"混凝土"的意思。"ingrain"则有"根深蒂固"之意，在对个人习惯养成进行表达式，放弃使用"build"或者"cultivate"，"ingrain a new habit"就是表达新习惯的使用。从进化的角度对新习惯、新目标的机制进行总结，这样则可以在具体翻译之中对这样的搭配进行正确的使用。

### （三）文化背景存在的差异

文化差异往往会带来一定程度的文化冲突。一个国家在建立初期，都是在不同的文化表现形式上逐渐产生发展起来的，而这些文化表现形式其外在的表现就体现在"文化差异"方面。因此，在具体翻译中，必须重视文化差异，注重各种语言的表现形式与表达形式，从而保障翻译的准确性与客观性。例如，在对美国总统特朗普的相关信息进行翻译的过程中，则必须要留意到美国总统大选过程中，民主党与共和党其实在政见上是不同的，美国贫富两个阶层的分裂，是精英（Elite）与贫困阶层（White Trash）的分裂。而希拉里则是精英阶层的代表，所以，她在美国教育程度最高的 50 个区域中获得非常高的支持。倘若未能深入了解这些文化背景的差异，而以中国人的思维进行分析，则可能在翻译上出现错误。

## 二、英语翻译中跨文化视角转换和翻译技巧分析

在很多方面，文化其实是影响着语言的，翻译本质是要对语言进行转化，同样也可以将其看成是文化之间的交流[4]。翻译要确保语言的准确性、客观性，优质的译文才能与读者的语言习惯保持一致。英语翻译包括语音翻译、词汇翻译、语法翻译等。广义的跨文化视角所涵盖的内容比较全面，而狭义的跨文化视角则注重的是从不同的视角进行转化，从而表达同样的意思。在具体翻译过程中，常用的策略有归化策略、异化策略，其中包含了形象、虚实、正反、词类、修辞等方面的转换。

### （一）归化策略

归化策略指的是将有差异性的语言转化成为读者习惯的译文，其目标是将当中的差异性降到最低，确保译文与原文的意思保持一致的基础，且还要确保译文符合读者的日常阅读习惯，这样可以让读者感受到文化之间的相同之处以及差异的趣味性。归化方法具体如下：

（1）人与人、人与物之间的视角转换。中西方生活习惯、文化背景有很大差异，在语言使用过程中，中国人通常会以"人"为主语，而引语通常以"物"为主语。因此，在进行英语翻译时，应当充分考虑"人与物"之间的转换，从而确保人称对应的正确性。

4　杜开群 . 关于高校英语语言学教学问题及对策分析 [J]. 山东农业工程学院学报，2017，34（02）：5-6.

（2）句式转换。句式转化指的是将英语的一些特殊句型翻译成为符合读者习惯的中文句型。英语语言的句型很多，但是通过汉语进行表达，其句型相对是比较固定的，因此，在具体翻译时要将英语的一些句子转化成为正确、合理的汉语句型。

### （二）异化策略

异化策略是在文化差异的背景之下提出的，具体指的是要紧紧围绕实际情况而通过反方向的角度进行翻译，也被称之为"语义翻译"。异化策略具体包括正反词转换、相悖语态转换。正反词转换指的是使用正词进行翻译或者进行否定表达，从而确保翻译的准确性。相悖语态转换指的是将英语当中的主动语态以及被动语态转化成为汉语之中习惯用的语态。例如，英语当中的被动语态转化成为汉语之中的主动语态，这样可以提升翻译的准确性。

综上所述，随着经济全球化的深入，中国与各个国家的交流日益频繁，其中与以英语为母语的国家之间的文化、政治、经济方面的交流更为突出。因此，英语翻译是一项非常重要的工作，在翻译中注重准确性以及符合读者的阅读习惯是非常重要的，所以，在实际翻译中要善用各种有效翻译策略，从而提升翻译的质量。

## 第四节　关联理论与隐喻的跨文化翻译研究

隐喻是一种语言现象，也是一种认知现象。由于中英两种语言文化中隐喻现象存在许多的相似之处和差别，本节将从几个方面来对比中英文化中存在的隐喻现象。另外，翻译作为跨文化交际活动的一座桥梁，要将中英文化里的隐喻现象成功地互译，作者将依据 Sperber 和 Wilsion 的关联理论，分析隐喻的理解，实际是在适当的语境下寻求最佳关联的一个过程；作者也将根据关联理论的翻译观来探析隐喻的翻译问题。

无论是英语还是汉语，隐喻现象都大量存在。美国学者 Lakoff 和 Johnson 认为隐喻不是一种简单的语言现象，而是一种认知方式，语言中之所以存在隐喻表达，是因为我们的概念体系中存在概念隐喻，它源于人们的经验，是身体、经验、大脑和心智的产物，只能通过体验获得意义。隐喻植根于社会文化，是文化的构成部分，同时也在很大程度上反映一个社会文化的内涵。因此，在跨文化交际中隐喻所体现出来的共性和差异是值得我们注意的。翻译作为跨文化交际的桥梁，对不同文化中所存在的隐喻是不能忽视的。然而，隐喻是将两个不同事物的某一些相似特征联系在一起对事物进行重新组合、编码的结果，而人们再理解这样的过程实际上必须通过关联理论的明示 - 推理过程，寻找两事物间的最大关联和最佳关联。因此，本节试图分析中英两种语言隐喻现象的相似和差异部分，以便更好地就中英互译的策略进行探讨。

## 一、隐喻的内涵及其特征

自古以来，隐喻一直是国内外学术界尤其是语言学界各研究领域青睐的一个研究对象。西方对隐喻学的研究可以分为三个阶段：隐喻的修辞学研究、隐喻的语义学研究和多学科研究。修辞学家认为隐喻是一种修饰话语的手段。哲学家认为隐喻性是语言的根本特性，人类语言从根本上来说是隐喻性的。认知科学家则认为隐喻是通过另一类事物来理解和经历某一类事物，它是将两种完全不同概念的事物通过含蓄、映射或婉转的表达方式达到形象比喻的言语行为。

随着语言学、语义学、认知心理学科不断发展，人们对隐喻现象也有了新的理解，有了较为系统和全面的认识。隐喻涉及两个方面：出发点和目的地。Lakeoff 等人将前者称为"源"（source），后者称为"目标"（target）。汉语中将这两个方面称为"本体"与"喻体"。在汉语里要实现一个完整的隐喻，通常由"本体"和"喻体"两项构成，两个概念相互作用，并根据百科知识来激活日常观念联想系统。喻体的某个特征（或称联想意义）被投射到本体上，便形成隐喻意义，隐喻意义在两者相互作用的过程中创造出来。比如 "Arabs believe that time is a servant not a master."，time 就是本体，servant 和 master 就是喻体。根据这句话的意思，听话人必须根据说话人的文化背景和自己的经验以及百科知识分别在源域和目的域中找到对应的映射并推理，time 是很多的，并且应该为人提供服务，而不像主人那样受到时间的控制。另一方面，隐喻具有另外特征，有时候它含有的概念与字面意义完全不相符，即非字面含义，这由于词义是有延伸含义的。例如：It rains cats and dogs. 本句按字面意思难以理解。此句中 "cats and dogs" 为名词性隐喻，其引申义为 "heavy rain"（倾盆大雨）。

隐喻的理解过程就是寻找"源"和"目标"即喻体和本体的相似性，从本质来说就是寻找其最佳关联的过程[5]。事物之间虽有千差万别，各自存在，但无论怎样事物之间总是会有千丝万缕的联系或一定程度上的相似性。20 世纪 80 年代以来 Lakoff 不断发展和完善隐喻理论，他认为映射反映的是认知空间之间的关系或者隐喻是从一个比较熟悉、易于理解的源域映射到一个不太熟悉、较难理解的目标域。

---

5　郑雨.高校英语教学中模糊语言学的语用意义分析 [J]. 西部素质教育，2015，1（06）：46.

## 二、中英语言中隐喻共性

隐喻是一种不同概念域之间的映射关系，这种处于两个概念域里的事物的对应使得人们能够运用源域里的知识结构来认识目标域里的知识结构。在人类社会里，具备相似的生理特性和拥有类似的赖以生存的自然条件和生态环境，便是人类语言中的不同概念域中不可避免地具有的一定的"共质性"（homogeneity），这种跨语言的"共质性"便是英汉隐喻能相互理解的基础，也是英汉隐喻中许多相似的隐喻现象出现的主要原因。

### （一）文化间的同化与吸收

Lakoff 认为隐喻是以认知为基础的同时，也是建立在社会基础之上，即隐喻是以社会文化为基础的。也就是说，不同的文化背景对隐喻有不同的理解诠释。因此理解、研究隐喻必须结合文化因素和认知因素来展开。一种特定的文化首先在一特定的地区形成并且成熟，然后被传播到其他地域，然后被逐渐接受、吸收和同化。20 个世纪末以来，随着经济的迅速发展、国际交流的不断加强，文化的交融成为可能。一些英语里的表达逐渐被中国文化所接受，成为中国文化的一部分。如"crocodile's tears（鳄鱼的眼泪）""armed to the teeth（武装到牙齿）"等等都是来自英语中的隐喻，也在汉语中受到同化并得到了承认。另一方面，汉语的"纸老虎"（the paper tiger）、"丢脸（lose one's face）"等已融入英语当中了。

隐喻认知结构在一定程度上反映一定的社会文化，隐喻本身是文化的构成部分。汉英语中大量相同或相似的隐喻表明汉英文化正走向趋同。英汉里存在了许多相同或相似的隐喻现象，这表明英汉具有隐喻的共质性。

### （二）地域间文化的共核

在大自然的生活环境和不同的地域里，人类都有着基本相似的生存需要、生活方式和思想感情，因而有些文化几乎同时发生和存在于不同的地域。但是受到相似的生活需要和模式的影响，不同地域的文化和思维方式却有"集合"，或者说是文化共核。这种文化的相似性必然反映在语言中，使不同的语言中存在着大量的对等、对应或相似成分。比如英汉语言中用隐喻概念表达情感的现象较多。比如"anger"这个词语，尽管其隐喻概念在英汉语言中表达方式有些不同，但其基本隐喻概念是相同的：flame of anger，Anger is fire 等等；汉语中也有类似的说法："怒火中烧""火冒三丈"等。这些英汉的表达都证明对情感的隐喻化表达是相似的，并且体现出语言间的共性。此外，英汉语言中都用羊比喻温顺，用钢铁比喻坚硬，用狐狸比喻狡猾等。此外，英汉习语中也有相似的谚语表达，例如，火上加油（add fuel to the fire），大海捞针（look for a needle in a haystack.）等等。由此看出虽然人们生活在不同的地域，但是英汉文化里的人们也具备相似的文化共核。

### （三）方位性隐喻概念的共性

方位隐喻指参照空间方位而组建的一系列隐喻的概念。由于人们最初的感知是从感知自身运动和空间环境开始的，在认知和语言发展过程中最初用于空间关系的词语后来被人们用来喻指时间、过程关系等抽象概念，逐渐形成了概念隐喻的认知。如在中英文里人们都习惯用一些表示方向性的词将人们日常的感受和社会现状联系在一起，比如："上下（up，down）"，"前后（forward，backward）"，"高低（high，low）"等来喻指感受。

例 1："I was feeling a little down this morning"，said Corporal Daniels after reading a letter from his girlfriend，"so now I am back up."

（译文：下士丹尼尔在读完女朋友的来信后说道："今天早上我觉得很郁闷，但现在又重新振作起来了。"）

例 2：The government should take the opportunity of demanding a more forward looking attitude.

（译文：政府应利用这一时机证明一个更有远见的态度。）

The backward place has changed into an industrial centre.

（译文：那落后的地方变成了工业中心。）

在英语中"up，forward，high"等通常代表肯定、积极的一面；而"down，backward，low"等代表否定、消极的一面。同样在汉语我们也能找到许多类似的表达，如："上""升""高"的意象就通过一种自然而然的隐喻转换而具有了自尊、成就、荣耀或权力等象征性的含义。同样，"下""落""低"也具有了卑下、沉沦、堕落、衰亡、失落等隐喻性的内涵，诸如"低沉、后退、下降、落败，高尚、前进、上层、高歌……"。

## 三、中英语言中隐喻个性差异

Lakoff 认为隐喻是以社会文化为基础的。众所周知，不同的民族有着不同的文化，而不同的文化之间既有各自的个性，又有普遍的共性。由于各民族生存的具体环境不尽相同，在物质文化、社会文化等方面存在诸多差异，因此人们通过不同的角度和方式体验现实世界所发生的一切，形成具有差异的观点和认识。因此不同的民族必然形成不同的思维方式和认知模式，进而造成英汉语言中隐喻概念的差异性。

### （一）文化差异

隐喻是通过一种"相似联想"过程对本体进行设喻的，不同文化背景给人们带来的联想也不尽相同。传统文化观念、历史文化背景等因素均在隐喻中有所体现。比如狗在英语文化里被人们固化上了忠诚的联想，因而以"dog"为喻体的英语隐喻多为褒义，如"lucky dog（幸运儿）"，"jolly dog（快乐的人）"，"an old dog（经验丰富的人）"等。相反，在中国文化中则把狗看成一种讨人嫌的动物而横加贬抑，诸如"狗仗人势""狗嘴里吐不出象牙""狼心狗肺"等。再者如"龙"在中国的传统文化中是代表吉祥如意、具有大富大贵内涵的瑞兽，中华民族更称自己为龙的子孙。然而，在西方人看来"dragon"是一种残暴的怪物，是邪恶的象征，喻指凶恶的人。这种"可怕的怪物"与中国人心目中的"龙"是迥然不同的两种概念，其文化含义是完全不同的，如"the old dragon（撒旦，魔鬼），dragon's teeth（相互争斗的根源）"。

### （二）思维方式与审美差异

隐喻作为思维模式的一种体现，也作为语言的一种修辞手段，以"联系"为心理基础，将两个不同事物的某一些相似特征联系在一起。中西方由于人种不同、文化的差异，具有不同的审美观和思维方式，比如两个民族对动物和颜色的隐喻非常丰富但又各自有别。如"green"一词表示一种强烈的感情：green as jealousy（非常嫉妒）。在汉语中，妒忌别人的人被形容为"红眼病"；而在英语中，形容此类人则用"green-eyed"。又如汉语中的"梅兰竹菊"四君子，千百年来以其清雅淡泊的品质，被用来美喻其高风亮节，成为一种人格品性的文化象征，然而这样的联想是不可能发生在英语民族身上的。此外，中西方语言对于情感的表达也体现了思维的不同，其根本原因归结为两个民族的宇宙观不同。英语民族惯于借助宇宙星体和自然界事物来隐喻其感情和情绪。如：I feel I am in heaven（快活极了）；After hearing the news, he was walking on air（高兴得了不得）。而汉语中多是依靠人身体各部位或是附着于人体的东西来表达。如手舞足蹈、咬牙切齿、肝肠寸断、七窍生烟、恨之入骨等。自古以来，汉语在表达情绪和感情时，喜欢借助于人本身。相反，西方人认为世界上万事万物都是对立的，他们以自然为认知对象，认为只有认识自然，才能把握自然；只有探索自然，才能征服自然。这也是为什么英语民族将自己情感的表达与代表实体的宇宙事物和世界的本原紧紧联系在一起。

## 四、关联理论下的隐喻翻译

20世纪80年代Sperber和Wilson提出了关联理论。关联理论认为言语交际中话语理解的性质和过程就是一个明示的推理过程，明示与说话人有关，推理与听话人有关。即说话人通过明示行为向听话人表达自己的交际意图；听话人根据对方所提供的信息和交际意图产生一系列的语境假设，而交际的目的是以最佳关联作为取向的。关联理论把关联性定义为"与既定语境相关的，并在该语境下产生某种语境效果的假设"。在言语交际过程中关联性的强弱取决于语境效果和推理逻辑。语境效果好，推理所付出的努力就小一些，关联性就强，反之就越弱。

## （一）隐喻的翻译

Sperber 和 Wilson 认为交际中的语境是动态的，是一个变项；而关联性是一个常项，一种必然。在关联理论中，语境是听者认知语境的一系列假设或信息。关联依赖于语境，言语交际过程中，听者根据关联原则进行思辨和推理，从新旧信息中推导出语言者的交际意图。而隐喻作为一种语用现象，它的识别也离不开语境提供的线索。一个词或一个句子都必须放在语境中来考虑，而不能孤立地理解，只有在具体的语境中才能判断该词或句子是否用作隐喻。同样一句话，随着语境的不同，可以是非隐喻性话语，也可以是隐喻性话语，或理解成这样一种隐喻义，也可以被认为是那样一种隐喻义。因此，根据关联理论的翻译观及对隐喻含义和本质的分析，隐喻翻译过程中需用不同的翻译策略来处理英汉两种文化中的隐喻现象。

## （二）翻译策略

### 1. 直译

由于英汉两种文化语言的隐喻具有共性和同质性，其隐喻具有许多惊人的相似之处。"对等"是隐喻翻译的核心概念。译者的最大目标就是尽可能在语言形式上与源语相匹配以求得对等。当两种隐喻的认知方式相同，语言形式相似时，采用直译方法将源语的喻体形象移植过来传递给译文读者，可以保持对等的形象与含义，例如："All roads lead to Rome.（条条大路通罗马）"，"Blood is thicker than water.（血浓于水）"。

### 2. 意译

另一方面差异和思维结构的不同，导致必然存在隐喻的多义性和可变性。两种语言中词语范畴的隐喻性以及结构的非对应性，翻译时则应采用意译的方法。由于不同语言文化隐喻的异质性，有的隐喻形象是不可译的，其直译只会令读者莫名其妙。因此，只有舍弃原文形象以忠实原文意义。比如：That theory doesn't hold water. 本句按字面意思难以理解。此句中"hold water"为动词性隐喻，其引申意为"be capable of standing up to examination or testing"（经得起验证）。所以，此句应翻译为"那个理论站不住脚"较为合适。相似的例子还如"Don't let the cat out of the bag.（不要泄露秘密。）"

### 3. 直译、意译相结合

直译和意译各自都有优点和缺点。在英汉隐喻互译中，有时可采用直译、意译相结合的方法以弥补直译难达意、意译难传神的不足，做到"神形兼备"。根据关联理论的翻译观，翻译不仅考虑到源语言和目的语的转换形式，而且兼顾目的语读者对译文的反应，还应当把这种反应和原语读者的反应加以对比。为了让译文更加易于接受、通顺，译者就应根据最佳关联原则，让读者能以最小的努力获得最大的语境效果，将源语文化中的"陌生性"降到最低程度。

例3：我们有些同志喜欢写长文章，但是没有内容，真是"懒婆娘的裹脚，又臭又长"。

（译文：Some of our comrades love to write long articles with no substance，very much like the foot bindings of a slattern long as well as smelly.）

在汉语言民族里人们很容易理解"裹脚"这个在封建时期的旧习俗，也能很快在本体和喻体之间做出推理。但是对于不了解汉文化的西方读者来说，由于没有相似的语境和文化认知，他们根本不可能在本体"没有内容的长文章"和喻体"裹脚布"之间找到相似性"又臭又长"。而在翻译中增加"like"这个喻词，可以明示目的语读者，帮助读者不用花很大努力去在喻体和本体间建立最大和最佳关联，加之有"long as well as smelly"的明示信息，因此通过直译和意译的结合，使得目的语读者能很快地获得像汉语读者那样的形象生动的感受。

隐喻作为人类基本的认知活动在生活中普遍存在，它不仅是语言现象、认知现象，还是一种文化现象。通过以上探讨我们可以看到英汉语言中的隐喻有许多的共质性，同时也具有社会文化、思维及审美方式等方面的差异性。翻译作为跨文化的交际活动，是信息交流的桥梁。因此，在中英隐喻的互译的过程中，作为译者应在关联理论翻译观的指导下，在翻译活动中对隐喻做出明示推理的合理解释，创造性地应用各种策略来处理原文中的隐喻，从而使得英汉民族能通过较少的努力获得最佳的语境效果，加深两者文化的理解和交融。

# 第五节　认知角度与隐喻的跨文化翻译研究

作为一种认知思维方式，隐喻折射出深厚的民族精神和文化内涵。从认知角度探讨隐喻的跨文化翻译，并以大卫·霍克斯（David Hawkes）和杨宪益、戴乃迭夫妇英译本《红楼梦》中的隐喻翻译为例，对具体译例进行对比分析，探讨隐喻的翻译策略。

隐喻的研究源远流长，从范围和方法来看，经历了三个时期：一是从大约公元前300年到20世纪30年代，人们对隐喻的研究主要是从修辞学角度；二是从20世纪30年代到70年代初，隐喻研究主要从语义学角度；三是从20世纪70年代至今，隐喻的研究呈现多元化趋势，包括从认知心理学、翻译学、外语教学乃至人工智能的角度对隐喻进行多角度、多层次研究。然而，从认知语言学的角度研究隐喻仍然是最具活力的一种视角。尤其是 1980 年，认知语言学的奠基人莱可夫（George Lakoff）和哲学家约翰逊（Mark Johnson）合著的《我们赖以生存的隐喻》（*Metaphors We Live By*）一书的问世，系统地阐明了隐喻的本质和工作机制，指出隐喻在本质上是一种认知现象，是两个不同语义领域的互动，使隐喻的研究发生了根本变革。

在隐喻的跨文化翻译过程中，既要考虑隐喻在源语中的文化内涵和传达的信息，又要考虑在目的语中如何忠实地重现，使目的语读者能够准确地理解和捕捉，如何实现隐喻的等值翻译，是隐喻翻译的热点和难点。本节以中国四大古典名著之一《红楼梦》中的隐喻为例，因为其反映了强烈的民族文化色彩，显示了中国文化的博大精深，以英国著名汉学家大卫·霍克斯（David Hawkes）和中国著名翻译家杨宪益、戴乃迭夫妇英译本《红楼梦》中的隐喻翻译为例（以下简称霍译和杨译），依据纽马克（New mark）提出的隐喻翻译策略，对具体译例进行对比分析，探讨隐喻的翻译策略。

## 一、隐喻的认知观

隐喻的结构可以分为始源域（source domain）和目标域（target domain），一般来说，前者较具体，为人们所熟悉；后者较抽象，比较难以直接理解。隐喻通过意象图式（image schemas）的构建，形成从始源域到目标域的映射（mapping），其目的是帮助读者借助始源域来理解目标域。以基本的概念隐喻 "Time is money" 为例，这里的 "time" 称为目标域（target domain），"money" 称为始源域（source domain），始源域（money）相对来说更为读者所熟悉，money 可以花费，也可以浪费，money 有价值，始源域（money）图示中的特征被映射到目标域（time）图示中。换言之，隐喻能使人们用较熟悉的、具体的概念去理解、思维和感知陌生的、抽象的、难以直接理解的概念，其方式就是把始源域的结构映射到目标域上，这样的映射是在两个不同的认知域之间实现的，其基础就是经验。

## 二、隐喻翻译的认知策略

### （一）隐喻的对等映射

虽然不同国家的人们在地理环境、历史文化、社会生活上各不相同，但是地球是人类共同生活的家园，包括生态环境和气候变化等外部条件是相似的，基本需求是相似的，各个民族在探索和改造客观世界的过程中，能够获得相似的体验、认知和理解[6]。人类的

---

6　翁凤翔.商务英语学科理论体系架构思考 [J]. 中国外语，2009，6（04）：12-17.

生理基础，包括感官和身体构造都是相似的，在视觉、听觉、嗅觉、味觉、触觉等各种感官体验上，能够引起共鸣，产生相似的心理认知。著名语言学家沈家煊认为："人同此心，心同此理，人的认知心理不仅古今相通，而且中外相通。"[7]认知语言学认为，语言是以认知为前提的，是人通过认知与客观世界相互作用的结果。基于对客观世界相同的认知体现在不同民族语言中的共性，不在语言形式上，而在于人的认知心理。所以，跨文化的隐喻之所以能够进行翻译，也是建立在人类相同的认知心理基础上的。下面以《红楼梦》中的隐喻翻译为例：

例1：树倒猢狲散。

杨译：Tree falls and the monkeys scatter.

霍译：When the tree falls，the monkeys scatter.

例2：瘦死的骆驼比马大。

杨译：A starved camel is bigger than a horse.

霍译：A starved camel is bigger than a fat horse.

例1和例2中，"树倒猢狲散"和"瘦死的骆驼比马大"，体现了人陷入困境和窘境时的一种生存体验和生活状态，是基于人们相似的生活体验和认知，达到了一种认知心理认同。另外，"猢狲"（猴子）"骆驼""马"在中西文化中的意象并没有太大的差异，达到了源语和目的语的一种文化重叠，在这种情况下，可以尝试用直译的方法进行翻译。直译法一方面可以在最大限度上，保证源语的文化特色在隐喻翻译过程中少流失，保留它的原汁原味，另一方面还可以丰富目的语的语言和文化。

## （二）隐喻在目的语中的归化映射

不同民族由于地理环境、历史文化、社会生活、宗教信仰、风俗习惯、价值观念、思维方式等方面的差异，语言表达内涵各不相同，隐喻也是如此。这类隐喻应该如何翻译，笔者认为，译者可以首先考虑归化映射，也就是使用符合目的语社会文化特点的始源域的具体概念来映射原语隐喻中的抽象概念，再现原语的隐喻意义和隐喻表达形式。归化映射易于为目的语读者所接受，获得与原语读者相似的心理认知体验，实现原语和目的语之间最大限度地等效翻译。现将隐喻中霍译和杨译加以区别：

例3：谋事在人，成事在天。

杨译：Man proposes，Heaven disposes.

霍译：Man proposes，God disposes.

从文化和宗教角度看，"Heaven"比"God"更具有中国特色，中国人经常说："我

---

7　陈文伯 . 英语成语与汉语成语 [M]. 北京：外语教学与研究出版社，1982.

的天啊！"中国古语有云："天将降大任于斯人也""天行健，君子以自强不息"等等。而"God"是西方基督教的上帝，西方人惊讶时会大喊："Oh，my god！"祈求上帝保佑时会说："God bless me！"谚语有云："God help those who help themselves."因此，霍克斯把"天"译为"God"，则更易于为西方读者所理解和接受，更符合西方读者的宗教文化、价值观念和思维方式。

例4：巧媳妇难为无米之炊。

杨译：Even the cleverest housewife can't cook a meal without rice.

霍译：Even the cleverest housewife can't make bread without flour.

从生活习惯角度看，"meal"（饭）和"rice"（米）是中国人日常的饮食，中国人司空见惯，习以为常。但是中西方饮食习惯差异很大，西方人很少吃"meal"（饭）和"rice"（米），他们的主食更多的是"bread"（面包）和"flour"（面粉）。如果直译的话，西方读者有时会感到困惑和不理解，翻译成"bread"（面包）和"flour"（面粉）则更易于为西方读者所接受和认可。

从以上三个例子可以看出，杨宪益和戴乃迭的翻译最大限度上保留了中国文化的特色，目的是想把博大精深的中国文化原汁原味地介绍给英美读者，所以遵循的翻译原则是以原语文化为归宿，采用了"异化"的翻译方法。霍克斯的翻译，充分考虑了中西文化的差异，考虑到了西方读者的认知心理和理解能力，所以遵循的翻译原则是以目的语文化为归宿，采用了"归化"的翻译方法。"归化与异化"不能与文体效果直接联系，异化的译文不一定比归化的译本具有更强的表现力，反之亦然。笔者认为，如果原语文化和目的语文化差异很大，隐喻的异化翻译有可能会对目的语读者造成困惑、歧义甚至误解的情况下，采用在目的语中的归化映射可能更胜一筹。因为采用这种方法，原文隐喻的内涵和表达形式可以在译文中得以再现，译文也比较符合目的语国家的文化特点和表达习惯，译文读者可以获得与原文读者同样的心理认知。

### （三）隐喻映射的移植

由于两种不同文化认知的错位或缺失，一种文化系统下的隐喻，在另一种文化系统中找不到与之相对应的类似的隐喻，汉语中很多隐喻性的成语、俗语、谚语、典故、神话故事等都有其独特的历史背景和文化内涵，对目的语而言就是一种文化认知上的缺省。对于这一类隐喻的翻译，应根据不同的情况，采取不同的翻译策略。

1. 直译加注法

直译法可以在最大限度上保留原语隐喻喻体的形象，但是由于中西方的文化差异，汉语中特有的隐喻性的成语、俗语、谚语、典故、神话故事等，在目的语中无法找到类似的隐喻,用来重现其深刻的文化内涵和艺术价值,也难以为目的语文化的读者所接受。这时,直译加注法不失为一个两全其美的办法,既保留了原语隐喻喻体的形象,注释又可以让目的语读者理解其内涵。

例5:心较比干多一窍,病如西子胜三分。

杨译:She looked more sensitive than Pikan, more delicate than Hsi Shih.

(1)A prince noted for his great intelligence at the end of the Shang Dynasty.

(2)A famous beauty of the ancient kingdom of Yueh.

"比干"和"西子"都是中国古代特有的人物,"比干"是商朝杰出的丞相,"西子",指"西施",中国古代四大美女之一。直译加注法不仅保留了原语隐喻喻体"比干"和"西子"的形象,给西方读者一个直观的印象,注释又让西方读者理解其内涵,一举两得。

2.隐喻转明喻

例6:滴不尽相思血泪抛红豆……

杨译:Like drops of blood fall endless tears of longing.

霍 译:Still weeping tears of blood about our separation//Little red love-beans of my desolation.

杨译文通过明喻转换原文的隐喻,忠实地再现了"泪水"意象。译文将原文的隐喻转换为明喻,直译"血泪",相当于隐喻移植,再现了隐喻意象"泪水"。

3.隐喻转化成喻底

例7:儿命已入黄泉,

天伦啊,须要退步抽身早!

霍译:

I that now am but a shade,

Parents dear,

For your happiness I fear:

Do not tempt the hand of fate!

Draw back, draw back, before it is too late!

"黄泉"是汉语特有的意象,很难为目的语读者理解其内涵和含义。霍译文把"黄泉"的意象转换成了"a shade"(影子),揭示了隐喻的喻底(ground),达到了深层含义的一致。

4.省略

例8:蛾眉颦笑兮,将言而未语;

莲步乍移兮,待止而欲行。

霍译：

A half-incipient look of pique,

Says she would speak，yet would not speak ；

While her feet，with the same irresolution,

Would halt，yet would not interrupt their motion

"蛾眉"原指蛾细长、弯曲的触角，借指中国古代美女细长而弯的美丽的双眉；"莲步"是指中国古典美女纤纤细足走路的小巧，借指走路时娇羞、婀娜的姿态。这些审美标准很难被西方的读者理解和接受。霍克斯在翻译时考虑到这种文化和审美的差异，省略了"蛾眉"和"莲步"的意象，而把女子美丽、婀娜、含羞的美妙姿态用语言转述了出来。

### （四）隐喻映射的变异

由于中西方处于不同的文化体系，即使原语和目的语的喻体是同一个意象，但表达出来喻体的含义也会千差万别，文化认知的差异性导致喻体所折射的隐喻意义的不一致性。

例 9：（北静王）见他语言清楚，谈吐有致，一面又向贾政笑道："……非小王在世翁面前唐突，将来'雏凤清于老凤声'，未可量也。"

霍 译：The prince observed to Jia Zheng…."I trust I shall not offend you by saying so to your face，" he said，"but I venture to prophesy that this fledgling of yours will one day 'sing sweeter than the parent bird'."

凤是中国古代神话传说中的百鸟之王，在远古图腾时代被视为神鸟而予以崇拜，比喻有圣德之人，象征美好、和平与吉祥。"雏凤"，幼小的凤，喻英俊少年。原文的意思是北静王夸奖宝玉"青出于蓝而胜于蓝"，前途不可限量的意思。凤凰（phenix）在西方神话里又叫火鸟、不死鸟。神话传说中，凤凰每次死后，会周身燃起大火，然后其在烈火中获得重生，并获得较之以前更强大的生命力，称之为"凤凰涅槃"。如此周而复始，凤凰获得了永生，故有"不死鸟"的称号，因此它蕴含着神话传说中的"再生"之意。

由于中西方隐喻喻体意象的不同的含义，所以霍克斯采用了意译的方法，将"凤"翻译成笼统意义上的"bird"。意译是指考虑不同语言民族在文化诸多方面的差异，有时需要舍弃喻体的意象，保留原文的主旨，根据原文的大意来翻译，而不做逐字逐句的翻译。意译的使用更能够体现目的语文化的语言特征，以利于目的语读者理解。

隐喻是一种思维认知方式，不同社会文化的人对于隐喻的内涵理解往往有所不同，这就要求译者根据不同的情境采取不同的翻译策略和翻译方法。

译者一方面要了解隐喻在原语中的背景知识，深刻理解其认知特点和内涵意义；另一方面要对目的语的文化有着全面、深刻的了解，在保留原语隐喻文化特色的同时，在翻译时考虑到目的语读者的理解和接受能力，采用灵活的翻译策略，尽可能地缩小不同语言不同文化之间的差异，实现原语和目的语之间最大限度上的等效翻译，达到思想交流和文化传播的目的。

# 第六节　英语习语的跨文化翻译研究

英语习语是英语词汇的重要组成部分，有着鲜明的地域色彩、民族风格，反映了英语民族的风俗习惯、喜好禁忌，有着鲜明的民族色彩。要将英语习语原汁原味地翻译出来绝非易事，不仅要求译者有较强的语言技巧，还应有深厚的文化底蕴，对英、汉文化都有着深刻理解。

习语承载着深厚的文化意蕴，犹如一面镜子，能生动反映民族的文化特征与社会心理，习语翻译是翻译领域的亮丽风景，也是文学翻译的重点与难点。本节试图从英语习语翻译出发，探讨跨文化翻译中的文化差异问题，以求为文学翻译的发展贡献绵薄之力。

## 一、习语的内涵与特点

习语是在长期语言使用中形成的生动形象、精练简洁、通俗易懂的语言表达方式，是劳动人民生活或生产实践经验的总结，包括成语、谚语、俗语、俚语、典故等。习语是不可拆分的，具有约定俗成的意义，有着音节优美、韵律协调、形象生动、言简意赅、寓意深刻的语言特点。习语是民族语言的核心与精华，有着鲜明的地域色彩、民族风格，是特定历史时期的人文习俗、思想情感、宗教文化、经济生活、价值信仰、自然法则的集中表达。英语习语是英语词汇的重要组成部分，能够带给人生动形象、含蓄幽默、妙趣横生的审美体验，被广泛应用于日常交往、电视广播、报纸杂志等方面。

## 二、英语习语所反映的文化差异

### （一）文化传统上的差异

英语习语反映了英语民族的风俗习惯、喜好禁忌，有着鲜明的民族色彩。首先，英汉习语的比喻形象就不尽相同，反映了两个民族的认识差异和喜好。如英语习语 "as wise as owl"，指人像猫头鹰一样聪明，这与英语文化中的猫头鹰形象有着密切联系，在英语文化中猫头鹰是智慧、聪明的象征，英语卡通中猫头鹰常以德高望重、举止文雅的老学究形象出现，西方童话中猫头鹰通常是公正、智慧的裁判。如英、汉民族对狗的认识也不相同，汉语中有许多与狗相关的贬义词，诸如"狗眼看人低""狐朋狗友""狼心狗肺""狗仗人势"等。但英语文化中常用狗比喻值得信赖和同情的人，诸如"as faithful as dog""Love me，love my dog""Every dog has its dag"等。汉语文化中"龙"是吉祥的神灵，皇权、威严、地位的象征；英语文化中"龙"是会喷烟吐火的怪兽，是邪恶、残暴、凶狠的象征。其次，英语习语形成于特定的历史传统中。工业革命源于英国，在工业革命初期英国发生了"羊吃人"的圈地运动，英语习语中就有"Dyed in the wool""much cry and little wool"等。神话传说是原始先民们对客观世界混沌的、模糊的、近乎虚幻的认知，是民族文化的根源。古希腊神话是西方文化的根源，英语习语就与古希腊神话有着深厚的渊源，如"Pandora's box"比喻罪恶之源；"Sphinx's riddle"比喻难解之谜；"Promethean fire"指创造生命机能活力的生命力。

### （二）生活方式上的差异

民族的饮食习惯与生存环境有着密切联系，在英国或美国黄油、奶酪、面包、果酱为常用食品，因而，形成许多与食品相关的习语，如"want jam on it""big cheese""to take the bread out of some one's mouth"等；用"live on wind pudding"比喻生活毫无保障；"for all the tea in China"指"将中国的茶叶都给我，也不做某事"。

### （三）自然环境上的差异

英国是一个四面环海的岛国，有着独特的生活方式，这也反映于英语习语之中，如"Go by the board"比喻计划落空，"See how the wind blows"比喻观察形势和情况。英国是典型的海洋性气候，伦敦更是著名的"雾都"，因而，关于多雨多雾的英语习语非常多，如"as tight as rain"；英国是海洋国家，就产生了许多与航海相关的谚语。再如中国以农业立国，长期发展中形成许多农谚，如"竹篮打水一场空""骨瘦如柴，人勤地不懒，滚石不生苔""槁木死灰""众人拾柴火焰高"等。

## 三、跨文化翻译是英语习语翻译的策略

### （一）英语习语翻译策略的选择

人类有着相似的生活方式、思想认识、精神生活，因而，在语言表达上也有许多相似之处，如英语中的"to burn one's boat"就同汉语中的成语"破釜沉舟"如出一辙；汉语中有"隔墙有耳"，英语中则有"wall have ears"。同时，汉语和英语属于不同的言语体系，不同的自然环境、生活方式、历史传统等决定了英、汉民族有着不同的价值观、

思维方式、审美情趣和风俗习惯，英、汉习语都有着不同的表达方式，承载着不同的文化信息。如英语中的"Since A dam was a boy"就和基督教文化密切相关；"Pandora's box"就源于古希腊神话，没有英语文化背景的中国读者很难理解这些英语习语。

翻译时需要深刻理解习语蕴含的文化意蕴，采用恰当的翻译策略。关于翻译标准，严复先生提出"信""达""雅"，傅雷先生提出"重神似而不重形似"，翻译家奈达提出"动态对等"[8]。虽然这些翻译理论的侧重点各不相同，但都重视再现原作风貌。英语习语有着浓重的民族文化色彩，在英语习语翻译时应使用多种翻译手法，充分考虑中西文化差异，做到"下笔抒词，自善其备"，力求凸显英语习语的语言风格和文化内涵。但在具体翻译中不是每个习语都包含字面意义、形象意义、隐含意义，原文的三种意义也不可能全部再现于原文之中，当字面或形象意义与隐含意义发生矛盾时，应当服从于隐含意义。

### （二）英语习语翻译策略的运用

#### 1. 运用直译法

直译即进行字面翻译，是在不违背译文所属国家的语言规范的条件下，不做过多的引申与注释，以求最大限度保持原文的语言风貌和文化习惯，使读者能深刻体会异域文化风味。一般情况下，带有异域文化色彩的习语往往都是形象化的语言，通过直译法能保留原文的形象化语言，使中国读者了解更多的英美文化。如"Domino effect"能够翻译为多米诺效应；Practice makes perfect 能直译为"熟能生巧"。

当英语习语的隐含意义很容易推断时，可以运用直译法进行翻译，如"all roads lead to Rome"就可以直译为"条条大路通罗马"。有些英汉习语的语言结构与表达方式极为相似，并且语义相同，形象吻合，这时应采用直译法，如"Strike while the iron is hot"能译为"趁热打铁"。通过直译法翻译的词语会不断融入汉语之中，成为汉语的新鲜血液，如"golden age""break the record""armed to the teeth""cold war"就可以翻译为"黄金时代""打破纪录""武装到牙齿""冷战"，这些词语已成为汉语的重要组成部分。

#### 2. 运用意译法

英语习语会受中西文化差异的影响，在跨文化翻译中无法从字面或形象意义理解习语的思想内容，这时就要采用意译法进行习语翻译，将原文形象更换为译文读者熟悉的形象。如"a cat on hot bricks"就能译为"热锅上的蚂蚁"。

有时要配合上下文语境，保持原文的完整性，也需要采用意译法。如"Birds of a feather flock together"，就可以译为"物以类聚，人以群分"；"Among the blind the one-

---

8　平君. 基于应用语言学的大学英语教学模式改革研究 [J]. 吉林省教育学院学报，2018，34（08）：75-77.

eyed man is king"采用意译法能翻译为"山中无老虎，猴子称大王"。

3. 运用套译法

套译法是借用或套用汉语俗语来传译英语习语的翻译方法。英语中的许多表达方式的形象、意思与汉语非常接近，完全可以用"拿来主义"的方式进行翻译，将所选用词语的字面意思做好对应即可。如"castle in the air"就可套译为"空中楼阁"；"Habit is second nature"能译为"习惯成自然"；"Money makes the mare go"可译为"有钱能使鬼推磨"。另外，有许多英语习语在汉语中没有"形同义同"的表现方式，但可以找到"形异义同"的表达方式，并套用相近的汉语习语。如"a fly in the ointment"能译为"美中不足"；"no respecter of persons"可译为"一视同仁"；"Great minds think alike"能译为"英雄所见略同"。

在文化语境中，影响英语习语的文化因素有很多，如自然环境、社会习俗、历史传统等。因而，译者应准确理解习语的文化内涵，采用恰当的翻译策略巧妙处理可能产生的文化缺省，实现文化交流的目的。

# 第七节 跨文化交际翻译中的"错位"现象研究

近年来，随着中国影响力的不断增强，越来越多的西方学者和游客对中国灿烂的文化表现出了相当浓厚的兴趣。汉语和英语分别是世界上使用人数最多和使用范围最广的两种语言，然而通过汉英两种语言互译实现的跨文化交际常常会面临"错位"的情形，通过比较分析经典译文，探索归纳出了一些解决跨文化交际翻译中"错位"现象的方法。

语言是文化的载体，是文化的一个密不可分的组成部分，它既反映文化，也受文化的影响。由于英汉两种语言间存在诸多差异，通过汉英两种语言互译实现的跨文化交际常常会面临"错位"的情形，翻译两种语言间信息的交流和转换，自然不可避免地要在语言转换的同时进行文化转换。不同民族会有不同的历史性感受（diachronic experience）和共时性感受（synchronic experience）。因此，不同文化背景下的人们使用不同的语言形式表达对事物的看法。

从历史的角度看，今人和古人对事物的看法也存在不一致性。因此在跨文化交际翻译过程中，了解这些错位，并懂得使用不同的策略修正这些错位，成为提高翻译质量的重要手段。大体上说，跨文化交际翻译中的错位主要表现在时空错位、身份错位和文化错位三个方面。

## 一、时空错位

跨文化交际翻译中的时空错位主要指的是对古汉语和古英语的英译与汉译。古汉语翻译中最典型的是对典籍的英译。中国典籍的翻译是一件较为复杂的事情，其主要困难表现在以下几个方面。

### （一）古汉语和现代英语的互译错位

由于中国典籍大多为文言文，因此其翻译的过程便较为复杂，需要先将文言文转换为现代汉语，最后再译为英语。而在这种转换过程中，一些重要的语言信息必然会发生流失。如，"淡泊明志，宁静致远"出自三国中蜀国诸葛亮的《诫子书》，分开翻译"淡泊明志"：Live a simple life, showing one's goal in life. "宁静致远"：Fair and softly go far in a day. 合起来翻译：Still waters run deep—to lead a quiet life. 还有译为：Simple for explicating one's ambition, quiet to go far.

### （二）古籍中文化信息与现代英语互译时的错位

中国典籍中含有大量体现不同时期文化特点的语言信息，但是在英译过程中，需要考虑不同民族与国家对文化认知和审美情趣的差异性。

### （三）对比译文分析时空

中国典籍中有很多先哲的精辟观点，如何使用英语诠释这些语言，体现出先哲思想的闪光点，成为译者面临的一大难题。英语在不断演进的过程中，词汇形式不断变化，由古英语时期向着现代英语表达迈进。在翻译过程中，译者也需要把握古英语的表达形式，从而提高译文质量。当跨文化交际译者无法掌握英汉语言的这些特点或者不具备英汉古语翻译的能力时，翻译中就很可能出现时空错位的现象。同时，跨文化交际翻译中的时空错位还表现在对英汉文化内涵词的"错用"上。例如：

Some of these phrases, perhaps, came down off Noah's Ark.

也许，这些成语中有的竟是从盘古开天地以来就已有的了。（时空错位翻译）

有些成语也许竟来自"诺亚方舟"的远古时代。（正确翻译）

对比上文中提到的时空错位翻译，译者将 Noah's Ark 汉译为"盘古开天地"的时期，容易造成一种不伦不类的表达感觉。英汉语言编码常受到时空的限制，因此不同时代、地域、民族文化等因素都会对语言产生一定的影响。在跨文化交际翻译过程中需要对中西方语言中的时空信息进行筛选与合理翻译，才能提高译文的质量。

## 二、跨文化交际翻译中的身份错位

### （一）人物身份错位

在英译汉或者汉译英过程中，切不可改变文本中人物的行为模式，避免人物"身份的错位"。例如，在翻译中国古典文学作品时，译者最好不要将中国古人的行为西化为西方人的举止。身份错位现象会影响不同文化间的沟通与融合，对跨文化交际的进行也十分不利。

### （二）视角身份错位

视角身份错位指的是对待文本中不同的生活方式，也不能以译者自身的文化背景进行翻译。对于具有文化内涵的文本，译者可以采用不同的视角，通过变换处理来传译对方文化。例如，在翻译"馒头"时，很多人都将其译为 steamed bread 或者 steamed bun，这种翻译虽然能够使译者理解，但是却造成了一种视角错位，影响了中国特有文化的传播。

### （三）称呼错位

在跨文化交际翻译中，称呼的翻译十分常见。译者需要结合时代背景对这些称呼进行合理翻译。例如，随着女权意识的增加，英语中很多带有男权色彩的表达就要进行相应处理，如将"主席"翻译为 chairperson 代替男权色彩强烈的 chairman。

## 三、文化错位

文化错位也是跨文化交际翻译中经常遇到的问题，主要表现为以下几个方面。

### （一）文化误译

Bill can be relied on；he eats no fish and plays the games。

比尔为人可靠，一向不吃鱼，常玩游戏。（误译句子）

上面原句中的"to eat no fish"是英语中的典故，"to play the game"是英语中的习语，由于学生对此并不了解，从而将其误译为"不吃鱼，经常玩游戏"。事实上，这两个短语都和英语文化有关。英国女王伊丽莎白一世统治期间，规定了英国国教的教义和仪式，部分支持此举的教徒不再遵守罗马天主教周五必须吃鱼的规定，因此这些"不吃鱼"（eat no fish）的教徒就被认为是"忠诚的人"。而玩游戏的时候总是需要遵守一定的规则，因此"play the game"也就具有了"必须守规矩"的含义。因而原句应译为：

比尔为人可靠，既忠诚又守规矩。（正确翻译）

再如："You chicken!" He cried，looking at Tom with contempt.

他不屑地看着汤姆，喊道："你是个小鸡！"（误译句子）

英语中"chicken"一词可以用来喻指"胆小怕事的人""胆小鬼"。但对于中国学生而言，看到"chicken"一词只会想到小鸡，因为汉语中只有"胆小如鼠"一说，并无"胆小如鸡"的概念。这就造成了学生的误译。原句应该译为：

他不屑地看着汤姆，喊道："你是个胆小鬼！"（正确翻译）

英语中还有很多类似的词语。例如，"tomove heaven and earth"的含义是"千方百计，不遗余力"，而不是"翻天覆地，惊天动地"；"to talk horse"的含义是"吹牛"，而不是"谈论马"；"to gild the lily"的含义是"画蛇添足"，而不是"装饰百合"。

由此可见，在跨文化交际翻译中，译者应该根据具体语境，并结合文化背景，准确理解原文的含义，然后选择合适的翻译技巧灵活翻译，切忌望文生义。

### （二）翻译空缺

无论是跨语言交际，还是同一语言内的交际，都不可能达到绝对准确。由于英语和汉语分属于不同的语系，这种现象在英汉语言交际中表现得尤为明显。跨文化交际翻译中，语义不对应或找不到对应表达的现象很常见，尤其是那些极具地方特色的事物更是如此，这就造成了翻译中的空缺，从而为翻译的顺利进行造成了障碍。

1. 词汇空缺

词汇空缺是指不同语言间由于概念表达的不对应而出现的对应词汇的缺失。这和译者所处的地理位置、自然环境、生活方式、社会生活等密切相关。例如，英语中表达"雪"这个概念的词语只有"snow"一个，而在因纽特人的语言中却有十几种之多：冰块似的雪、半融化的雪、落在地上的雪、空中飘舞的雪等。

语言是不断变化发展的，随着历史的前进、科技的进步，新词汇层出不穷，如1957年10月，当第一颗人造地球卫星发射成功后，首次出现了"sputnik"一词，而该词随即也在世界各国的语言中出现了词汇空缺。

语言学家萨丕尔曾指出，语言不能脱离文化，也无法脱离世代所传承的社会信念和行为习惯。经历几千年封建文化的中国形成了一套严密、独特的封建宗法体系：长幼有序，男女有别，血缘关系的远近亲疏十分明显，家庭结构严密。而英美国家的家庭结构较为松散，宗法关系也并不严密。因而汉语中涉及亲属关系的词汇，英语中就可能会出现词汇空缺。在跨文化交际翻译中，译者必须对词汇空缺现象予以足够的重视，认真揣摩由词汇空缺带来的文化冲突，从而采用灵活的翻译方法化解矛盾，译出优秀的文章。

2.语义空缺

表面上看，不同语言中表达同一概念的词语的字面含义相同，但实际上却存在不同的文化内涵，这就造成了语义空缺。英汉语言中都有色彩词，且多数情况下对应的色彩词意义相同，但在某些场合，表达相同颜色的英汉色彩词却被赋予了不同含义。例如，英语中"a black sheep"的含义并非"黑羊"，而是"害群之马"。类似这样的例子还有很多。

不同语言中，表达同一概念的词语可能因为语言发出者、语言场合等的不同而产生不同的含义，即语义涵盖面的不重合，这是语义空缺的另一个表现。例如，英语中的"flower"和汉语中的"花"表达的基本语义虽然相同，但在具体使用中，二者差别极大。英语中"flower"除了作名词表示"花朵"以外，还可以作动词表示"开花""用花装饰""旺盛"等含义，而这种用法是汉语中的"花"所没有的。相应地，汉语中的"花"作动词时常表示"花钱""花费"等含义，这也是英语中的"flower"所没有的。

对此，在跨文化交际翻译中，译者需要了解并掌握这些语义空缺的词语，了解这些词汇的深层含义。

## （三）文化欠额

纽马克（1981）将文化欠额翻译（under-loaded cultural translation）定义为"在翻译中零传输或者部分传输了原语文化环境中的内涵信息的现象，即译文所传递的文化信息量小于原文的文化信息量"。语言往往包含一定的文化信息量，文化欠额翻译就是将原文中的文化信息进行不完整的传输，会严重影响译文质量。

例如：做中人的卫老婆子带她进来了，头上扎着白头绳，乌裙……年纪大约二十六七……（鲁迅《祝福》）

译 文 1：Old Mrs.Wei the go-between broughther along.She had a white band round her hair and was wearing a black skirt，…Her age was about twenty-six…

译 文 2：AuntieWei，who is a go-between，brought her along.She had a white mourning cord around her hair and was wearing a black apron.…Her age was about twenty-six…

在西方社会，妇女出嫁后可以不改名，但要改为夫姓。在而中国，由于宗法制度影响深远，妇女的姓氏作为其所属宗族的体现，即使出嫁仍不能更改。原文中"卫老婆子"的"卫"姓并非其夫家的姓氏，而是她自己宗族的姓氏，将其按照英语的习惯翻译为"Mrs.Wei"显然不符合汉语文化习俗。

在中国，丈夫去世后，妻子必须为其守孝，且应佩戴白头绳。贫苦人家由于经济条件的限制，常常用棉质丝线拧成廉价、简易的线绳戴在头上。原文中"她"所戴的正是这种"白头绳"。译文1中的"a white band"既没有体现中国的丧葬文化，也没有体现出"她"较低的社会地位。英语中的裙是"skirt"，因此，从字面意义上来理解，将"乌裙"翻译为"black skirt"并无不妥。然而，在中国封建社会，服饰具有非常明显的社会等级特征。原文中的"她"是去别人家当用人的，社会地位较低，"black skirt"与"她"的身份是不相符的。她所穿的"裙"其实是套在自己的衣服外面防止衣服被弄脏的一种工作服饰，相当于英语中的"apron"。

可见，译文1没有准确地理解原文背后的文化含义，没有将原文中的文化信息量完整地体现出来。而译文2经过适当调整，如将"Old Mrs.Wei"改为"AuntieWei"，将"a white band"改为"a white mourning cord"，将"skirt"改为"apron"，既体现了原文的情节，又传达了原文的文化含义。

在跨文化交际翻译过程中，文化信息欠额与文化信息量往往成反比例关系。具体来说，译文体现的文化信息量越大，文化信息欠额就越小。因此，为了将文化信息欠额最小化，我们不能将字面信息等值作为翻译的唯一目标，而应在传达原文字面意义的同时，将其背后的文化内涵也体现出来。例如：

银川是宁夏回族自治区的首府，位于宁夏回族自治区中心。从明清以来，她就是穆斯林在西北部的居住地和传播中心。

Honored as a smaller Mecca, Yinchuan, the capital of Ningxia Hui Autonomous Prefecture, is located in central Ningxia Province.Since the Ming and Qing Dynasties, Yinchuan has been a place for Moslems to live and a center of Islamic education in the Northwest.

译文没有对原文进行直译，而是将银川比作麦加（伊斯兰教最神圣的城市）。这种巧妙的手法准确地传达了银川在中国穆斯林心目中的位置，极大地减少了翻译过程中的文化信息欠额 [9]。

总之，在跨文化交际中汉英两种语言通过互译进行信息交流和转换时会面对种种"错位"现象，为此翻译工作者需要考虑两种语言之间或者说是使用这两种语言的个体或群体之间由于相比较而存在的时空错位、身份错位和文化错位三个层面的差异。对汉英两种语言间的时空信息进行筛选与处理，要根据具体语境并结合文化背景，准确理解原文的含义，然后选择合适的翻译技巧灵活翻译，译文要在传达原文字面意义的同时，将原文背后隐含的文化意义体现出来，将文化信息欠额最小化，使译文真正达到"信""达""雅"的翻译要求。

---

9　陈俊森，樊葳葳，钟华．跨文化交际语外语教育 [M] 武汉：华中科技大学出版社，2006.

# 第六章　跨文化英语翻译的功能

## 第一节　跨文化英语翻译中的文化功能

从翻译中的文化意义出发，进而揭示文化翻译的翻译策略。翻译中的文化意义既包括宏观文化意义，也包括微观文化意义。文化翻译的翻译策略包括图像、模仿、置换、阐释和淡化等。通过分析这些文化意义及其在翻译中的表现，得出文化翻译的翻译策略是一个开放的系统，从文化客体的翻译到文化自我的构建，就是文化翻译的辩证法。

语言是人们日常交际的工具，也是文化的载体，在人际交往和文化交流中扮演着十分重要的角色。英汉翻译是在英语原文意思基础上用汉语替代英语的活动过程。翻译结果既要符合原意，又要确保内容、思维完整。事实上，英汉翻译是一种跨文化的语言交流活动，它要求翻译者熟悉英语、汉语两种语言体系及各自的文化背景，了解它们之间的差异。只有这样，才能确保翻译的内容精准无误，也才符合接受者的实际需求。想要成为一名优秀的英语翻译工作者，必须了解跨文化视角转换。

语言和文化历来息息相关。语言是文化的载体，文化又推动了语言的发展。英国翻译理论家 Susan Bassnett 曾说：正如外科大夫在进行心脏手术时，不能不顾及身体其他部分；翻译在进行语言转换时，也不能不顾及文化。因此，翻译不仅是两种语言之间的词汇指称意义的转换，更是文化信息的传递。是否考虑到源语和译出语中的文化因素，直接决定了译文是否忠实、流畅。因此，翻译本身就是一种跨文化的交际行为。

而任何一个国家的文化，从创始之初，就不可避免地受到外国文化的影响。"人类文化从整体来说，是各国、各民族文化汇聚、交流的产物"。文化交流必须借助翻译，在翻译的过程中，两种文化进行双向交流，既相互影响，也相互制约。翻译同时也反映了一定的意识形态，并在一定程度上影响着文化系统的发展。

### 一、翻译中的文化功能

跨文化翻译的目的在于翻译传递文化信息的文化意义。意义既是翻译的出发点，也是终点。文化意义有两个层面：①宏观文化意义；②微观文化意义。宏观文化意义指包括语法意义在内的所有文化信息；微观文化意义则关注语言的单词、词组、句子、段落和文化思维等层面。在进行翻译活动时，我们既要传递微观文化意义，也不能无视宏观文化意义，因为后者体现了语言的异质性。

## （一）宏观文化功能

人类语言有同质性，也有异质性。跨文化翻译重点研究由于文化差异而表现出的异质性。语法意义和词汇意义都是我们表达意义的手段。例如，在语法的层面上，宏观文化意义讨论如下问题：

1. 主语和主题

在汉语中，主语的主题性要比施事性常见得多。如：①胡大妈死了两只狗；②海水不可斗量；③三个月不到赚了 1000 元。 在这三个句子中，"胡大妈""水"和"三个月"并没有施动，发出"死""量"和"赚"的动作，而只是引出句子的主题；真正的主语在动词之后，甚至隐含不出现。而英语是 SV（主谓结构）语言，因此以上句子的英译分别为：① Two of Aunt Hu's dogs died.（SV）；② The sea cannot be measured with a bushel.（SVA）/Sea water is immeasurable.（SVC）；③ 1000 yuan is earned within three months.（SVA）

2. 汉语中的虚词的文化功能

汉语中存在大量虚词（function words），这也是体现汉语异质性的标志之一。例如，在《离骚》中，除了最常用的"兮"之外，还有"之，以，于，夫，与，其，而，乎，此"等虚词。

## （二）微观文化功能

微观文化意义不关注语法意义，而是关注单词、词组、句子、段落等层面的意义。这也是本节的研究重点。语言的微观文化意义通常由四种方式体现，即象形、映射、折射、暗示。

1. 象形

象形是一个单词形成文化意义的最基本方式，它可以直接描述该单词所指代实体的形象。中国的象形文字就属于这种方式，如古文字"刀""弓""血""鼎"都可以从字形看出实物的原型。但是在现代汉语和英语中，这种体现文化意义的方式已经很少见了。

2. 映射

映射表示不同地域、人种、阶层、职业的文化特征间接反映在语言的不同层面上，从而产生文化色彩。通过映射，文化可以影响语言的发音、词汇、语法等，使得它们具有鲜明的文化特色。

以英语发音为例，美国黑人的音素有着明显的文化特征。例如，在"the，then，that，those，these"这些词中，"th-"的发音接近于辅音 /d/ 而非 / θ /。然而在"with，both，birth，fruth"这些词中，即"th-"位于词尾时，它的发音又近似于 /f/。在美国黑人的发音中，另外一个值得注意的音素是 /r/，它往往被省略掉。如 during 被发成 /duiŋ/，而 star 的发音是 /stah/。社会学家 W.Labov 曾经做过一项著名的关于音素 /r/ 的调查，调查显示，一个人所处的社会阶层越高，/r/ 的发音就越明显。

词汇中的文化色彩也可经由折射反映出来。例如，在 the macaroni club 这个短语中，macaroni（通心粉）源自意大利语，在 18 世纪中期，它被视作昂贵的美食，所以 the macaroni club 也具有了附加的文化含义，指代上流社会的某个群体，翻译成"浮华世界的浪荡公子小圈子"。再如 bog trotter 一词，bog 意为"沼泽"，爱尔兰是一个多沼泽的国家，因此该词被用来指代"爱尔兰人"。类似的，someone straight from the bog 指的是"货真价实的爱尔兰人"。而在短语 march to the beat of a different drummer 中，西方有游行时击鼓的习俗，若有人不跟着鼓的节奏前进，便是一个"不随大溜、不随波逐流"的人。从以上例子可以看出，短语是映射文化色彩的主要语言层面，被映射的短语的文化含义可以通过分析字面意思（literal meaning）得出。

3. 折射

在折射中，语言的文化背景和真实含义之间的距离更加遥远，很多短语已经不能通过字面意思来解释了，而要用到另外一些方法，如推理、延伸、演绎等。例如，在 Paddy wagon 中，Paddy 源自爱尔兰人的名字 Pad rick，而在美国工作的爱尔兰人后裔中，很多人在警察系统工作，所以，Paddy wagon 就有了"囚车"这一微观文化意义。再如，the ghost walks 并不是字面意思所传达的"有钱能使鬼推磨"，这一短语的文化意义来自莎士比亚的《哈姆雷特》。在 19 世纪的曼彻斯特，一个莎士比亚剧团不付给演员工资，演员便计划罢工。在出演《哈姆雷特》中鬼魂现身一幕时，扮演鬼魂的演员喊道："No, I am damned if the ghost walks any more until our salaries are paid."《世界图书词典》（*The World Book Dictionary*）据此给出例句：This is the day the ghost walks（今日发薪）。因此，the ghost walks 通过间接折射获得其文化含义：发放薪金。

不仅英语如此，在汉语中也存在着大量俚语、习语、成语，通过折射获得其微观文化含义。

4. 暗示

通过暗示获得的文化意义最间接隐晦，语言的文化背景和真实含义之间的距离也最遥远。因此，词汇或短语的文化意义往往和字面意义大相径庭。

例如，在英语中存在着很多表达英国人对苏格兰人和爱尔兰人的负面情感的说法，not give a rap 即是一例。rap 是爱尔兰的古代货币单位，面值仅为便士的八分之一，因此被用来指代毫无价值、不值一提的东西。所以该短语可以翻译为"毫不介意"。再如 ballyhoo 一词，源自爱尔兰科克郡的一个村庄名称，该村庄的村民经常酗酒取乐，所以 ballyhoo 被用来指责那些骗子和吹牛者，译为"鬼话连篇"或"自吹自擂"。如果我们不知道这些说法后面的背景故事，就无法正确理解和翻译它们的文化含义。

## 三、跨文化翻译策略

跨文化翻译中的策略有很多，最常见的有图像、模仿、置换、阐释、淡化等。

### （一）图像

图像指通过直接感官来翻译文化含义，包括图片、形式、图案等手段。例如，中国功夫的一招一式都有其独特名称，如果仅凭文字翻译，恐怕还是不能直观展示这些招式的含义；如果辅以图片，则其形象就一目了然。

### （二）模仿

模仿是在翻译时尽量模仿源语的文化含义，即通过直译来保留源语的文化含义。它借助人类共同的通感，在两种语言文化之间起到了互相联系和补充的作用。因为忠于原文，模仿也一直是跨文化翻译的主要手段。比如，太极拳中的基本姿势名称即可通过这一策略来翻译：

虚步 empty step；双手勾 hook hands；提膝 bring up knee；弓步 bow step；金铰剪 gold scissor's winding；盘腿跌 side way falling on a twisted leg；这样，通过模仿翻译，太极拳招式的原汁原味得以最大限度地保留。

但是，在使用模仿策略时，也要注意两条原则。第一，尽可能简洁。通常来说，好的翻译总是简短而准确的，如果模仿翻译造成了冗长累赘的译文，则不宜采用。例如，"湘河甘糖水鱼云裳裙边煨细皮五花"是湖南省的一道菜肴名称，长达 15 个汉字，尽管原名含有浓重的地方特色和文化风味，但在翻译时还是应尽量简洁易懂，如"calipash and calipee"（甲鱼裙边）便是在尽量少牺牲文化含义的前提下的通达译名，因"甲鱼""裙边"本身就很有中国文化特色。第二，注意语言恰当。如果直译译文和源语不协调甚至产生歧义，也是不可接受的。

### （三）置换

置换是一种更开放的体系，有着无尽的可能性，它主要通过改变源语的遣词来达到翻译目的。请看下例：

He that lies down with dogs must get up with fleas

　　a. 与狗在一起睡的人身上必定有跳蚤。　b. 近朱者赤，近墨者黑。

Love me，love my dog.

　　a. 爱我，爱我的狗。　b. 爱屋及乌。

between cup and lip

　　a. 杯唇之间 b. 功败垂成之际

Let them eat cake.

　　a. 让他们吃蛋糕好了。　b. 何不食肉糜？

以上各句中，a 译为模仿，b 译为置换，不难看出，置换译法在此处更合适、自然，也更符合汉语习惯。

## （四）阐释

阐释是通过解释说明的方法来化解源语中的文化障碍，也是"不可译"时的策略。它通常使用句子，而非词或短语，来解释说明文化内涵。例如，中国古代哲学中的"阴"和"阳"，因其概念抽象，可以通过阐释的方法进行翻译：yin：an inactive force derived from the activity which reaches its climax（动极而静，静而生阴）；yang：a force derived from the dynamics of the Great Ultimate brought into action（太极动而生阳）。

阐释不仅可以传达文化内涵，也能帮助消除不同语言之间的文化差异和障碍。再看这首李白的《玉阶怨》：

玉阶生白露，夜久侵罗袜。却下水晶帘，玲珑望秋月。

埃兹拉·庞德（Ezra Pond）在翻译这首诗时，就增加了很多解释的部分（见NOTE）：

The Jewel Stairs' Grievance

The jewelled steps are already quite white with dew，

It is so late that the dew soaks my gauze stockings，

And let down my crystal curtain，

And watch the moon through the clear autumn.

NOTE：Jewel Stairs，therefore a palace.Grievance，therefore there is something to complain of.Gauze stockings，therefore a court lady，not a servant who complains.Clear autumn，therefore she has no excuse on account of weather.Also she has come early，for the dew has not merely whitened the stairs，but has soaked her stockings.The poem is especially prized because she utters no direct reproach.

### （五）淡化

淡化是去掉源语中的文化含义，也是跨文化翻译的终极手段，它被广泛用于习语翻译和文学作品翻译；诚然，淡化会造成一些形象化比喻的缺失，但也是"没有办法的办法"[10]。以下汉语表达就是"比喻性习语 + '办法'"的结构：

蚂蚁搬家的办法（do sth.）in a small way

趁热打铁的办法 lose no time in（doing sth.）

一刀切的办法（do sth.）indiscriminately

打一枪换一个地方的办法 change one's way every time（he/she dose it）

以上翻译采用淡化的策略，固然丧失了源语中形象的比喻，但如果采取模仿"硬翻"，则显得不伦不类；而采用置换，又很难在译出语中找到现成的对应比喻。因此，淡化也不失为减少累赘和别扭感的有效策略。

翻译一定会涉及对宏观文化意义和微观文化意义的理解，通过分析文化意义在翻译中的体现，我们可以找到更多的翻译策略。由于翻译中的文化信息是由人来解读的，翻译策略也是一个开放的体系；对人本的关注，将有助于实现从文化客体的翻译到文化自我的构建，从而使我们更深入地研究翻译中的文化信息，并将翻译提升到审美的高度。

## 第二节  跨文化文学作品翻译的人际功能

优秀的文学作品通过翻译在全世界广泛流传，以飨各国读者，文学作品的翻译也就承载着实现作者和目的语读者之间的跨文化交际的重任。从功能语言学的一个重要的概念——人际意义的角度考察文学翻译作品，可以发现人际意义的成功传译对译文的质量起着决定性的作用。Halliday 的功能语言学将语气和情态作为构成人际意义的主要成分。随着系统功能语言学的发展，人际意义的理论框架得到不断的完善，许多实现人际意义的形式为人们所认识。以系统功能语言学的人际理论为基础，在语气、情态、评价和称谓语四个层面对文学作品翻译中人际意义的跨文化建构问题进行描述和解释，对文学作品的翻译将有所启示。

功能语言学把语言看成是社会符号系统和意义系统，它将语言的功能概括为三大纯理功能：概念功能、人际功能和语篇功能。这三个功能是语言意义的三个方面，在交际

---

10　黄鹂鸣.功能对等视角下英语体育新闻汉译策略研究——以美职篮英语新闻为例 [J].新闻研究导刊，2017，8（08）：280-281.

中同时发挥作用。Halliday 曾指出，他建构功能语法的目的是为语篇分析提供一个理论框架，这个框架可用来分析英语中任何口头语篇或书面语篇，其中也包括译作。其实，翻译也就是在译入语中建构连贯的语篇将原语篇所表达的概念意义和人际意义现实化的过程。虽然概念功能承载了文学作品的主要内容，但人际功能的成功传译无疑对译本的质量起着至关重要的作用，因为文学作品中的人物刻画以及其中复杂的人物关系都体现于语言的人际功能之中。

## 一、人际功能概述

语言除了传递信息、表达概念意义之外，还具有反映交际角色并表达讲话者身份、地位、态度、推断、评价和协商等的人际意义。例如：

Might I ask you if you could recommend a couple of nice books on taboo language?

显然，这句话的内容，亦即概念意义，是请求对方推荐几本关于禁忌语的书。但是"Might I ask you"是用来跟对方礼貌的协商，而不是谈论客观世界中的事情；"could"也并非指"推荐"这一行为本身，而是指说话者对受话者"推荐"的可能性所做的判断和估计；"nice"表达了说话人对禁忌语这一类书的判断或看法。这些都属于人际意义的范畴。除此以外，说话者选择了疑问句来表达人际意义，而不是祈使句或陈述句。这句话的概念意义和人际意义分析如下：

内容（概念意义）：I ask you recommend books on taboo language.

互动（人际意义）：Might I ask you if could nice?

如前所述，这句话的概念意义是请求对方推荐几本关于禁忌语的书，其英语表达形式还有多种选择，在此不一一赘述。选择就是意义。在众多语言潜势中，说话人采用何种表达方式，其中有出于语篇衔接的考虑，但更多的是考虑人际意义表达的需要。因此，人际意义是整体意义中的一个非常重要的方面，在翻译中应尽量传达，使译文读者对原文的语言特征和文化特色有所了解。

在 Halliday 的功能语言学中，语气和情态是人际意义的主要成分。人际意义中的语气系统承担着小句作为交流事件的功能，从而使得语篇具有了对话性，受话者对命题的有效性可以表示接受或提出异议。情态是讲话者对自己所讲的命题的有效性和实施可能性的判断，情态的高、中、低三种量值分别代表命题的不同意义。

随着功能语言学的发展，人际意义的理论框架不断完善，许多实现人际意义的手段为人们所认识，如语气、人称、态度、评论、词汇语域、时态和语调系统。我们讨论人际意义时应该超越小句的限制，不仅把人际意义理解为作者和读者之间的关系，也理解为作者的话语中的多种声音和读者的关系。在文学语篇的翻译中，交际事件不仅涉及作者和读者，还涉及译者和目的语读者的关系，从而建立语篇人际立场的一个重要策略就是巧妙地安排显性的和隐性的评价，从而使译文读者能同意译者对文本的重建。称谓语是小句的剩余部分，可以直接反映讲话者与受话者之间的人际关系。

好的译文应该同时实现原文的概念意义、人际意义和语篇意义。由于语言和文化的差异，有时候译语不可能完全忠实、对等地再现原文的所有意义。鉴于人际意义等值是实现译文与原文总体等值的一个重要方面，本节拟从系统功能语言学出发，研究文学作品的翻译如何通过语气系统、情态系统、称谓语和评价实现人际意义的跨文化建构。

## 二、文学作品翻译中人际功能的传达

### （一）语气系统与人际意义的跨文化建构

功能语法把语气作为人际意义的主要成分。不同的语气分别执行不同的交际功能，表达不同的人际意义。语气作为人际意义的"句法"具有互动的基础，说话人为自己选取了一个言语角色，也为听话人分派一个互补的角色，每一个同步都是通过语气的选择来实现小句的 4 个言语功能——提供、陈述、命令、提问。例如，陈述句通常表示陈述，疑问句用来提问，祈使句表示"命令"，而"提供"则可以通过各种句式来体现，如陈述句、疑问句或祈使句。语气的选择有建构身份的作用，选择因文化差异而呈现动态过程，译者为了正确再现作者本意，可能在翻译中改变原作的语气。例如：

（1）你若不嫌少，就暂且先拿了去吧。

译文：Take this for the time being to make some cloth….

（2）天也晚了，也不虚留你们了，到家里该问好的问个好吧。

译 文：Give your regards to everybody who ought to be remembered when you come back!

（3）Please tell me about it and you can explain what I don't understand.

译文①：我不懂的地方你解释给我听；译文②：我不懂的地方你可以解释嘛！

译者在产出译文之前必须识别原文的语气类型。例（1）和（2）的情景语境是刘姥姥初进荣国府拜见王熙凤。王熙凤对刘姥姥说话时语气是轻软的，态度是热情的。但语气词"吧"的连续使用则有效地体现了双方人际互动中的不同身份，故而霍克思用了祈使句来翻译这两句话，这样译文就执行了王熙凤命令和要求别人按其意愿办事的言语功能。如果译者一味遵从原作的陈述语气（直译），则无法刻画凤姐的冷漠和高傲，也无从体现她高高在上的权势和地位。同样地，例（3）的译文②和原作的语气也不对等。

这是《飘》中女主角 Scarlet 对其准妹夫 Frank 所说的一句话。Scarlet 得知 Frank 事业小有成就之后立即动了勾引他的心思，因此她跟 Frank 说话时总是温言细语，极尽女性的娇柔和妩媚。比较译文①和译文②，很明显可以看出译文①的语气虽然跟原文相符，但显得生硬，还带有命令的口吻，这跟原作是大不相符的。而译文②以感叹句式取代祈使语气，女性身份的娇俏跃然纸上。

### （二）情态系统和人际意义的跨文化建构

情态系统与语气系统一样，也是人际意义的重要组成部分，表达了对命题的"态度"。情态系统是介于肯定和否定两极之间的意义领域，它的高、中、低三个值明晰了交际主体间的人际关系。情态的表达形式有多种，如情态动词 can，may，must，will，would，should 等，副词 certainly，probably，likely 等，形容词 certain，possible，probable 等及其名词化形式 certainty，possibility，probability 等。情态也可由小句来表达，即 Halliday 所称的"隐喻"，如 I'm certain，I think，I'm sure，I suppose 等。所有这些词或小句都带有说话者对信息的倾向和态度，涉及断言、犹豫、承担责任、冷漠及其他一些人际意义的关键方面。

语气属语法范畴，情态则属语义领域。情态的合理使用一方面可以表达说话者的态度，使提议更具商讨性和说服性，另一方面也体现出交际双方的地位和权势。例如：

（4）你总应该知道如何对她讲。

译文①：I am sure you know how to put it to her.

这是戏剧《家》中克明对觉新说的一句话，如直译②：You should always know how to put it to her，似也未尝不可。但译者选择了主观隐喻的方式来表达克明的发号施令。主观隐喻（I am sure）通常把个人观点装扮成客观肯定性和必要性的不同方式，表达高值概率或义务。两个译文都做到了情态值与原文对等，均为高值情态，但译文②仅表达出觉新这个晚辈应尽的义务，没有表明这更是克明作为长辈的中肯的意见。译文①恰恰刻画出克明喜欢支配觉新但又不忘表现其慈爱的惺惺作态，同时更反映出封建家长制长辈至高无上的地位。可见，对情态意义的理解只能结合具体语境加以判断。又如：

（5）繁漪：（反抗地）我不愿意喝这种苦东西。

译文①：（protesting）：I won't touch it-it's too bitter.

责任型情态值的选择往往与身份、地位等权势因素有关。在不平等的地位关系中，只有权势高的说话者才适合用高值责任性情态词，相反，权势较低的说话者则会选用表示倾向的情态或表示抵制的可能性的情态。本句的"不愿意"表达了繁漪对丈夫周朴园让她喝药的温婉的拒绝，属低值情态，而"won't"是中值情态词，对命题反对的色彩更为强烈[11]。情态值的不对等造成译文①人际意义的缺失，因为英语读者不能判断繁漪在封建家庭中从属于丈夫的低下的地位。为了再现原作的人际意义，笔者不揣冒昧，将此句译为②：I do not like it-it's too bitter. 笔者认为，表示倾向的情态"I do not like"更符合繁漪的身份和地位。

## （三）评价系统和人际意义的跨文化建构

评价理论把评价性资源依语义分为三个方面：态度、参与和分级。其中，态度包括情感、判定和鉴别，是核心系统；情感是说话人对现象采取的姿态的最明显的表现；判定系统是依据社会道德和规范来评论人的行为，得出肯定或否定的判断；鉴别是在"社会价值"的子范畴下根据各种社会常规来评价物体、产品和过程，依据的是特定领域内评价的方式和标准。

语言的评价意义与译者的价值取向密切相关，张美芳对此有深入的研究。她的研究从原作者与译者的评价标度是否一致、译者在翻译的过程中应该增加还是删减原著的评价意义等方面进行了概括性的探讨。要成功地再现文学作品的评价意义，实现人际意义的跨文化建构，译者应该对原作的评价资源做相应的增加或改变，例如：

（6）会嫁的嫁儿郎，不会嫁的嫁田庄。

译文：A wise woman marries a good man, while a stupid just property.

对照原文与译文，我们可以发现，对于"儿郎"一词，译者不是简单将其译作"man"，而是译为"good man"。通过增加判断资源"good"，译文更好地传达了原文的人际意义。

当原作者与译者的评价标度不一致的时候，译者应该以自己的评价标度去传达原著中的评价意义。例如：

（7）yet, as it sometimes happens that a person departs his life, who is really deserving of the praises the stone-cutter carves over his bones ; who is a good Christian, a good parent, a good child, a good wife or a good husband ; who actually does have a disconsolate family to mourn his loss ; …（W.M.Thackeray, Vanity Fair）

译文：不过偶尔也有几个死人当得起石匠刻在他们朽骨上的好话。真的是虔诚的教徒、慈爱的父母、孝顺的儿女、贤良的妻子、尽职的丈夫，他们家里人也的确哀思绵绵地追悼他们。

从字面上看，原作者和译者的评价标度是一致的，即都可笼统地理解为"好"字。实际上，原作者心中对这五个理想角色有更具体的评价。如果译者遵循"忠实"的原则，将其译为"好教徒，好父母，好儿女，好妻子，好丈夫"，则大大降低了这五种理想角

11　余炫朴.尤金·奈达的"功能对等"翻译原则在商务英语翻译中的应用考量[J].江西师范大学学报（哲学社会科学版），2014，47（05）：140-144.

色在汉语读者心中的可信度。杨必先生没有拘泥于原作的评价标准，依照自己的评价标准用五个不同的词来评价这五种不同的理想角色：虔诚的教徒、慈爱的父母、孝顺的儿女、贤良的妻子、尽职的丈夫。这样具体的评价使"好教徒、好父母、好儿女、好妻子、好丈夫"的形象更加鲜明，给人的印象也更加深刻。可以说，译文既符合汉语读者的价值取向，也"忠实"于原文的评价意义，不愧是翻译的精品。

### （四）称谓语和人际意义的跨文化建构

"通常在小说中某些特定的词语如称谓语往往具有丰富的内涵意义和一定的民族文化特性"。在中英两种文化系统中，称谓语存在着较大的差异，如英语中亲属关系的相对年龄在语言中没有表现，姻亲的称谓都不做区分，而且这些称谓也不在言语中表现出来。所以，译入语系统中选择合适的表达方式体现源语称谓语的人际功能是译者经常面临的难题。试看下例：

（8）探春忙道："姨娘这话说谁，我竟不解。谁踩姨娘的头，说出来我替姨娘出气"。

译文①："Whom are you accusing，Madam?" asked Tanchun. "I don't understand，who's trampling on your head?If you'll tell me，I'll take your side."

译文②："Who are you complaining about?" said Tanchun. "I really don't understand you.Who's been trampling on you?If you would tell me，perhaps I might be able to stick up for you?"

译文①和译文②有个明显的区别在于对"姨娘"这一称谓的不同处理。译文①用Madam，而译文②直接译成 you。笔者认为，译文①的 Madam 既表明了探春和赵姨娘的母女关系，同时也表达了探春对其生母的尊重。实际上，原作三个"姨娘"连用还有更深刻的内涵：希望赵姨娘顾及身份，注意场合。译文①用一个 Madam，其余则用 you 也没有完全传递原作复用"姨娘"所产生的人际功能。而译文②仅用代词 you 只能表达交际双方的互动，更不能承载"姨娘"在原文文本中的语境含义和交际含义。

运用系统功能语言学中的人际意义理论对文学作品的翻译所作的评论是对人际意义跨文化建构进行系统研究的一种努力。综上所述，充分表明人际意义是文学作品翻译中必须考虑的一个重要因素，也是译者最具挑战的方面。在文学作品的翻译中实现人际意义的绝对等值是不可能的，译者只能采取灵活的措施以实现人际意义的相对等值。

# 第七章　跨文化英语翻译的原则

## 第一节　对立统一和谐理念下的跨文化翻译原则

作为"和谐"理念的核心思想，"和而不同"的"和"与"不同"是对立的统一关系。以"和而不同"作为指导思想，跨文化翻译应尊重原作，尊重原语文化。为此，就要贯彻"忠实第一，创造第二"和"内容第一，形式第二"的翻译原则，采取"异化第一，归化第二"和"直译第一，意译第二"的翻译策略，只有这样，才能更充分、更有效地发挥翻译的文化传播功能。

### 一、对立统一的"和谐"理念与翻译的功能

#### （一）和谐理念与跨文化交际

中国人的和谐理念源自中国古老的"以和为贵"的哲学思想。所谓和谐，是指人与人（包括民族与民族、国家与国家）、人与自然、人与社会、人与自身彼此之间保持友好相待、和睦共处、和谐平和的关系。"和"指的是一致性和统一性，但"统一"绝非"一统"，它是以承认差异为基石的相对统一和求同存异，而非以消灭差异为前提的绝对统一或完全一致；"谐"指的是协调性和均衡性，是指人类社会的诸要素以及矛盾与问题的诸方面相互之间的协调性或适配性，是整个世界发展过程中人与人、人与事物、事物与事物之间的均衡或公平关系。所以，和谐理念是一种对立统一的思想观念。在应对和处理不同民族、不同文化之间的关系时，和谐理念体现或表征为"和而不同"的观念[12]。这个"和"，如上所述，"反映的是一种有差异的平衡或多样性的统一"，而这个"同"，"反映的是无差别的同一或抽象简单的同一"。

#### （二）翻译的功能

翻译，简洁地说，就是语际转换。翻译的目的，首先是要让译语读者能够看懂和了解原语作者的写作意图及其文本语义。因此，翻译的功能首先是将原语文本的语义内容

12　于根元. 应用语言学概论 [M]. 北京：商务印书馆，2003.

准确无误地通过译语文本传递给译语读者，使他们能够正确地理解和把握原语文本的语义内容。这无疑是翻译第一位的、首要的功能。

但是我们千万不可忽略翻译的另一项重要功能，那就是，将原语文本的文化内容准确无误地通过译语文本传递给译语读者，使他们清楚地了解和熟谙原语民族所持有的文化传统。"翻译是文化的翻译。文化传播是翻译的真正价值所在"。众所周知，跨文化交际是世界各国、各民族之间在政治、经济、外交、军事、科技以及文化等众多领域进行相互交往与合作的客观需要；在当今经济全球化的背景下，跨文化交际正发展迅猛，已呈现文化全球化的端倪。为使上述各个领域的交往更加有效，从而达到合作共赢，和谐相处，共同发展，就需要不断深入了解、认同甚至接纳他国民族的文化，包括人文历史、民族特征、心理结构、思维模式、世界观、价值观、情感态度取向、人际交往方式、社会习俗、生活习惯、文化传统等。作为跨文化交际的一种极为重要的形式或手段，翻译当然要在准确地传达原语文本的语义的前提下，让译语读者了解原语文本所承载的异域文化。

## 二、"和而不同"的跨文化翻译原则

跨文化翻译的基本原则为"忠实第一，创造第二"和"内容第一，形式第二"。

### （一）忠实第一，创造第二

的确，翻译在一定的意义上确实是译者所进行的一种再创造工作。但是，这个"创造"是相对的、有条件的，是以忠实传达原语语义和文化内涵为前提的，因为"翻译的目的是使一种语言的读者通过本国文字了解他国文化，即译者通过译语向译语读者介绍原语文化"。换言之，就是要千方百计力求"让不懂原文的人通过译文知道、了解甚至欣赏原文的思想内容及其文体风格"。这里的"思想内容"当然既包括原语文本的语义内容，也包括原语文本的文化内容；而在此基础上再去传达原语文本的文体风格，就是更高层次的目标和要求了。"而要实现这一目的，就必须追求目标语文本与原语文本之间的意义之相当、语义之相近、文体之相仿、风格之相称"。这就决定了我们必须把"忠实"作为翻译的首要原则。

"'和而不同'的翻译态度要求翻译过程中尊重原作，尊重原语文化，同时也不妄自菲薄，使各自的文化在对话过程中保留个性"。尊重原作、尊重原语文化就意味着在翻译过程中要尽最大可能去忠实于原语文本，而不是随意删改、改造或"改写"原作。诚然，绝对的"忠实"是不存在的，绝对的忠实势必导致硬译、死译，这是翻译之大忌。这里所说的"忠实"，主要是指真实、准确地表达原文的语义内容、文化内容及其韵味，即"意似"和"神似"，而非刻意地追求"形似"，即语言表达形式的雷同。当然，在真正做到"意似"和"神似"的前提下兼顾"形似"，则是译者理想的追求。由于语言表达方式的差异以及"文化缺位""概念缺位"的存在，拘泥于绝对忠实的翻译有时候是无法以恰当的译语再现原语的语义内容特别是文化内容的，此时采取适当、得体的"创造"也是必要的。尤其对于文学翻译，这种"创造"特别是以提高审美价值为目标的"艺术加工"不可缺少的。说翻译是对原作的再创造，指的就是译者通过自己的创造性工作把原作的精髓用另一种语言完美地再现出来。但我们切不可走向极端，以"创造"为名，放任自己的思想随意驰骋，凭空想象地"改写"乃至歪曲原意，或摒弃其文化内涵。总之，创造始终是第二位的，忠实才是第一位的，创造必须以忠实为前提。这就是"忠实"与"创造"之间的对立统一关系。

例 1：人怕出名猪怕壮。

参考译文：Bad for a man to be famed；bad for a pig to grow fat.

此译文是杨译本《红楼梦》第 83 回里对这个汉语俗语的翻译。此俗语意指人一旦出名日子就会很难过，因为出名后将会面临更大的挑战、更多的困难或矛盾、更苛刻的要求，甚至会引来忌恨或指责等，有如猪长肥壮后就会面临被宰杀的厄运一样。注重异化策略的杨译本贯彻了忠实的原则，贴切地表达了原语的文化内涵。而强调归化译法的《红楼梦》霍译本则将该俗语译为"Fattest pigs make the choicest bacon；famous men are for the taking"。这个译文显然是"创造"过度了，与原语几乎是南辕北辙，其根本原因是没有真正把握原语的文化内涵。

## （二）内容第一，形式第二

所谓内容，显然是指原语语言本身所蕴含的语义、文化及情感等内涵；所谓形式，则是指原语"内容"借以表达的语言外壳，包括原作的文本体裁、语句篇章结构、修辞手段等。在跨文化翻译中忠实地传递原语文化的客观要求，就使得我们必须将是否能最大限度、最为准确地用译语表达原语的语义内容，特别是文化内容作为判断翻译质量高低的重要标准。所以，必须将内容的翻译处理、准确传递放在第一位。当然，如果能兼顾原语文本的形式，则会更有利于传达原语的文体风格。当维持原作形式无法有效地表达原作内容时，则宁可牺牲形式以追求内容的准确，务必不要拘泥于原作形式；"形式"是附属于"内容"、为"内容"服务的，因此切不可为追求形式而损害内容。两者间的对立统一关系可概括为"内容第一、形式第二"的原则，这是对"忠实第一，创造第二"的最好诠释。

例 2 ：Let me not to the marriage of true minds/Admit impediments...

参考译文：我不承认两颗真诚相爱的心 / 会有什么阻止其结合的障碍……

这是曹明伦对于莎士比亚第 116 首十四行诗的第一个句子给出的译文。这个译文无疑较好地表达了原语的内在含义。而其他许多译本大多译成"我决不承认两颗真心的结合 / 会有任何障碍"，其形式虽与原文更为统一，表达也很流畅，但这里的"障碍"指的是什么却不甚了了。难道有人认为真心的结合会有什么障碍吗？抑或是指双方父母因不赞同婚事而做出的阻挠？其实，这源自西方的婚礼文化，是主持婚礼的牧师在婚礼仪式上分别对新郎新娘提出的质询词，问他们是否存在任何使两人不能合法结合的障碍（例如，未到合法结婚年龄或重婚等）。故而，曹的译文更为清晰、明确地传递了原语的语义及其文化内涵，较好地体现了"内容第一，形式第二"的原则。可见，进行跨文化翻译时，应首先注重语义内容和文化内容的准确表达，而将语言形式放在第二位，必要时可以适当地调整结构，改换句型，增删字词，转换词义等。

例 3 ：裁衣不用剪子——胡扯。

参考译文：Cutting out garments without the use of the scissors—only by tearing the cloth recklessly/talking nonsense.

此译文贯彻了"内容第一、形式第二"的原则，较好地再现了原语中蕴含的中国文化。众所周知，各类习语中往往蕴含极其丰富的文化内涵。汉语中的歇后语就是典型例子，它是汉语所特有的语言表达形式，承载着鲜明的中国传统文化，却经常形成英语中的"文化缺位"或"概念缺位"。如果只注重形式的一致，就很难准确地传递其真正内涵，例如，此句歇后语，若将它译为"Cutting out garments without the use of the scissors—talking nonsense"，则其前后两部分缺乏直接的语义衔接和逻辑联系，不了解汉语"胡扯"双关之义的英语读者肯定不会知道"裁衣不用剪"与"胡说八道"有什么内在联系，因而会感到困惑不解。而"only by tearing the cloth recklessly/talking nonsense"这种"直译加意译"的译法则传递了汉语使用前半句隐喻所产生的双关语义，英语读者就能明白，"only by tearing the cloth recklessly（胡扯）"在原语即汉语中另外还有"胡说"的语义。这是翻译不能一味拘泥于语言形式的一个典型译例。

## 三、"和而不同"的跨文化翻译策略

翻译策略指的是在特定的翻译原则指导下所采取的具体翻译方法或手段。说到翻译策略，就不能不提到"异化"和"归化"，翻译中到底应该采取异化策略还是归化策略？这是一对矛盾；同样，翻译中应该采用"直译"还是"意译"？这是与前者既相似又不尽相同的又一对矛盾。这两个问题长期以来一直争论不休。但是，以跨文化交际的视角，从翻译的文化传播功能出发，以"和而不同"的观念作为跨文化翻译的指导思想，这两个问题就不难找到答案。依据上述"和而不同"的翻译理念，正确的跨文化翻译策略应该是"异化第一，归化第二"和"直译第一，意译第二"。它们两两之间也显然是既对立又统一的关系。

## （一）异化第一，归化第二

"和而不同"的跨文化翻译理念和翻译的文化传播功能在客观上要求翻译工作者尊重原语文化。"翻译的根本任务是准确恰当地表述原语文化的差异性，使其为译语文化所认可和吸收，进而促进异质文化之间的交流、互补与融合。"为此，翻译者就应主要采用异化策略，这样才能更好地完成上述任务。鉴于此，含有隐喻的英语习语"to shed crocodile tears（掉鳄鱼眼泪）"和"to kill two birds with one stone（一石二鸟）"没有必要采用归化译法译成"猫哭老鼠"和"一箭双雕"。同样，汉语俗语"吃着碗里的，看着锅里的"中的"碗（bowl）"和"锅（pan）"也没有必要译为具有浓厚西方色彩的"dish"和"saucepan"。有国内学者曾经从功能派的视角对《红楼梦》中咏蟹诗的霍译和杨译两个版本做过比较，认为采用归化译法的霍氏译文不如采用异化译法的杨氏译文，前者使"译入语读者品尝'异国风情'的权利在无形中被剥夺了"，而后者虽然不如前者流畅，但"其异化的策略在上下文中很好地体现了作者意图，因而从功能的角度是更成功的翻译"。原作者特别是文学作品的作者经常会采用富含语用含义的表达方式，翻译处理时采取"异化翻译"而不是"过度诠释"，往往更易于发挥源语文本的文学效果，从而更好地彰显原文作者的写作意图，使译语读者能够准确地领悟和欣赏原汁原味的异域文化和写作风格。由此可见，跨文化翻译应注重文化内容的再现，主要采取"异化翻译"的策略；同时可在必要时添加适当的补译或脚注给以相应的补充阐释，这恐怕是最为适宜的方式。奈达在谈及译文的调整原则时也曾这样说过："如果源语文本有意模糊，则保留模糊，采用脚注的形式对模糊的作用加以解释"[13]。这儿的"有意模糊"正是文学文本刻意追求"形式美"的典型手法。"保留模糊"既可达到形式上的完美对等，又可有效地"保存原语文化风味与核心价值观"，"把原文所承载的有关异域历史背景、民族传统、社会习俗等文化信息如实地传达给译语读者"，"借以缓和文化冲突，促进文化多元化"，还能"使得本族语言得到极大的丰富"。毕竟，传播异族文化是文学翻译的重要功能之一。

但是，"绝对的归化和异化的翻译是不存在的。绝对的归化'以我为中心'，随意删改或改造原作，置翻译的文化传播功能于不顾，那翻译存在的必要就要受到质疑；绝对的异化，又会遭到译文读者的排斥"。因此，在翻译实践中须视具体情况采用异化和归

13　何自然 . 语用学十二讲 [M]. 上海：华东师范大学出版社，2011.

化的策略：应尽一切可能采用异化策略将原语文本所蕴含的文化内容充分传达出来，而当采用异化策略无法让译语读者准确理解的时候，则可适当地采用归化策略。

### （二）直译第一，意译第二

翻译中的直译和意译表面上与上述异化和归化似乎很相似，其实却有所不同。异化和归化主要考虑的是原语文化在翻译中的处理策略问题，即原语文化内容的处理方式：是原封不动保留原语文化的特色还是采用相应或类似的译语文化加以替代？而直译和意译则涉及原语文本的语义内容和文化内容的语际转换问题，即原语语言形式的处理方式。两者有交叉，但并非完全等同：异化翻译主要采用直译方法，但并非不能用意译方法翻译；归化翻译则主要采用意译，但在某些部分也不完全排斥直译。

忠实再现原语文本语义内容和文化内容的最佳翻译方法莫过于直译。当然，也不存在绝对的直译，那同样会导致死译、硬译。当直译无法有效地传递原语的语义内容和文化内容时，适当地采取意译肯定是必不可少的。同样，也不存在绝对的意译，那样就会导致胡译、乱译，不仅不能传递原语所蕴含的文化内容，而且会严重歪曲原语的语义内容。综上所述，在进行跨文化翻译时，显然应将直译摆在首位，在此基础上适当运用意译，这就是"直译第一，意译第二"的内涵。

## 四、"和而不同"的跨文化翻译策略的运用

翻译是不同民族语言之间的语际转换，而语言是文化的载体，因此从广义上可以说，几乎所有的翻译都属于跨文化翻译的范畴。如前所述，将对立统一的"和而不同"的和谐理念应用于跨文化翻译中，就要求我们将文化传播摆在十分重要的位置，就有必要采取同样呈对立统一关系的"异化第一，归化第二"和"直译第一，意译第二"的翻译策略。在具体的翻译实践中，通常可有如下四种处理方式：

### （一）直译

当直译不足以让译语读者理解原语文本的语义内容特别是文化内容时，直译当然应为首选。

例4：When the cat's away the mice will play.

参考译文：猫儿不在，老鼠翻天。

此句译文显然不属于地道的汉语表达方式，其含义近似汉语的俗语"大王不在，小鬼跳梁"，与后者具有异曲同工之妙，却反映了英国人和中国人不同的思维方式：在表达相同意蕴时采用了不同的文化隐喻。倘若将这句英语谚语意译为后者，语义虽无不妥，却失去了原语的文化意蕴。

### （二）直译加意译

有时候，单靠直译也无法将原语的全部文化内涵表达出来，或者直译虽然传递了原语的文化内涵，却难以让译语读者理解。此时，可以在直译后再将其内韵意译出来，如前面的例3。此处再举一例：

例5：捡了芝麻，丢了西瓜。

参　考　译　文：Picking up the sesame seeds while overlooking the water melons：concentrating on minor matters while neglecting the major ones.

此句汉语俗语在译成英语时，如果仅仅采取直译，英语读者就难以读懂，因为在英国文化中从不会使芝麻和西瓜发生勾连，因而他们不能理解这两者之间到底有什么内在联系。加上后半句的意译之后，就使得前半句隐喻的真正内涵得以揭示。

### （三）直译加注

这是指翻译时直接从原语中将文化意象移植到译语中，然后给以必要的注释。这样做既可忠实地保留原语文化特色，又可让译语读者正确地解读和领会。英语和汉语中的各类习语蕴含着丰富的文化意象，因此，这些习语的翻译就要特别注意避免简单意译的倾向，经常需要采用直译加注的方式。例如：

例6：姜太公钓鱼，愿者上钩。

参考译文：Like Jiang Taigong fishing they have cast the line for the fish who want to be caught.

在文后加注：Note：Jiang Taigong lived in the Zhou Dynasty.According to a legend，he once fished in the Weishui River，holding a rod without hood or bait three feet above the water，and saying "The fish that destined to be caught will come up."

这是一个含有十足的中华文化色彩的俗语，翻译时采取直译虽然可以有效地保持中华文化，却难以让译语读者完全领略其文化内涵，所以有必要在直译的基础上加注。在出版物中，所加的注既可以脚注形式放置在该页底部，又可以注释的形式放置在篇章的尾部。这种直译加注法的优点在于"不仅保留了源语文化意象，而且也传递出源语文化信息。这不仅能使文学创作重要手段之一的意象在译语中真实再现，也能让读者通过真实再现整体地理解源语文化氛围以及文化意象在其中的民族特色和艺术效果。这无疑对跨文化交际和外国文学作品的鉴赏具有重要意义"。

### （四）意译

有时候，由于文化的巨大差异，采取直译无法准确传递原意，甚至会造成误读。此时，"归化"的策略和"意译"的手段就是很有必要的了。但需要强调的是，这个"意译"

不仅仅是要注重语义内容的流畅表达，而且是要重视文化内涵的准确传递。前文的例2就是一个很好的范例。此处也再举一例：

例7：In the country of the blind the one-eyed man is king.

参考译文：莫道个人多不幸，世有更加不幸人。

此句若直译为"盲人国里，独眼称王"，似乎也没有什么不妥。但是，却容易产生歧义，让人误解为"山中无老虎，猴子成霸王"之义。其实，其本意是说：比起盲人来，独眼人就算是很幸运的人了。因此，为避免文化的误读，对这个英语谚语采用意译策略为好。

在经济全球化以及伴随而来的跨文化交际蓬勃发展、世界各国之间的民族矛盾和利益冲突层出不穷的时代，打造和谐社会、和谐世界已成为人类社会可持续发展的客观要求，和谐理念已日渐深入人心。"和而不同"是和谐理念的核心价值观，也是不同国家、民族之间进行跨文化交际的指导思想和行动指南；跨文化翻译作为跨文化交际的重要途径，必须尊重原语，尊重民族文化，充分发挥翻译的文化传播功能。为此，在从事跨文化翻译之时，贯彻"忠实第一，创造第二""内容第一，形式第二"的原则，采用"异化第一，归化第二""直译第一，意译第二"的策略必然是我们明智的抉择。

## 第二节　跨文化交际视角下中医隐喻翻译原则

中医文化是我国传统文化的精髓，中医文化有一个重要的特点，就是"取象比类"，而取象比类在现代语言中就是隐喻。隐喻作为一种普遍存在的认知现象，不但存在于语言中，在日常生活的思维与行动中也无处不在。中医是中华传统文化的精髓，中医语言是中医文化的高度浓缩，它包含了大量的中医基础理论与中医实践经验，其内容复杂难懂，各种专业中医名词层出不穷。中医翻译处于萌芽阶段，根据中医独特的理论体系、深奥的词句、复杂多变的隐喻现象，不断增加中医翻译的难度。由于没有相应的翻译标准可借鉴，导致国内外中医翻译的作品参差不齐，缺乏系统化。

中医是中国上下五千年的智慧结晶，是中国五千年历史中人们与疾病顽强斗争的丰富的实践经验与充实的理论基础。随着中国在国际中的地位越来越高，中医作为我国的非物质文化遗产，逐渐在世界的舞台上发光发热，受到国内外各方人士的追捧。随着中医迈向国际化，单纯的汉语言已不能满足世界人民的需求，中医需要被翻译为各种文字。通过对中医文化国际的传播隐喻翻译原则探究，在跨文化交际的视角下，推动中医文化的传播事业，促进中医文化面向世界。但是由于中医术语中有大量的隐喻，翻译过程异常困难。

## 一、跨文化交际视角下中医的隐喻性特征

所谓隐喻简单点来说就是语言概念的转换，或者说是建立在两个意义所反映的现实现象之间的某种相似的基础上的引申方式。隐喻的表达通常都存在于我们表达的语言思维当中，它作为一种普遍存在于我们语言与思维中的修辞手法，通过感知对事物的暗示，联想到事物的相关信息，理解事物的本质，将人的语言、心理、文化做出深入的剖析。人性的思维是场奇妙之旅，而隐喻的表达方式是中心泉眼，通过这类方式来进行我们的身心交流，于此达到我们想要的结果与目的。中医最大的语言是隐喻现象，同时也是跨文化交际下中医翻译的一个难关。而中医语言上的隐喻有着"取象比类"的特殊性质。我们常见的隐喻有着方位隐喻、实体隐喻、人像隐喻这三种类型。方位隐喻是中医隐喻翻译中最简单的隐喻，它与一般的方位词大致相同，但数量上比一般的方位词还要少。实体隐喻是将中医的一些症状用生活中的一些物质进行贴切的形容。人像隐喻是将中医的一些关系与功能和人与人之间的关系进行生动的联系，以此解释人体部位的关系与功能。

## 二、跨文化交际视角下中医的翻译现状

### （一）中医语言复杂

中医语言主要是传统的文言文构成，语言概念十分模糊，富有隐喻性，语言描述得十分抽象，具有一定的哲理性，这些原因都使得中医语言难以被理解。这些深奥难懂的语句，让翻译的难度加大。首先，中医的译语较为混乱。除了少数的翻译比较精准之外，其他的术语翻译相对的没有统一性。翻译著作的混乱，令我们难以理解其中的意思[14]。其次，翻译的词语意思较为冗长。通常来说，我们的中医语言翻译成英文时，是过于冗长的，通常一个词的意思可以翻译出很多词汇来，那么这样的话不但语句过于冗长，还会给人混乱的感觉。造成这样的原因可能是译者本身对这些名词缺乏专业的认知，在翻译的时候当作解释来理解。再次，词语表达的意思不明确。我们民族的用语是非常博大精深的，在中医语言翻译中，有些词语在特定语境的情况下，它所展现的含义是不一样的，这就需要翻译者的细心和耐心。但往往在译英文的时候，可能会由于译者的不仔细，译文中所要表达的意思和原文不同，这样的话令读者看得云里雾里。这是译者本身对中医理论基础方面无法真正理解所导致的。

---

14　于根元.二十世纪的中国语言应用研究 [M].太原：书海出版社，1966.

### （二）中医隐喻文化英译存在困难

人类的语言与文化是息息相关的，文化是语言的地基，而语言是文化的楼层。语言和文化是相辅相成的，要想让隐喻文化走向世界，优质的翻译就变得尤其重要。相同形态下所产生的文化，大家都能理解，中医方由于在意识心理、思维方式、价值走向、风俗习惯、社会形态都存在差异，都会导致翻译现状存在极大的困难。而隐喻文化的翻译又存在非常多的问题，使得目前的处境极为艰难。我们知道，隐喻语言是将我们平常所熟练的事物来阐述运用表现到陌生的理念当中，使得隐喻文化的语言变得生动文雅，要想让它走入世界的视线，必须保证它的科技地位。因此在中译英的过程当中译者要灵活运用各种策略来保持隐喻文化的科学性，获得最佳的结果。

### （三）缺乏高层人才

翻译作为桥梁，就必须得有高素质的专业人才，但目前我国的翻译人才的现实情况不容乐观，我们的需求和翻译人才悬殊极大，人才的缺乏已经发展成为我国中医文化的瓶颈，翻译者的错译和乱译现象非常严重，这阻碍了我国中医文化的发展步伐。在中医翻译的领域中，翻译者的中医基础环节较为薄弱，使得翻译著作的信息可能失去了真实性。而专业的中医人才的外语水平有限，使得中医翻译陷入困境。上述这些条件的限制，更表明要想让中医隐喻文化走向世界，需要众多的翻译人才来完成。俗话说"聚少成多"，培养大批优秀的翻译人才是不可避免的。机会与挑战并存，翻译者应把握机遇，顺势而为，把中医隐喻的文化传播出去，也是一项重大的使命。

## 三、跨文化交际视角下中医的隐喻翻译原则

### （一）接受性原则

翻译是文化沟通的传播者，是搭建中西方文化之间的桥梁。简单点说，翻译是把一种文化的思想转化成那种可以让读者理解、可以接受的并且以通俗易懂的形式表达出来的文化。要想让读者去接受你所要表达的信息，要站在读者的角度去考虑问题，站在读者的立场去思考，你所表述的是否能让读者明白，你所阐述的文化观点会不会适应这个文化传播的世界，能否得到文化传播世界群体的认可，达到你想要的预期的效果。这些问题的思考方向是翻译里比较注重的环节，因为只有真的清晰认知到这些问题，你才能更好地传递出正确的信息。中医翻译者要实现传播中医文化的使命，就是要让读者准确接收有效的信息，注重读者的心理需求，契合读者的思维观念，让中医的文化传播行之有效。

### （二）增补性原则

增补从字面上都可以理解为是和词汇量有关的增加和补充。不说中医语言上的书籍了，我们平常有些文献都需要我们进行修补，以此达到相对完美的程度。通常我们看到医学上的书籍，有些书写模式的概念是比较模糊的，具体描述的事物比较抽象化，这无疑让翻译的难度加大，绞尽脑汁去理解，颇为头疼，再加上中医疾病方面的有些诊断书籍具有特殊性，使得原本的难度又上升了。这种词汇的缺失历来是翻译的难点，而词汇的增加和补充就显得尤为重要，因为它关系到翻译质量的优劣，会影响到译者传播隐喻文化的正确性。

### （三）变通性原则

一词多义是见怪不怪的现象。通常在一篇文章里词涵盖的意思是多种多样的，而非一种固定的意思。翻译时一词存在文章的意义通常都需要"承上启下"分析它所表达的具体意义。译者在翻译时要摆脱掉它本身原有字句的意思，不要被其思想禁锢，要懂得融会贯通，绝对不能一蹴而就，要灵活理解其深刻的含义。因为对于一词多义的理解，对所表达的词语含义就会影响到你所表达的整体观念。

### （四）对应性原则

中医的整体概念是相辅相成的，就好比你中有我，我中有你。中医隐喻翻译中词语对应和意义对等一样。虽然意义对等在翻译中占据主导地位，但词语对等在翻译中也具有它的存在性。词语对等有时候所表现的只是一种现象，有时也是文章最后的结果，但通过这样的形式所表达的也是文章的内容。意义对等虽是翻译中所想所得的结果，但是在此期间，它一定会出现词语对等里面的各种特殊词汇。对应性原则可以有利于翻译者传递较为准确的信息，快速地掌握其中的含义。有利于译者掌握它的原本信息，使得信息保持完整，有利于提高作品的质量，限制乱译的现象发生。当然这一切的前提是以不影响信息的再现为基础所使用的原则。

### （五）含蓄性原则

做人要含蓄低调，同样做事也是如此，我们不能用自己的语言文化去灌输给别国，这样做不但不能让别人理解，反而会起反作用。须知翻译的任务是彼此之间相互沟通理解，而不是用你的言语去误导。译者要让一种文化传播到另外一个地方，它是需要时间和理解的事情，需要把握好尺度，了解读者的需求，多换位思考，含蓄一点，这样才更有利于文化的传播。反之则会平添故障，让别国误解误会我们，产生不良影响。所以译者在翻译中应力求简单明朗，减少陈腔俗调，准确表达所要传递的信息。

### （六）自然性原则

中西方的医学体系虽然是完全不同的两种概念，但是总会有相类似的词汇概念存在，译者在翻译时应该选择最贴切最自然的译语来概括，这样不但具有它的科学性质，还能保证它的自然性。不可因为中方的独特而反对西方的专业概念。

### （七）简洁性原则

上述所说，我们表明中医语言的一大特色就是简单明了，译者也应该是要保持一样的情况才是，但是现实情况并不是如此。我国中医翻译词大多采用的是意译法，比较喜欢解释，啰里啰嗦一大堆词汇，让看到的人都眼冒金星，译语的信息精准度也大大降低，可以参照原文词的语义实词数除以译文词的实词数来精确它的信息度。

### （八）民族性原则

中医与其他的不同类别的医学虽然也有相同的功能，但是由于中医的独特性能，使得它在运用其他方面医学上有很多不同之处，就文化的特性而言，中医具有强烈鲜明的民族性。在中西方相互借鉴的情况下，中医语言运用到西方的医学上是非常有限度的，只能有相对少部分的词汇，大部分都是压根儿寻找不到的。这就体现在民族性当中。

### （九）规定性原则

当一个词的内涵在中西方医学上趋向于对等的时候，我们使用这个词进行规定，使它不能有别的解释，这样做的主要目的是让中西方医学上的译语的内涵和原语达到一个相对完整的概念对等，使约束变成习惯。

改革开放的到来和综合国力的提高，促使我国经济、政治和文化方面的交流频繁，而交流意味着文化的传播，文化的传播需要借助于翻译作为桥梁。传播文化是我们面向世界的窗口，也是发展我国的重要途径。目前来说，中医的翻译没有统一的标准，缺乏相关的理论材料，许多著作的研究还没有得到实证。而中医中深厚的语言基础又为中译英带来了困难。因此，在中医隐喻翻译下，需要遵循接受性原则、增补性原则、变通性原则、对应性原则、含蓄性原则、自然性原则、简洁性原则、民族性原则、规定性原则等原则，这样才能更好地传播中医。

# 第三节　跨文化交流中外事翻译的原则

外事翻译主要是向对方传达国家、政府的政治立场和态度，因而是一项十分重要又非常严肃的工作。为了正确传达思想，译员在外事翻译中要特别保持高度的政治敏锐性，注重翻译的政治性和时代性。

随着改革开放的不断深入，国际国内形势的变化，对外贸易、科技、军事等的交流日益扩大。因此，外事翻译必不可少。外事翻译的主要任务是担任我国领导人出访或外国领导人来访时双方或多方谈判、会谈、交谈时的现场翻译，在各种场合的讲话或参观访问时的介绍等即席翻译。作为一名翻译，在参与对外活动的过程中，不仅要有坚定的政治立场，更应该注意时刻保持高度的政治敏锐性。译员如何培养高度的政治敏感性呢？有以下三种途径可以提供参考。

## 一、培养高度的政治敏感性

### （一）增强爱国情感，坚定政治立场

外事翻译工作是一项政治性、原则性都很强的工作，不但涉及外交关系，还涉及维护国家主权和利益。所以，一定要始终保持强烈的爱国热情，具有坚定正确的政治方向，以维护国家主权尊严和声誉。

### （二）及时掌握国际国内形势变化，认真分析政治热点问题

外事翻译人员要坚持用宽广的眼界观察世界，提高科学判断国际形势和进行战略思维的水平，做到审时度势、因势利导、内外兼顾、趋利避害，这是外事翻译人员应当具备的一种重要能力。

### （三）正式场合与非正式场合均要保持敏感性

外事翻译代表着国家的对外形象，它有着不同于其他翻译的特定要求，正如周恩来总理曾说过的"外交人员是不穿军装的解放军"。外事翻译者要有坚定的政治立场，有着符合国家和政策的原则，在翻译时反映国家的立场、政策和态度，不能具有丝毫的随意性。

## 二、外事翻译的原则

### （一）政治性

外事翻译是政治性的翻译，译文除了要严格忠实于原文以外，在选择词语和句式时，要仔细推敲，准确表达原文的立场和态度。也就是说，政治翻译要做到文字和思想的统一。对于重要的词特别是涉及领土主权、重大国家利益的词语，要保持清醒的头脑，掌握好分寸。不仅要译出词的字面意思，而且要表达出原文的深刻内涵[15]。

例如：中央政府不干预香港特别行政区的事务。

---

15 　廖七一. 当代英国翻译理论 [M]. 武汉：湖北教育出版社，2001.

The Central Government has refrained from intervening in the affairs of the HKSAR.

"refrained from intervening" 意思是克制自己不去干预。而事实是中央政府从不干预也不想干预香港特别行政区的事务，所以改译如下：The Central Government has never intervened in the affairs of the HKSAR.

经验证明，关起门来搞建设是不能成功的，中国的发展离不开世界。

Our experience shows that China cannot rebuild itself with the door closed to the outside world and that it cannot develop without the help of other nations.

译文用了 help 一词，语气有些重了，不符合原文口气，这与我们强调的"自力更生"原则相矛盾，改译为：Our experience shows that China cannot rebuild itself with the door closed to the outside world and that it cannot develop in isolation from the rest of the world.

## （二）时代性

随着时代的发展，有些词语的意思已经发生了变化。所以，在翻译有关历史事件或时过境迁的事情时，翻译人员对于一些不合时宜的词要及时纠正。与此同时，中国正在发生世界瞩目的变化，因此带有中国特色的词汇不断出现，在英文里找不到相应的词和词组。机构和部门名称、文章或古文、诗词和对联，常常要求在有限的时间内译出。翻译乃一刀两刃，可以强国，亦可弱国。因此，国家的翻译政策也是非常值得关注的。

1. 旧词新用法

例如：原文：进一步落实党的政策，坚持和完善民族区域自治制度，发展平等、团结、互助的民族关系。

译　文：We need to make future efforts to implement the Party's policy on ethnic affairs, adhere to and build on the system of regional autonomy of ethnic minorities and develop socialist ethnic relationship characterized by equality, unity and mutual assistance.

"民族"一词，20 世纪 50 年代至 80 年代初期一直沿用苏联的用法，把"民族"译成"nationality"。因此就有了"中国各族人民 the Chinese people of all nationalities""各少数民族 the minority nationalities""党的民族政策 the Party's nationalities policy""多民族的国家 the multination state"的译法。

实际上 nationality 的含义在第二次世界大战后已经有了变化，该词不再指少数民族的"民族"，而更多的是指"国籍"。在国外人类学的文献中"民族"一词的表述是"ethnic group or community"。Nationality 除了指"国籍"和"民族"外，还有"国民"和"国家"的意思，有时可与 nation 通用。如果将"民族"译为 nationality，很容易引起误解。上句则是根据这个考虑，将"民族"的翻译做了相应改动。但并不意味着所有的"民族"

都译为 ethnic group，而要根据具体的上下文进行判断。如果指的是整个中华民族的团结，就应译为 national unity or unity of the Chinese nation；如果指的是各民族之间的团结，则应译为 unity among ethnic groups。

2. 具有中国特色的词汇

例如：原文：我们应该把依法治国和以德治国结合起来。

译　文：We need to govern the country by combining the rule of law and the rule of virtue.

"以德治国"是新的提法，英译文应与中文一样言简意赅，形式上也应与"依法治国"对称，因此采用"the rule of virtue"的译法。

3. 古诗词多对联的翻译

如果文中出现古语、诗词和对联，首先要领会它的内涵，同时在表达时还要考虑语句的对称，甚至于是否押韵。

2010 年 3 月 14 日温总理记者招待会上的现场女翻译因为准确无误地翻译了温总理即兴引用的古诗文而轰动一时。

原文：亦余心之所向兮，虽九死其尤未悔。

张璐译文：For the ideal that I hold dear to my heart，I'd not regret a thousand times to die.

译文直译：我遵照我内心的想法，即使要死千万次我也不会后悔。

"九死"翻译成 thousand times（上千次），很地道。"上千次"极大地表现了原文的意思。

对于古诗词的翻译，要求翻译人员不仅有娴熟的英语翻译技巧，还要有深厚的中文底子。要让国外人士读来上口，听来顺耳，达到"三美"，即"音美、形美、意美"（the three beauties：beauty in sound，beauty in form and beauty in meaning）的效果。

作为 21 世纪的强势语言与文化，我们期盼中华文化的翻译政策是自信但不自大，理解自己文化的优缺点，一方面是有计划地对外输出本国文化，塑造良好的国际形象，努力和异文化沟通交流；一方面同时理解自己的短处，借翻译截长补短，引进异文化与科技，丰富本地文化。因此，保持开放的心胸，维护多种语言和多元文化，尊重不同的声音，是外事翻译应该努力的方向。

# 第四节　翻译中的合作原则

　　会话成功与否在于会话的参与者是否遵守合作原则，即会话准则。翻译这种跨文化交际与合作原则关系密切，在翻译过程中，译者必须注意遵守原文作者和目标文化的合作原则，努力促使跨文化交际成功实现。

　　翻译（translation）是语言活动的重要组成部分，是指把一种语言或语言变体的内容变为另外一种语言或语言变体的过程或结果，或者说把一种语言材料构成的文本用另一种语言准确而完整地再现出来。孙致礼在《新编英汉翻译教程》中对翻译这样定义：翻译是把一种语言表达的意义用另外一种语言传达出来，达到沟通思想情感、传播文化知识、促进社会文明，特别是推动译语文化繁荣昌盛的目的。

　　翻译有两个需要，即理解的需要和表达的需要。一位法国译者说："翻译就是理解和使人理解。"[16] 翻译的过程就是译者理解原文，并把这种理解恰当地传递给读者的过程。理解是表达的基础，表达是理解的目的和结果。表达是翻译过程的第二步，是实现原语到译语信息转换的关键。表达取决于对原语的理解程度和译者驾驭译语的能力。中西社会文化的差异必然造成中西方人在逻辑思维和语言表达上的巨大差异，为此，译者在翻译过程中必须充分考虑译文读者的知识面貌、文化背景、思维习惯和阅读习惯，即应遵循一定的原则，帮助译文读者尽可能轻松顺利地阅读、理解、接受译文的表达方式、内容实质乃至精神内涵，即原文的核心意义。

　　"合作原则"—指语用学的"合作原则"，—指译者与他的交际对象之间的合作原则。语言哲学家格莱斯提出的"合作原则"是语用学的理论核心，包含四种"会话准则（量的准则、质的准则、关系准则、方式准则）"，是判断话语是否遵守交际原则的基础。遵守的，话语意在言内；故意不遵守的，便产生"蕴含"，话语意在言外。

## 一、翻译与合作原则

　　合作原则与翻译的关系密切。语用学认为，交际行为要求交际参与者的合作，即要求话语的发出者必须使自己的话语能被接受者听懂，那么他就必须对自己和接受者的共有知识做出判断，并在交际过程中不断地调整说话的策略。翻译是一个双重的交际行为：译者作为读者与原文交际；译者作为二度作者与假想目标读者交际。在这个双重交际过程中，作为接受者/读者，译者必须尽可能理解作者对合作原则的遵守和违反；而作为

---

16　苗兴伟，秦洪武．英汉语篇语用学研究 [M]．上海：上海外语教育出版社，2010．

发出者／二度作者，译者必须从理解翻译的角度努力让目标读者尽可能领略到原作者和他假想读者之间的"会话"。同时，他必须对目标文化的合作原则了然于心，并据此对原文的语用策略做出积极的反应，使译文既能准确地反映出原文话语和语境之间的关系，又不至于使这种反映超越目标文化的语言容忍限度。翻译的美在于译者对格莱斯所提出的"合作原则"即四种会话准则的操纵，在对这些准则的遵守和违反的交际行为中，创造翻译之美。

## 二、量的准则

格莱斯对量的准则的定义是：说出的话要尽可能包含所需的信息（符合当下的交际目的）；说出的话不要包含超过所需的信息量[17]。对于一个译者而言，这个准则可以解读为：译出的话要尽可能包含原文的信息（符合当下的交际目的）；译出的话不要包含超过原文的信息量。

就翻译而言，译者作为作者的代言人，理应遵守的是作者对合作原则的操纵方式，译文的信息量在原则上应该是不多不少，既不做超额翻译，又不做欠额翻译。但由于语言和文化差异的客观存在，特别是为了满足特定交际目的的需要，译者必须采取一些变通的手段。从目的论的角度出发，无论作者怎么处置原文，只要达到了译者的目的，就算是成功的。在一定的目的的促动下，对原文信息的增删有时会起到美化原文的作用，甚至让译文获得远远超过它在源语文化中的名声。如：

But I ought to forgive you, for you knew not what you did : *while rending my heart-strings, you thought you were only uprooting my bad propensities.*

译文 1：但是，我还是原谅你，因为你并不知道你干了什么。（长春版《简·爱》）此译文把斜体部分都删除了，这样的欠额翻译是消极的，使得童年简·爱和她舅妈之间的矛盾失去了一个总结性的归纳，是不值得肯定和提倡的。

译文 2：但我应当原谅你，因为你并不明白自己干了些什么，明明是在割断我的心弦，却以为无非是根除我的恶习。（译林版《简·爱》）此译文将斜体部分翻译出来，一语道破了简·爱和她舅妈之间的矛盾所在。

## 三、质的准则

格莱斯对质的准则的定义是：尽量要让你说的话是真实的，尤其是不要说你认为是错的话，不要说没有确切根据的话[18]。这个质的准则，其实就是说真话的准则。但译者不

17　何兆熊 . 新编语用学概要 [M]. 上海：上海外语教育出版社，2000.
18　高晓芳 . 英语语用学 [M]. 武汉：华中师范大学出版社，2008.

同于日常会话中的说话人，严格地说，译者代表的不是他自己，而是原文的作者，代表原作者与目标读者进行交际。用质的准则来要求译者，即要求他不要说他"认为是错的话"，或者是"没有确切依据的话"。然而，在具体的翻译实践中，经常发现译者明知有错，却将错就错，如林纾的翻译，因为当时规划的翻译策略有其文化和认知两个方面的理据。在翻译中遵循质的标准，实际上就是要求译者首先有较强的理解能力，从而把原文的真实如实地告诉读者。这是大多数译者的共同目标，也是一个良好的愿望，与译者的翻译能力直接关联。如：

November，December and half of January passed away.Christmas and the New Year had been celebrated at Gatshead with the usual festival cheer.

译文：十一月、十二月和半个正月都过去了。圣诞节和新年，在盖茨海德和往年一样，欢欢喜喜庆祝过了。（上海译文版《简·爱》）在英国的文化语境中植入"正月"，意味着把整个小说的时间体系调整到农历上。在同一部译作的另一个地方将 January 翻译成"一月"，整个小说的时间体系就被打乱了，违背了连贯的原则：语篇内连贯的失衡导致语篇外连贯的困惑。再如：

And the final stage，we could say，is the "home" stage where people begin to feel at home，enjoy living in that foreign country.

译文：最后一个阶段，我们可以说，是"如归故里"阶段，人们开始不再有陌生感，开始享受在那个世界的生活。此译文明显的失误就是把 country 译成"世界"。这句的主题内容是说在异国他乡的生活感受，主题展开的方式是把"异国"与"故里"做比较，突出的是不同国家之间的文化冲突。这里把 country 译成"世界"，使得"异国"与"故里"的冲突性对比变得模糊，此变通是没有根据的，因为这里不存在翻译困难[19]。

翻译中存在三种违反质的准则的现象：消极的故意违反（没有积极的目的做理据，是不负责任的明知故犯，应坚决反对）、积极的故意违反（有积极的目的做理据，它的社会语用价值可以从社会学和历史学的角度来评价）、无意违反（是所有译者都不愿意做的，应努力克服）。作为一般的翻译原则，我们主张翻译要尊重作者，尊重读者，要以质取胜，不仅指表达的高质量，还指真实地体现原文的实质。

## 四、关系准则

格莱斯对关系准则的定义是：要注意关联。每一个语篇成分都是被它所处的语境以某种关联的方式所定义的[20]。翻译中，译者需要使每个语篇成分的意义与所有的语境发生

19　王克非、张美芳.《翻译与翻译过程：理论与实践》导读 [M]. 北京：外语教学与研究出版社，2001.
20　刘晓民、刘金龙. 大学英语翻译教学：问题与对策 [J]. 山东外语教学，2013，34（05）：69-73.

关联互动，达到语境连贯的效果。如下面片段中的谚语：

...For you，please?

Mr.Bloom pointed quickly.To catch up and walk behind her if she went slowly，behind her moving hams.Pleasant to see first things in the morning.Hurry up，damn it.Make hay while the sun shines.She stood outside the shop in sunlight and sauntered lazily to the right.

译文："……您呢，要点儿什么？"

布卡姆先生赶紧指了指。要是他走得慢的话，还能追上去，跟在她那颤抖的火腿般的臀部后面走。大清早头一宗就饱了眼福。快点儿。太阳好，就晒草。她在店外的阳光下站了一会儿，就懒洋洋地朝右踱去。（译林版《尤利西斯》）

"Make hay while the sun shines"相当于汉语的成语"趁热打铁"。这个谚语与其所处的语境之间的关系是一目了然的，表现了"布卡姆先生"急于要与那位姑娘搭讪套近乎的心情。但"太阳好，就晒草"没有把原文的关联性充分地表现出来，没有充分凸显谚语所包含的"趁机""抓紧时机"的语义内涵和人物急迫的心情。人民文艺版《尤利西斯》"晒草得趁着太阳好呀"凸显了"趁"的语义轴心，似乎较为合理地沟通了这个句子与语境之间流畅的关联性。

## 五、方式准则

格莱斯对方式准则的定义是：要注意简洁，即语言表达要避免晦涩，要避免歧义，要简练，要有条理[21]。对于翻译而言，方式原则首先要求译者真实地体现原文对方式原则的把握尺度。译者的任务就是要尽可能真实地反映原文对方式准则的遵守和故意违反，原则上不应用简练来译啰嗦，也不能以啰嗦来译简练，以免破坏原文的文体价值。因此，翻译的方式准则应理解为：表达要清晰（如果原文如此的话），即语言表达要避免晦涩（如果原文如此的话），要避免歧义（如果原文如此的话），要简练（如果原文如此的话），要有条理（如果原文如此的话）。如下面两则译例：

所指定货物若能够办到，请速示知，以便即刻通告各方。

译文 1：In the event of your being able to execute the order at all，please advise us to that effect as specially as possible，so that we may acquire our correspondents with equal promptitude. 该翻译没有遵循简洁的原则，使用了斜体部分的表达方式，致使收信人难以理解其真实意图，故改译为：

译文 2：If you can complete the order，inform us as soon as possible please so that

---

21  肖丽.母语负迁移在英语翻译教育实践中存在的现象及解决策略[J].内蒙古师范大学学报（教育科学版），2016，29（9）：130-132.

we can let our correspondents have the information at the earliest time.

同理，下面的英文应如此翻译：

We note with pleasure that you are sending us samples of imitation Fancy Earl Necklaces and Earrings，on receipt of which we shall examine some along with the price-list you have furnished us with，and if your designs are quite acceptable to our clients and price competitive，we shall immediately pass on our orders. 获悉贵公司向鄙公司寄来仿珠宝首饰、耳饰样品，甚喜。样品到后，我们将查看样品并对照已收到的价格表。如我公司客户接受贵公司的产品设计，同时贵公司的价格具有竞争性，鄙公司将立即订货。

在翻译中，把明晰译成含糊是对方式准则的违反，而把含糊译成明晰同样是对方式准则的违反。如果不是文学作品，那么语言表达一般都是遵守方式准则的。翻译时，译者应根据原文的语篇类型及其交际目的，用目标语中具有同等交际价值和文体价值的方式来体现原文。在翻译这种跨文化交际中，方式准则中的"要避免歧义"要特别引起注意，不能因为追求字面意义或语音对应而引发歧义。

语篇对方式准则是遵守还是违反往往会形成不同的文体特征，具有不同的语用和文体价值。在翻译中，译者应在保留原文信息内容不变的情况下，尽量保留原文对方式准则的遵守或违反，重构原文的整体效果。

翻译是一种交际行为。译者一方面作为接受者与原文交际，或者说通过原文与作者交际，另一方面作为发出者或作者与译文读者交际，因此译者的交际原则同样具有两重性。作为接受者，他要假定作者是遵循总的合作原则的，无论对四项会话准则是遵守还是违反，都得在这个总的原则之下，即在解读原文时，要试图从作者的视角看待语言表达的千变万化，并在翻译中尽可能地把这种变化再现出来，而不是用一成不变的语言风格应对这种千变万化。另外，译者又要与译文读者交际，这时他也是一个作者，要考虑与译文读者的交际关系，把对原文的解读用译文读者可以接受的方式传达给他们，这是他这一翻译行为真正的交际目的，因此译者的合作原则是有底线的，是读者取向的，是向着读者的。在明知某一表达方式直译后读者不可能接受的情况下，译者如果再坚持，就是对读者采取了不合作的态度。

语言表达可以"破常示异"，甚至可以走向极端，但不能超过那个极端。任何语言的任何范畴都是有其变异的限度的，蕴涵之所以成为蕴涵，是因为读者可以利用自身的知识推导出其中的言外之力；如果原文某一蕴涵被翻译过来后，译文读者无法推导出其言外之力，那么这个交际行为是失败的。为此，对译者的一个建议是：译文初稿完成后，在投入使用之前，最好能多方征求意见，并认真对待所有的反馈意见。

# 第五节　新闻报刊翻译原则

新闻报刊翻译是一种跨国家、跨语言、跨文化的翻译活动。它的对象是目的语国家或地区的读者或观众，其目的是让他们了解新闻事件，懂得出发语新闻报道的观点，因此应该对新闻报刊翻译的原则加以研究。

## 一、信息传递

对于新闻翻译来说，应该遵循目的论所提出来的"功能＋忠诚"这一根本原则，针对新闻翻译，其功能是在译文环境中按照预定的方式运作，也就是新闻的根本作用是传递信息，而忠诚关联原文、原文作者、译者、译文，还有译文读者之间的关系，原文作者撰写新闻的目的是什么，原文的效果又是怎样的，译者在读到新闻后怎么理解原文新闻，又是怎样翻译的，达到的翻译效果是什么样的，译文的读者是怎样接收新闻信息的，这都是关乎忠诚的重要环节。

新闻翻译的责任重大，新闻的目的就是传递信息，如果信息传递错误，就会引起很大麻烦，尤其是对于外文的新闻传递，如果翻译错误，校对、编辑没有发现译文错误，就会把错误的信息传递出去，这样就会使译文受众收到错误信息，引起很大麻烦，并且会降低本国媒体的可信度，这样的后果是不堪设想的。由此可见，新闻翻译的责任很大，我们不但要对本国新闻媒体负责，更要对译文的受众负责，只有这样才能保障新闻译文的质量。

## 二、信息可信度

新闻受众是非常在意新闻消息的可信度的，珍视它的真实性，这是新闻消息传播的根本前提。一般情况下，新闻翻译是不同于其他文体翻译的，尤其是不同于我们常见的文学翻译，作为文学翻译的译者，在翻译的过程中要对原著心存敬意，并要忠实于原著，无论是前言还是各章节，都要最大限度地遵循原著的节奏。但是，新闻译者的随意性更强，他可以根据受众的需要对原文信息进行重新塑造、编辑、合成、转化等，其中包括可以根据受众的情况更改标题、重新组织导语、加大新闻文化背景的知识，甚至可以重新编排各段落的顺序，来方便译文受众的理解，所以这种翻译过程改变了原著作者和译者在传统翻译过程中的关系，是一种忠诚的关系。虽然译者可以对原文进行一定程度的主观改变，但是这样的改变是有前提的，不可以歪曲原文的意图，还是以传递准确信息为宗旨。

### 三、跨文化信息对等

新闻的翻译过程不是信息的简单传递，也不是简单的字面上的对等翻译，它包括在翻译过程中的信息对等功能，是一种很大程度上的跨文化交际。比如，各个国家的国情不同，无论从国家体制到社会习俗，从社会生活到生活细节，新闻翻译工作者都要熟悉，这些内容是在翻译过程中时时会遇到的。我们在读原文新闻的时候经常会读到"foreign minister"，读到之后的第一个反应是"外交部部长"，然而美国要翻译成"国务卿"，英国要翻译成"外交大臣"，日本要翻译成"外相"，由此可见，对于不同的需要，要按照不同的标准对译文进行翻译风格调整，选择不同的词语[22]。在新闻翻译的过程当中，会有潜在的价值体系体现在译文当中。与此同时，还要考虑到新闻的功能性，也就是说，新闻的译文对于异国的受众来说依旧是新闻。

新闻报道者对新闻的报道是有不同角度、立场和出发点的，其对事件的理解和评价会受到其文化意识形态的影响，所以在信息传达的内容之外还有其政治内涵的传递，因此这就要求新闻译者熟悉事件所在国的政治、经济、文化等，才能正确识别原稿件的政治含义，准确把握某些词汇在特定语境中的含义和本民族文化含义的共性和差异，把它们准确而又恰当地反映出来。

国际新闻中信息内容多种多样，它们的社会功能也各不相同。因此，国际新闻翻译人员在选择翻译信息时必须是多层次的，不仅要满足所在媒体的编辑方针和意识形态立场，而且还要认识到原文和译文在文化上的差异，这样才能确保新闻译文的真实性和可信度，在内容和功能上尽量获得不同层次受众的认可。

## 第六节 跨文化交际的商业广告翻译创造性原则

广告翻译与跨文化交际密切相关。本节从跨文化交际角度看商业广告翻译中的创造性原则，从理论和实际方面说明创造性原则的必要性，采用文本分析和对比分析的方法着重探讨了创造性原则在商业广告翻译中的具体运用。

"广告"即广而告之，最早源于拉丁语 advertere，指"唤起大众对某种事物的注意，并诱导于一定方向所使用的一种手段"。商业广告翻译是一种跨文化交际活动，并有着

---

22 高梅.项目课程模式下商务英语翻译教学改革 [J].价值工程，2016，35（31）：144-146.

明确的商业目的。商业广告译文本身也是广告，它必须具有广告特征和属性。而广告译文能否为目标语消费者所接受必然涉及目标语文化。目标语文化是广告翻译中不得不慎重考虑和尊重的因素。完全依靠传统的直译或意译并不能很好地指导广告翻译。由于各民族各地区的文化、风俗习惯、审美情趣、价值观等的差异，再加上一些概念很难在另一种不同的文化中找到对等物，在这种情况下创造性原则为跨文化交际下的广告翻译提供了新的思路。何谓创译原则？"顾名思义，就是指基本脱离了翻译范畴而重新创造的过程。创译原则指导下翻译往往具有创意性，译者可以根据需要，灵活变通，甚至打破译文同原文在词义、语义和风格上要对等起来的限制，通过'意译''扩译'等策略和手段进行翻译创作，这在广告翻译中是屡见不鲜的"。在使用创造性原则时必须把握度。有的广告语可以翻译，有的需要语义的延伸，有的需要一定的删减。

## 一、创造性原则的必要性

广告关系到公司的市场战略、产品推广和企业形象。"一则成功的广告应达到AIDMA 法则的要求，即注意（attention）、兴趣（Interest）、欲望（Desire）、记忆（Memory）、行动（Action）"。而商务广告译本也是一则广告，也影响着这些法则，以求在目标语文化中实现广告的效果。在这类翻译中，根据奈达的动态对等理论，"人们并不那么关注接受语信息和源语信息的一致，而更关注动态的关系，即接受者和信息之间的关系应该和源语接受者和原文信息之间关系相同"。纽马克的交际理论也强调"译者试图在目标语读者身上，产生与原文在源语读者身上所产生的相同的效果"[23]。因此，商业广告的翻译不应局限于对文本的忠实，而是考虑目标语消费者的接受效果。为实现良好的接受效果，有必要对商业广告进行创造性翻译。奈达的"动态对等"和纽马克的"交际理论"为创造性原则提供了理论依据。在实际方面，由于源语与目标语消费者在民族文化、风俗习惯、历史背景、价值观、审美观等不同，为迎合目标语消费者心理，有必要对源广告进行创造性翻译。总之，从跨文化角度看，广告翻译的过程不是单纯的复制过程，而是根据受众所在的民族文化、风俗习惯等实际需要进行"改造"与"再创造的"过程。以上从理论和实际两方面说明了创造性原则的必要性。

## 二、创造性原则在商业广告翻译中的运用

商业广告翻译是一门艺术，是一种带有明确商业目的的跨文化交际活动。适当的创造性翻译，能使广告译本充满目标语民族特色，迎合目标语消费者的文化审美情趣，并

---

23　陶冉冉 大学英语翻译教学存在的问题及对策 [J]. 吕梁教育学院学报，2016，33（3）：67-68.

最终使该产品成功地在异国他乡推广。请看下面一则关于中国茶的广告：

本品采用鄂州梁子湖鲜嫩芽茶叶精制而成，色绿香高，味醇形美，能清肝明目，养颜健体，减肥益气，生津化痰，是老少皆宜、可四季常服的最佳饮料。

这则广告中，诸如"清肝明目，养颜健体，减肥益气，生津化痰"这些中医理论本来就是中国独有的东西，一般的外国消费者很难理解这些中医理论。若按原文将这些功效忠实地翻译出来，可为"improving eyesight and removing heat from the liver, keeping beauty and fitness, helping lose weight and benefit qi, producing saliva and dissolving sputum."这样翻译出来的弊端是：第一，译文很长，违背了广告的简洁性原则。广告越长，目标受众注意力分散的可能性越大。第二，广告的受众为普通大众。对于没有接触中医理论的人来说，他们很难理解这种茶的功效，很可能对这些效果不知所云[24]。第三，作为一种茶饮料，它的药用价值很难得到验证。为迎合国外消费者的文化心理，更好地让他们接受这种茶饮料，有必要对这则广告进行创造性翻译。以下为这则广告的参考翻译：The Liangzihu Lake Green Tea is sourced from the finest leaves and produced in the strictest procedures.It comes alive with emerald green color, enchanting aroma and soothing rounded taste.Several cups a day will keep you refreshed and energetic from all day's work, and save you many of the consults with the doctor.

此翻译没有字对字地把原文全部翻译出来，也不是采用完全意译，而是创造性的翻译，突出此饮料能补充能量，使人神清气爽。译文的最后一句说免去跑医生之苦，也说明了该饮料强身健体的作用。原文的最后一句"是老少皆宜、可四季常服的最佳饮料"在译文中完全没体现出来。这是结合跨文化交际因素有意而为之。东西方的价值观不一样，西方崇尚个人主义，而中国强调集体主义。在西方，诸如"special for you"，"meet your special needs"等广告语很流行。在国内，像"大家好，才是真的好""用了都说好""老少皆宜"这类随大众的广告语很普遍。在广告翻译中，有些译者往往忽视了东西方价值观上的差异，在对外广告中也极力推崇"男女老少皆宜""大家都喜欢用"等诸如下面这些明显具有中国特色的词："Be loved by all, suitable for men, women, and children"。其结果是，这样的广告词由于没有能突出产品的"uniqueness"，只能给消费者带来怀疑与观望，而不会让他们立即去购买，因为他们会觉得这种广告言过其实，不可相信。在翻译本段广告时，根据东西方不同的价值观及购买心理，对原文做了一些处理，删去了最后一句。运用创造性原则，译文简单明了地说明了该饮料的功效，迎合了国内外大众消费者的需求。这样的创造性翻译考虑了跨文化交际，增强了该广告的表现

---

24　文军，等.当代翻译理论著作评介 [M].成都：四川人民出版社，2002.

力，更能引起目标语受众的注意力。

类似的例子还有畅销中国的红罐凉茶——王老吉，其广告语"怕上火，喝王老吉"早已传遍大江南北，成为家喻户晓的一句话。"上火"一词也是中医的理论，在翻译这句广告时也必须考虑到文化差异。中医认为人和周围的环境有一种特殊的联系，上火是中医术语，意为人体阴阳失衡，内火旺盛。所谓的"火"是形容身体内某些热性的症状。而大多数崇尚西医的外国人就很难理解这种说法了。对于这句话的翻译值得探讨，网上提供了几种翻译。第一，Afraid of heat，drink Wanglaoji! 第二，Afraid of getting inflamed，drink wanglaoji! 第三，A bottle of Wanglaoji keeps peeve away. 前两句的翻译很简洁，但对于中医上火的概念始终不是很贴切。第三句的翻译考虑到了目标语的习惯，套用了"An apple a day keeps doctors away"的句式。这句翻译进行了一定程度的创造性翻译。这样的广告语更容易被国外消费者记住。这里只是提供一个参考翻译，我们期待有更好的翻译。遇到跨文化交际的广告语，适当的创造性原则能取得更好的宣传效果，并促进消费者的购买行为。

再看两则英文广告的中文翻译，比如 Maxwell 咖啡的广告语"Good to the last drop"。中文的四字结构简单精练，寓意深长。该广告考虑到中文的四字习惯，创造性地翻译成"滴滴香浓，意犹未尽"。看到这样的广告，巧妙地传达了原文的精髓，极易让人产生联想，调动人的味觉，喝上一口回味无穷，谁不想尝尝鲜呢？

另一则广告语 what we do，we do best. 这句广告语不是翻译成"我们做一行，做得最好"之类的，而是突出产品的优良品质，创造性地翻译成"我有我品质"。这句广告语简洁有力，充满个性与霸气，让消费者更愿意亲自体验一下该产品。以上四则广告的翻译很好地运用了创造性原则。

商业广告翻译是一种带有明确商业目的的跨文化交际。根据"动态对等"和"交际理论"，广告翻译是为了在受众群实现良好的广告效果，而不是对源广告语信息的忠实传递。由于源语与目标语在民族文化、风俗习惯、历史背景、思维方式、价值观、审美观等方面存在差异，再加上有些东西很难在目标语中找到对等物，创造性原则成为商业广告翻译的必要原则。在充分理解目标受众的语言文化、心理特征的前提下，把握好创造性原则的度，这样的广告翻译才能真正达到广告的效果，为目标消费者所接受，并最终推进产品的销售。

# 第八章　跨文化英语翻译的技巧和方法

## 第一节　词汇层面上的翻译技巧和方法

翻译技巧无外乎从感性认识着手，向理性认识发展，再到准确、完整地表达原文的思想，以求达到一种质的飞跃。犹如绘画艺术，从粗线条的勾画开始，侧重于形状结构，到按比例的局部透视，着重于塑造形象，再到从整体考虑，去完美地展现人物性格特征。实际上每一次翻译、创作过程都在不知不觉地运用翻译、创作的一些基本技巧。这些基本技巧决定了翻译或创作的质量，例如，创作过程要正确处理明暗、虚实关系，翻译过程要十分清楚突出什么，抑制什么，方能相当细腻、多层次地反映原作的精神风貌、理论精髓。

### 一、英汉词汇比较

英汉两种语言渊源不同，又是在不同的历史和社会条件下发展起来的，所以两者之间存在着很大的差异，体现在词汇及其意义方面的差异也是非常明显的，如在词汇的构成及其形态变化、词汇的功能、词汇顺序、词义、词义的对应性等方面都存在着差异，研究这些差异对两种语言的转换具有非常重要的意义。

#### （一）英汉词形的差异

在英语中，名词、动词、形容词、副词等都会随着不同的人称、时态、语态、程度等发生词形上的变化。词形上的变化可以表明英语句子中各成分间的关系；而在汉语中就没有这些变化。在汉语中，词义、词序和隐含的逻辑关系常用来表达语言的意思。如"These students are working very hard in their English studies"，这句话用汉语说就是"这些学生在英语学习方面非常努力"。可以看到，英语中的"student"有单复数变化，在词尾加"S"表示复数；而汉语中的"学生"这个词本身并没有单复数变化，其复数概念是通过加限定成分"这些""那些"或在"学生"后加"们"字来表示的。还有"She speaks English very well"这句话；用汉语说就是"她英语相当好"。英语中的"speak"

是动词，它要随着主语的人称和数来变化，这里加了"s"，表示此句的时态是"一般现在时"。汉语动词并不受主语人称和数的限制，不管主语是谁，一律用原词，词形不发生任何变化。又如"He once told me that Professor Li would taught here for thirty years by this winter"，用汉语说就是"他曾对我说，到今年冬天李教授在这里教书就要满三十年了"。从这个例句中可以看到，英语动词有时态变化，表示过去的用"过去时"，表示将来的用"将来时"，表示将来某时完成的用"将来完成时"等。汉语动词则根本没有变化，其时间概念是通过使用时间副词来表示的。

英语的动词还有语态的变化，如果讲述的是事实，就用真实语气；如果是虚拟的事实，就用虚拟语气表示。汉语没有虚拟语气，表达虚拟语气也要通过借助相关的词语。如"If I had not been so busy last night, would have gone to the station to send him off."这句话，用汉语说，就是"我昨晚要是不那么忙的话，就去车站为他送行了"。

英语的许多可用于比较的形容词和副词有比较级和最高级这类词形变化，汉语则没有。在表达同类意思时，汉语常常使用"比"字表示比较级，使用"最"字表示最高级。如"This one is better than that one"，用汉语说就是"这个比那个好"。"He runs fastest in his class"，用汉语说就是"他在班里跑得最快"。

### （二）英汉词序的差异

英汉两种语言在词语顺序方面也有差异，这主要是由叙事习惯决定的。在英语中，物主代词往往置于所代表的名词前，人称代词也常出现在主句前面的从句中。然而，在汉语中，则总是先出现名词，后出现代词。如：

例 6-1：His sympathy for the Chinese revolution and his friendship for the Chinese people gained Edgar Snow many enemies.

按照汉语的叙事习惯，这句话的意思就是：埃德加·斯诺对中国革命的同情和对中国人民的友谊使很多人对他产生敌视态度。

有时词序的变化是由英汉不同的句子结构决定的，如：

例 6-2：The smaller the thing, the less the pull of gravity on it and it less the weight.
物体越小，地心引力对它的吸力就越小，重量也就越轻。

例 6-3：Computers Can key a wide range of records, including who sold what, when and to who.
计算机可以做大范围的记录，包括何人于何时向何人售出了何物。

## 二、词义的选择、引申和褒贬

### （一）词义的选择

在翻译过程中，首先碰到的问题是词义。英语中一词多义，汉语中一字多义，这是常见的语言现象。英国伦敦语言学派创始人弗思指出"Each word when used in a new context is a new word"。这充分体现了英语词汇的灵活性。

因此，正确选择词义成为翻译过程中极其重要的一步。

请看英语词汇"run"在下列词组中的含义：

Run away——跑开    run down——撞倒

run out——用完    run a race——参加赛跑

run to seed——变得不修边幅

由此可见"run"一词的含义极其丰富，除了本义"跑步"外，还有许多意思。

再请看"way"在下列句子中的含义：

Which way do you usually go to town？

你进城一般走哪条路线？

The arrow is pointing the wrong way.

这个箭头指错了方向。

She showed met he way to do it.

她向我示范做这件事的方法。

I don't like the way he looks at me.

我不喜欢他那种样子看着我。

Success is still a long way off.

离成功还远着呢。

We must not give way to their demands.

我们决不能对他们的要求让步。

汉语词汇也是如此，下面请看关于"上"的例子：

上班——go to work

上当——be taken in

上课——attend class

上年纪——be getting on in years

上市——come on the market

再请看"轻"在下列句子中的含义：

这件大衣很轻，但非常暖和。

This coat is light but very warm.

易碎品——小心轻放

Fragile——handle with care

他年纪虽轻，但做事非常负责。

He is young at age but very responsible in work.

不要轻看自己。

Don't be little yourself.

不要轻易做出选择。

Don't make choices so easily.

今天我有些轻微的头疼。

I've got a slight headache today.

不难看出，翻译中选义的难易程度有多方面的因素在起作用，除了语言工具书可以帮助翻译，更重要的是还要借助具体的语境。

## （二）词义的引申

所谓词义的引申，指的是在一个词所具有的基本词义的基础上，进一步加以引申，选择比较恰当的汉语来表达，使原文的思想表达得更加准确，译文更加流畅。

词义引申主要使用词义转译、词义抽象化、词义具体化等方法实现。

1. 词义转译

有些词照搬词典翻译，会使译文晦涩、含混，甚至造成误解。这时就应根据句、文逻辑关系引申转译。如：

（1）heavy 的基本词义是重，heavy crop 引申为大丰收，heavy current 引申为强电流，heavy traffic 引申为交通拥挤等。

（2）sharp 的基本词义是锋利的、尖锐的，sharp eyes 引申为敏锐的目光，sharp image 引申为清晰的形象，sharp voice 引申为刺耳的声音，sharp temper 引申为易怒的脾气等。

2. 词义抽象化

英语中常常用一个表示具体形象的词来表示一种属性、一个事物或一种概念。翻译这类词时，一般可将其词义作抽象化的引申，译文才能流畅、自然。如：

（1）Every life has its roses and thorns. 每个人的生活都有苦有甜。（roses 和 thorns 抽

象化后引申为"甜"和"苦")

（2）We have to cut through all of the red tape to expand to the French market. 我们必须克服所有的繁文缛节，开拓法国市场。（red tape 抽象化后引申为"繁文缛节"）

（3）Mary stands head and shoulder above her classmates in playing tennis. 玛丽打网球的水平在班里可以说是"鹤立鸡群"。（head and shoulder 抽象化后引申为"鹤立鸡群"）

3. 词义具体化

英语中许多词意义较笼统、抽象，根据汉语表达习惯，引申为意义较明确、具体的词。这样，译文表达清晰、流畅，更加形象生动。如：

（1）The car in front of me stalled and I miss the green. 我前头的那辆车停住了，我错过了绿灯。（green 具体化后引申为"绿灯"）

（2）The big house on the hill is my ambition. 山上的那间大屋是我渴望得到的东西。（ambition 具体化后引申为"渴望得到的东西"）

### （三）词义的褒贬

为了忠实于原文，仅查看词典是不够的[25]。译者还必须正确理解原文背景，了解其思想内容乃至政治观点等，然后选用适当的语言手段来加以表达。原文中有些词本身就含有褒义和贬义，译者在翻译时要相应地将其表达出来，但有些词孤立起来看是中性的，而放在上下文中揣摩则可增添其褒贬色彩，译者在翻译时也应恰如其分地将其表达出来。英语中有些词不具有褒贬色彩，但根据语言表达的需要，翻译时要译出褒义或贬义以达到更加忠实原文的目的。

（1）reputation：

① I'm very lucky to attend this college with an excellent reputation.

被录取到这所享有盛誉的学校，我很幸运。（褒义）

② He was a man of integrity，but unfortunately he had a certain reputation.

他是一个正直真实的人，但不幸有某种坏名声。（贬义）

（2）ambition：

① My sister worked so hard that she achieved her great ambitions.

我姐姐如此努力工作，最终实现了自己的理想。（褒义）

② Ambition dominated their lives.

他们的生活受野心驱使。（贬义）

---

25　白银菊.英文翻译中的词类转换研究 [J].鄂州大学学报，2018，25（04）：90-92.

（3）demanding：

① This old professor has been persisting in his demanding research job.

这位老教授一直都不懈努力地追求着他的研究课题。（褒义）

② As a demanding boss，he expected total loyalty and dedication from his employees.

他是个苛刻的老板，要求手下的人对他忠心耿耿，鞠躬尽瘁。（贬义）

# 三、词类的转换

在翻译实践中，要做到既忠实于原文，又符合译文的语言规范，就不能机械地按原文词类"对号入座"，逐字硬译，而需要适当改变一些词类，即把原文中属于某种词类的词在译文中转译成另一种词类。这就是现在要讨论的词类的转换。

词类转换在英译汉和汉译英时都是非常重要的手段之一，运用得当，可使译文通顺流畅，符合英汉习惯。现将英译汉以及汉译英时最常见的词类转换介绍如下：

## （一）英语名词的转换

英语中名词使用的概率较汉语高，而且词义相当灵活，翻译时要从其基本意义出发，根据汉语习惯，联系上下文加以词类转换等灵活处理。通常英语名词可转译成汉语动词、形容词或副词。

1. 英语名词转译成汉语动词

（1）由动词派生的英语名词常常转译成汉语动词。例如，Her decision to retire surprised us all. 她决定退休，我们大为惊讶。

（2）具有动词意义的英语名词常常转译成汉语动词。例如，she would go to the park for a walk. 每天早晨，她都要去公园散步。

（3）表示身份或职业的英语名词常常转换成汉语动词。例如，She was a winner in this competition with her amazing performance. 凭着出色的表演，她赢得了这场比赛。

2. 英语名词转译成汉语形容词

（1）由形容词派生的英语名词可转译成汉语形容词。例如，She is a real beauty. 她非常漂亮。

（2）一些加不定冠词做表语或做定语的英语名词可转译成汉语形容词。例如，His promotion was a success. 这次促销活动是成功的。

3. 英语名词转译成汉语副词

英语中有些抽象意义的名词可以转译成汉语副词。例如，It is our pleasure to note that China has made great progress in economy. 我们很高兴地看到，中国的经济已经有了很大的发展。

### （二）英语形容词的转换

英语形容词可转译成汉语动词、副词或名词。

1.英语形容词转译成汉语动词

英语中有些表示知觉、欲望等心理状态的形容词做表语时，可以转译成汉语动词。例如，Doctors said that they were not sure they could save her life. 医生们说他们不敢肯定能救得了她的命。

2.英语形容词转译成汉语副词

英语名词译成汉语动词时，修饰名词的形容词常常转译成汉语副词。例如，I like having brief naps in the noon. 我喜欢在中午短短地睡上一小会儿。

3.英语形容词转译成汉语名词

（1）表示特征或性质的英语形容词可转译成汉语名词。例如，The more carbon the steel contains, the harder and stronger it is. 钢中含碳量越多，其越硬越强。

（2）有些英语形容词前加上定冠词表示某一类人时，可转译成汉语名词。例如，They are going to build a school for the blind and the deaf. 他们将为盲人和聋人修建一所学校。

### （三）英语副词的转换

英语副词可转译成汉语名词、形容词或动词。

1.英语副词转译成汉语名词

有些英语副词因表达需要可转译成汉语名词。例如，He is physically weak but mentally sound. 他身体虽弱，但思想很健康。

2.英语副词转译成汉语形容词

有些英语副词因表达需要可转译成汉语形容词。例如，The film impressed me deeply. 这部电影给我留下了深刻的印象。

3.英语副词转译成汉语动词

有些英语副词因表达需要可转译成汉语动词。例如，Now, I must be away. 现在，我该离开了。

### （四）英语动词的转换

英语动词可转译成汉语名词或副词。

1.英语动词转译成汉语名词

（1）英语中有些动词，特别是名词派生或名词专用的动词，在汉语中不易找到相应的动词，翻译时可将其转译成汉语名词。例如，Most students behaved respectfully towards their teachers. 大部分学生对教师的态度都很恭敬。（名词转用的动词）

（2）有些英语被动式句子中的动词，可以译成"受到／遭到……＋名词"或"予以／加以……＋名词"的结构。

2. 英语动词转译成汉语副词

英语中有些动词具有汉语副词的含义，可以转译成汉语副词。例如，When I leave the house，I always watch out. 我出门时总是非常小心。

### （五）英语介词的转换

英语介词搭配多样，关系复杂，运用广泛，翻译时应根据上下文灵活处理，通常可转译成汉语动词。例如，He is leaving for Beijing at 9 this morning. 今天上午 9 点他将动身去北京。

### （六）汉语动词的转换

1. 汉语动词转译成英语名词

汉语中动词使用较频繁，而且常常几个动词连起来使用。而前面已提到，英语中名词使用较多，在汉译英时，可根据需要将汉语动词转译成英语名词。例如，说来话长：It is along story.

2. 汉语动词转译成英语形容词

汉语中一些动词往往可以转译成英语形容词，常用"be＋形容词"来表达。例如，他连续 24 小时上网，这可说不过去：He has been on line for 24 hours in a row. This is inexcusable.

3. 汉语动词转译成英语介词或介词短语

介词的使用在英语中也非常灵活，在汉译英时，可根据需要将汉语动词转译成英语介词或介词短语。例如，如果遇到火灾，首先要切断电源：Break the circuit first in case of fire.

4. 汉语动词转译成英语副词

同样，有些汉语动词也可用英语副词来表达，这样用词更加简明，意思也非常准确。例如，灯开着，但没有人在家：The light was on，but nobody was in.

### （七）汉语名词的转换

有些汉语名词在翻译时，也可转译成英语动词。但是，同时须注意，如果汉语前有形容词修饰语，则也要随之转换成英语副词。

## （八）汉语形容词或副词的转换

汉语形容词或副词可以转译成英语名词，这主要是语法结构或修辞上的需要。例如，思想交流是十分必要的：Exchange of ideas is a vital necessity.

# 第二节　句子层面上的翻译技巧和方法

英语文体各异，句型复杂，长句的出现频率高，逻辑性强，给译者增添了许多困难。然而，英语语言具有"形合"的特点，无论多长、多么复杂的结构，都是由一些基本的成分组成的。译者首先要找出句子的主干结构，弄清楚句子的主语、谓语和宾语，然后再分析从句和短句的功能，分析句子中是否有固定搭配、插入语等其他成分。最后，再按照汉语的特点和表达方式组织译文，这样就能保证对句子的正确理解。

## 一、被动语态翻译

英语中被动语态使用范围很广，凡是在不必说出主动者、不愿说出主动者、无从说出主动者或者是为了便于连贯上下文等情形下，往往都用被动语态。汉语中虽然也有被动语态，但是使用范围狭窄得多。英语中被动语态的句子，译成汉语时，很多情况下都可译成主动句，但也有一些可以保留被动语态。

### （一）转换成主动语态

在有些情况下，可变换语态，将原来的被动语态转换成主动语态，使译文明确易懂。

（1）A contingency plan against bankruptcy was hastily drawn up.

译文：防止破产倒闭的应急计划很快制订出来了。

（2）The special challenge that advertising presents can be illustrated by a statement made by the president of a major advertising agency in New York.

译文：纽约一家主要广告公司的总裁所做的陈述，可以阐明当前广告业所面临的特殊困难（原文中被动语态译为主动结构，原文中的主语在译文中作宾语）。

（3）This Contract is made by and between the Buyer and the Seller.Whereby the Buyer agrees to buy and the Seller agrees to sell the under mentioned commodity according to the terms and conditions stipulated below.

译文：买卖双方同意按下列条款买卖下述商品，并签订本合同。

## （二）保留被动语态

在进行英译汉时，语态不变，仍然保持原来的被动语态，但译者常常需要在主谓语之间加上一些汉语中表示被动的介词，如"被……""给……""受……""让……""为……所……""遭……"等。例如：

（1）Competition in business is regarded to be a means to earn money.

译文：商业竞争被认为是一种挣钱手段。

（2）Although Americans today are likely to think that Alger's stories are too good to be true, they continue to be inspired by the idea of earning wealth and success as an entrepreneur who makes it on his own.

译文：尽管今天美国人有可能认为阿尔杰的故事好得令人难以置信，但是他们依然为那种自力更生赢得财富和成功的企业家精神所鼓舞。句中的"they continue to be inspired by the idea of earning wealth and success as an entrepreneur who makes it on his own"采用的是被动语态，在翻译成汉语时，可以保持原来的语态，只是在主谓语之间加上汉语中表示被动的介词"为……所……"就可以了。

## （三）译成无主句

例如：

（1）Your early confirmation would be greatly appreciated.

译文：万分感谢您能早日给予确认。

（2）On the whole such a conclusion can be drawn with a certain degree of confidence, but only if the child call be assumed to have had the same attitude towards the test as the other with whom he is being compared, and only if he was not punished by lack of relevant information which they possessed.

译文：总的来说，得出这种结论是有一定程度把握的，但必须具备两个条件：能够假定这个孩子对测试的态度和与他比较的另一个孩子的态度相同；他也没有因为缺乏别的孩子已掌握的有关知识而被扣分。

（3）Great efforts should be made to inform young people especially the dreadful consequences of taking up the habit.

译文：应该尽最大努力告知年轻人吸烟的危害，特别是烟瘾的可怕后果。

赏析：上述三例使用的是被动语态，句子中没有施动者。在进行翻译时，可以将其翻译成汉语的无主句。

### （四）"A be done"结构的处理

有时由于种种原因，英语被动句中省略了谓语动词的施动者，构成"A be done"结构。如果翻译时将其转换成主动语态，就变成了"do A"结构。在这种情况下，往往需要加上泛指性的主语，如"我们""人们""大家""有人"等，或者将其翻译成汉语的无主句。

（1）The daily closing balance per account shall be checked against actual cash on hand.

译文 a：每日终了，我们应结出账面余额，并与实际库存核对相符。

译文 b：每日终了，应结出账面余额，并与实际库存核对相符。

上句使用的是被动语态，句子中没有施动者。在进行翻译时，可以在句首加上泛指性主语"我们"，如译文 a，也可以将其翻译成汉语的无主句，如译文 b。

（2）It is essentially stressed that the Buyers are requested to sign and return the duplicate of this contract within 3 days from the date of receipt.In the event of failure to do this，the Sellers reserve the fight to cancel the contract.

译文：必须强调：买方应于收到本合同之日起 3 日内签字并返还合同的副本，如买方不这样做，卖方保留取消合同的权利。

总之，正确理解与翻译英语复合句是英语翻译的重点之一，而要正确理解与翻译这些句子，关键是要准确划分原文句子结构，正确理解英汉两种语言在结构、语序以及语态方面的差异。要能正确处理句子中各成分之间的复杂语法修饰关系和内在逻辑关系，还需要人们在商务翻译实践中不断地进行探索。

## 二、定语从句的翻译

英语中，定语从句分为限制性从句与非限制性从句两种，在句中的位置一般是在其所修饰的先行词后面。限制性定语从句与非限制性定语从句的区别主要在于限制意义的大小[26]。而汉语中定语作为修饰语通常在其所修饰的词前面，并且没有限制意义的大小之分，因此，限制与非限制在翻译中并不起十分重要的作用。英语中多用结构复杂的定语从句，而汉语中修饰语不宜臃肿，所以，在翻译定语从句时，一定要考虑到汉语的表达习惯。如果英语的定语从句太长，无论是限制性的还是非限制性的，都不宜译成汉语中的定语，而应用其他方法处理。英语中单个词做定语时，除少数情况外，一般都放在中心词前面；而较长的定语如词组、介词短语、从句做定语时，则一般放在中心词后面。在了解英汉两种语言差异的基础上，以下介绍几种适合商务句子的翻译方法。

26 何学兵.大学英语课堂翻译教学与实践之探索 [J].创新创业理论研究与实践，2021，4（2）：23-24，29.

## （一）前置法

前置法即在英译汉时把定语从句放到所修饰的先行词前面，可以用"的"来连接。既然定语从句的意义是做定语修饰语，那么在翻译的时候，通常把较短的定语从句译成带"的"的前置定语，放在定语从句的先行词前面。在商务翻译实践中，人们发现前置法比较适合翻译结构和意义较为简单的限制性定语从句，而一些较短的具有描述性的非限制性定语从句也可采用前置法，但不如限制性定语从句使用得普遍。例如：

（1）The role of selling in our society is to identify and provide the goods and services that will satisfy the needs and wants of the consumers.

译文：销售在社会中的作用就是识别并提供那些能够满足消费者需求的商品和服务。

赏析：在这句话中，限制性定语从句 that will satisfy the needs and wants of the consumers 用来修饰其名词中心词 goods and services。该定语从句比较短，我们在翻译时往往将其前置到先行词前面，使译文符合汉语的表达习惯。

（2）In an urban culture, where mobility is valued, and land is not an issue, female talents are more emphasized.

译文 a：在现代城市人的观念中，价值就是流动性，与土地无关，人们更加注重的是女性的才能。

译文 b：在重视流动性且土地不成为其问题的城市文化中，女性才能更受重视。

赏析：该句中"where mobility is valued, and land is not an issue"为非限制性定语从句。非限制性定语从句通常有两种译法，一是译成前置结构放在所修饰的先行词前面；二是后置或译成并列的分句，或单独成句。译文 a 采用后置法，按照英文原文的顺序翻译，令人感觉意思不明。而译文 b 译为"的"字结构，置于先行词之前，更符合汉语表达习惯。

## （二）后置法

后置法即在英译汉时把定语从句放在所修饰的先行词后面，翻译为并列分句。英语的定语从句结构常常比较复杂，如果译成汉语时把它放在其修饰的先行词前面，会显得定语太臃肿，而无法叙述清楚。这时，可以把定语从句放在先行词后面，译成并列分句，重复或者省略关系代词所代表的含义，有时还可以完全脱离主句而独立成句。例如：

（1）The importer can sell the goods to a new buyer while they are being carried by means of negotiable shipping documents which are very convenient for use.

译文 a：进口商可以通过使用起来非常方便的可转让的运输单据将货物在运输途中卖给新的卖方。

译文 b：进口商可以通过可转让的运输单据将货物在运输途中卖给新的卖方，这类可转让单据用起来非常方便。

赏析：译文 a 中将"which"引导的限制性定语从句前置，显得累赘拗口；而译文 b 采用后置的方法，重复先行词"negotiable shipping documents"，使得译文表意明确。

（2）The fact that these early entrepreneur built great industries out of very little made them seem to millions of Americans like the heroes of the early frontier days who went into the vast wilderness of the United States and turned the forests into farms，village and small Cities.

译文：这些早期的企业家几乎白手起家却创造了庞大的产业，在千百万美国人看来，他们恰如早期拓荒时代的英雄，走进美国一望无际的荒野，将森林变成了农场、村庄和小城镇。

赏析：在这句话中，限制性定语从句"who went into the vast wilderness of the United States and turned the forests into farms，villages and small cities"用来修饰其先行词"heroes of the early frontier days"。该定语从句较长，如果将其前置译成定语，译文比较累赘，也使人很难理解。在这种情况下，将定语从句从引导词 who 这里与主句拆开来，译成并列的分句并省略先行词，译文简洁明了。

（3）The strong influence of the success stories of the early entrepreneurs on the masses of Americans can be found in the great popularity of the novels of Alger，which were published in late nineteenth and early twentieth century America.

译文：阿尔杰的小说大受欢迎，我们可以从中发现早期企业家的成功故事对美国大众所产生的强烈影响。这些小说于 19 世纪末 20 世纪初发行于美国。

赏析：在该句中，非限制性定语从句"which were published in late nineteenth and early twentieth century America"修饰中心词"the novels of Alger"。译文采用后置法，将定语从句和主句拆开来翻译。定语从句重复先行词，并独立成句。

（4）China's patriarchy is a feudal holdover，scholars say，where land equals power male children inherited land.

译文 a：学者们说，中国的男权统治是一种土地就是权力的封建残余。土地是由男孩继承的。

译文 b：学者们说，中国的男权统治是一种封建残余，在封建社会，土地就是权力，而土地是由男孩继承的。

赏析：该非限制性定语从句虽然不长，但是 where 在该句中指代的是"封建统治下的中国"，如果采用前置法，如译文 a，会造成对先行词的限定过窄。而译文 b 没有单纯重复先行词，而是转译为"封建社会"，与原文表意一致。

3. 融合法

融合法即把主句和定语从句融合成一个简单句，其中的定语从句译成单句中的谓语部分。由于限制性定语从句与主句关系较紧密，所以，融合法多用于翻译限制性定语从句，尤其是"there be"结构带有定语从句的句型。例如：

（1）We are a nation that has a government—not the other way around.

译文：我们这个国家有一个政府，而不是倒过来——政府有一个国家。

（2）Most of the staff who have hand signals spelling "welcome" printed on the back of their T-shirts, used to spend their days shut off from the public in special workshops for the handicapped, making things like jewellery or packaging.

译文：（咖啡屋）大多数工作人员在 T 恤衫后背上印有表示"欢迎"的手势，他们过去过着与公众隔绝的日子，在为残疾人开设的特殊车间里生产珠宝之类的东西或负责包装。

赏析：该例非限制性定语从句的翻译亦使用了融合法。译文将主句的主语与非限制性定语从句融合在一起，重新组合成句。

4. 状译法

英语的定语从句与汉语中的定语还有一个不同的地方，即英语中有些定语从句和主句关系不密切，它从语法上看是修饰定语从句的先行词的，但限制作用不强，实际上是修饰主句的谓语或全句，起状语的作用。也就是说，有些定语从句兼有状语从句的功能，在意义上与主句有状语关系，表明原因、结果、目的、让步、假设等关系。在这种情况下，需要灵活处理，在准确理解英语原文的基础上，弄清楚逻辑关系，然后把英语中的这些定语从句翻译成各种相应的分句。因此，应视情况将其翻译成相应的状语从句，从而更清晰明确地传达出原文中的逻辑关系。

（1）An automatic production line is excellent for the automotive industry where thousands of identical parts are produced.

译文：自动生产线非常适用于汽车工业，因为那里要生产成千上万个同样的零件。

赏析：在这句话中，"An automatic production line is excellent for the automotive industry"是主句，"where thousands of identical parts are produced"为限制性定语从句。从语法意义上看，该定语从句修饰其前的先行词"the automotive industry"，但是从逻辑意义上看，该定语从句与主句之间为因果关系。译文将该定语从句转译成原因状语从句，清晰明确地显示出句子间的逻辑关系。

（2）I think it will grow even on non-irrigated land where there is a forest belt.

译文：我想即使在没有灌溉的土地上，只要有一条树林带，它还是会生长的。

（3）The two sides were edging toward an improvement of relation that in time could be capped by a high-level American visit to Moscow, perhaps even a presidential visit.

译文：双方一步一步朝改善关系的方向前进，以便一旦时机成熟，就可以有一位美国高级人士访问莫斯科，也许甚至是总统亲自出访。

赏析：该定语从句含有表示双方改善关系的目的，故译为目的状语从句。

（4）Any worker who dirty or who soils a wall with his hands or feet is docked a day's pay.

译文 a：任何脏兮兮或者用手脚弄脏了墙壁的工人扣薪一天。

译文 b：任何职工，若服装不整洁，或用手脚污损了墙壁，就扣薪一天。

赏析：比较上面译文，不难发现，该定语从句若转译为条件状语从句，更符合汉语表达方式。

（5）Electronic computers, which have many advantages, cannot carry out creative work or replace men.

译文：尽管电子计算机有许多优点，但是它们不能进行创造性工作，也不能代替人。

赏析：该定语从句有表示让步的状语从句的功能，故转译为让步状语从句。

由此可见，语言的表达是灵活的。英语中的定语从句应根据原文的文体风格、原文内容、上下文的内在逻辑关系灵活处理。在翻译一个句子，特别是当原作语言和译作语言在语法结构和语义结构上差异较大时，往往要经过一个分析、转换和重组的过程。理想的翻译结果是在重组的过程中，两种语言的信息能产生共同的语义结构，并达到概念等值，最终使译文的读者对译文信息的反应与原文的读者对原文信息的反应趋于一致。

# 第三节　语篇层面上的翻译技巧和方法

句子是语法分析的理想单位，但在运用语言进行实际交往中，语言的基本单位则是语篇。语篇是由句子组建而成的，是人们运用语言符号进行交往的意义单位，故可长可短。一部长篇小说是一个语篇，一个句子或短语，甚至一个词，都能构成语篇。因此，译者一定要把握好对语篇的翻译。

# 一、语篇概述

"语篇"这个术语在不同学者的著述中具有不同的含义。胡壮麟在其《语篇的衔接与连贯》一书中指出，语篇是"任何不完全受句子语法约束的在一定语境下表示完整语义的自然语言"。英国当代语言学家韩礼德和哈桑在《英语中的衔接》中指出："语篇指任何长度的、在语义上完整的口语和书面语的段落，它与句子或小句的关系不在于语篇的长短，而在于衔接。""语篇与非语篇的根本区别在于是否具有语篇性——而语篇性是由衔接关系形成的。"

概而言之，语篇是高于句子的语言层面，能够独立完成某种特定交际功能的语言单位。语篇是语言结构和翻译的最大单位。语篇可以对话（dialogue）形式出现，也可以独白（monologue）形式出现；可以是众人随意交谈，也可以是挖空心思的诗作或精心布局的小说和故事。但是，需要注意的是，语篇并不一定就是一大段话，只要是表达了一个完整的意思，那么一个词语也可以称为语篇。例如，溺水者高呼一声："Help!"这简单的一个词也可构成完整的语篇；公共场所的告示"No smoking"，虽然是个短语，但它是个完整的语义单位，有其交际目的和功能，也应看作完整的语篇。

# 二、语篇分析在翻译中的运用

语篇分析是美国语言学家哈里斯于 1952 年首先提出来的一个术语，后来被广泛用于社会语言学、语言哲学、语用学、符号学、语篇语言学等领域。自从翻译界将"语篇分析"这个语言学研究的成果嫁接到翻译学科，翻译界对"上下文"的认识有了一个飞跃，从感性上升到理性，从经验上升到理论。掌握了"语篇分析"理论，译者就能在跋涉译林时，既看到树木，也看到整片森林；就能将原文的词、句、段置于语篇的整体中去理解，去翻译。这样，译文的整体质量就有了很大的提高。语篇分析的基本内容包括衔接手段、连贯、影响语篇连贯的因素，其中对译者而言，最为重要的是衔接与连贯。

句子或句群不是杂乱无章地堆砌在一起构成段落与篇章，相反，它们总是依照话题之间的连贯性和话题展开的可能性有规律地从一个话题过渡到另一个话题的。篇章的存在要求其外在形式和内在逻辑，即衔接和连贯具有一致性。作为语言实体，段落与篇章在语义上必须是连贯的，而连贯性在很大程度上需要靠语义衔接来实现。连贯是首要的，衔接要为连贯服务。翻译工作者为了使译文准确、通顺，就必须处理好衔接与连贯的问题。在英译汉实践中，译者应该首先吃透原文，了解作者怎样运用衔接手段来达到连贯目的，然后根据英汉两种语言在形式与逻辑表达上的差别通权达变。

### （一）语篇的衔接

衔接是篇章语言学的重要术语，是语段、语篇的重要特征，也是语篇翻译中的一个重要环节。衔接的优劣，关系到话语题旨或信息是否被读者理解和接受。所谓语篇衔接，就是使用一定的语言手段，使一段话中各部分在语法或词汇方面有联系，使句与句之间在词法和句法上联系起来。例如：

The human brain weighs three pounds，but in that three pounds are ten billion neurons and a hundred billion smaller cells.These many billions of cells are interconnected in a vastly complicated network that we can't begin to unravel yet...Computer switches and components number in the thousands rather than in the billions.

人脑只有三磅重，但就在这三磅物质中，包含着一百亿个神经细胞，以及一千亿个更小的细胞。这上百亿、上千亿的细胞相互联系，形成一个无比复杂的网络，人类迄今还无法解开其中的奥秘……电脑的转换器和元件只是成千上万，而不是上百亿、上千亿。

在上例中，billion 一词重复出现了四次：ten billion neurons，a hundred billion smaller cells，these many billions of cells，in the billions。很显然，前两次所说的是不同的两种细胞，第三次是对前两次所说的两种细胞的统称，而第四次是指那两种细胞的数量。因此，在翻译时要对 billion 一词加以注意，应将英语的数目概念改成汉语的数目概念，照顾语篇的连贯，切忌把 These many billions 译成"这许多十亿"和把 in the billions 译成"数以十亿计"，这样会切断语篇的连贯性，让读者不明所以。

句组中的各个句子之间、句组与句组之间需用不同的衔接手段来体现语篇结构上的黏着性和意义上的连贯性。语篇的衔接手段大体可分为词汇手段、语法手段两大类。

1. 词汇手段

语篇的连贯可以通过词汇衔接手段予以实现。韩礼德和哈桑认为，英语词汇衔接关系可分为两类：同现关系（collocation）和复现关系（reiteration）。此外，运用逻辑连接法也可以实现语篇的连贯。

（1）词语之间的同现关系。同现关系指的是词语在语篇中同时出现的倾向性或可能性。一些属于同一个"词汇套"（lexical set）或同一个"词汇链"（lexical chain）的词常常一起出现在语篇中，衔接上下文。例如，thirsty 一词常会使人们联想到 drink，water，soda water，mineral water，tea，coffee，coke，beer 等词，这些词可能会在语篇中同时与 thirsty 一词出现。除了这种词之外，反义词也常用来构成词语之间的同现关系。反义词的两极之间可以存在表示不同程度或性质的词语，如在 hot 和 cold 之间尚有 warm，tepid，lukewarm，cool 等词。

例：John is a good teacher.But he is a bad husband.

约翰是一位出色的教师，但他不是好丈夫。

上述例子中的 good，bad 这一对反义词就构成了两句话之间存在的同现关系。

此外，互补词也能确立词语之间的同现关系。

（2）词语之间的复现关系。韩礼德和哈桑认为复现关系主要是通过反复使用关键词、同义词、近义词、上义词、下义同、概括同等手段体现的。词语的不同复现手段往往能显示不同的文体或风格特征。他们通过下列例子证明了自己的观点。

原句：There's a boy climbing that tree. 有一个男孩正在爬那棵树。

①The boy's going to fall if he doesn't rake care.那个男孩将会掉下来如果他不小心。

②The child's going to fall if he doesn't take care.那个孩子将会掉下来如果他不小心。

③The lad's going to fall if he doesn't take care.那个少年将会掉下来如果他不小心。

④The idiot's going to fall if he doesn't take care.那个笨蛋将会掉下来如果他不小心。

上例中，①②③④是对原句的复现。①是 boy 一词复现，②中的 child 是 boy 一词的上义词，③中的 lad 是 boy 的同义词，④中的 idiot 属于概括词，口语中可泛指人（常含贬义色彩或熟稔口吻）。

原句：I turned to the ascent of the peak. 我向顶峰攀登。

① The ascent is perfectly easy. 攀登是十分容易的。

② The task is perfectly easy. 这项任务是十分容易的。

③ It is perfectly easy. 它是十分容易的。

④ Climb is perfectly easy. 攀登是十分容易的。

⑤ The thing is perfectly easy. 这件事是十分容易的。

上例中，原句和①②③④⑤句之间存在着复现关系，其衔接就是通过词汇手段实现的。①的手段是重复使用关键词；②的手段是使用上义词；③的手段是运用代词；④手段是使用同义词；⑤的手段是使用概括词。

（3）运用逻辑连接语。逻辑连接语（logical connectors）指的是表示各种逻辑意义的词、短语或分句，包括以下几种：

①表示句子之间（含句组之间）的时间关系（temporal relation）的逻辑连接语。

②表示句子之间的因果和推论关系（causal/resultative/inferential relation）的逻辑连接语，如 consequently, so, otherwise, then, hence, because, BS a result, for this reason, in that case 等。

③表示附加关系（additive relation）的逻辑连接语，如 by the way, in other words, for instance，likewise，similarly，and，or 等。

④表示句子之间的转折和对比关系（adversative ／ contrastive relation）的逻辑连接语，如 however，but，yet，never the less，in fact，in any case，on the contrary 等。

⑤表示位置（location）、方向（direction）和地点（location）等意义的逻辑连接语，如 over，here，there，under，above，down，up，nearby，further，beyond，beneath，adjacent to，close to，near to，next to，in front of，on top of。

2. 语法手段

句子或句组之间的衔接可以通过语法手段予以实现。其中较为常见的语法手段有以下几种。

（1）动词的时、体变化。动词的时和体可以在句子中起到衔接的作用。例如：

①The boy stopped running.He saw his mother.那个男孩停止跑动，他看到了他的母亲。

② The boy stopped running.He had seen his mother. 那个男孩停止跑动，因为他看见了他的母亲。

从动词的时、体变化角度可看出，句①中的两句之间，存在动作发生的时间顺序关系，而句②中的两句之间既存在着动作发生的时间顺序关系，又存在着因果关系。

（2）照应手段。照应（reference）指的是词语与其所指对象之间的关系。在语篇中，如果对于一个词语的解释不能从词语本身获得，而必须从该词语所指的对象中寻求答案，就产生了照应关系。因此，照应是一种语义关系，是表示语义关系的一种语法手段，也是帮助语篇实现其结构上的衔接和语义上的连贯的一种主要手段。照应关系可分为两种类型：语内照应（endophora）和语外照应（exophora）。语内照应又可分为两种情况：一种是"上指"（anaphora，亦称"反指"），即用一个词或词组替代上文中提到的另一个词或词组。另一种情况是"下指"（cataphora，亦称"预指"），即用一个词或短语来指下文中即将出现的另一个词、短语乃至句子。语外照应是指在语篇中找不到所指对象的照应关系。

（3）替代。替代（substitution）是一种既可避免重复又能连接上下文的手段，指的是用代替形式（substitute）来取代上文中的某一成分。替代是一种语法关系，与照应表达对等关系不同，它表达的是一种同类关系。在语篇中，替代形式的意义必须从所替代的成分那里去查找，因而替代是一种重要的衔接语篇的手段。替代可分为名词性替代（nominal substitution）、动词性替代（verbal substitution）和分句性替代（clausal substitution）等多种形式。与英语相比，汉语中替代手段使用的频率较低，汉语往往使用原词复现的方式来达到语篇的衔接与连贯。英语可以用代词 so，do，do the same 等替代形式来替代与上文重复的成分，形成衔接。但是汉语没有类似的替代形式，通常需要用词义重复来连接。因此，译者在翻译时应注意英、汉语的不同表达习惯。

例：The Americans are reducing their defense expenditure this year.1 wonder if the Russians will do too.

美国人今年在削减国防开支，我怀疑俄罗斯人也会这样做。

例中 do too 替代了 reducing their defense expenditure，体现出英语的简洁性。

例：Everyone seems to think he's guilty.If no doubt he'll offer to resign.

似乎每个人都认为他是有错的。如果是这样，毫无疑问，他将会提出辞职。

例中的 so 替代了前文的分句 everyone seems to think he's guilty，简洁明了。

例：Electrical charges of a similar kind repel each other and those that are dissimilar attract.

同性电荷相斥，异性电荷相吸。

此例中代词 those 替代了前文中的 electrical charges，译文则采用的是"电荷"这一名词。

（4）省略。省略（ellipsis）指的是把语言结构中的某个成分省去不提。句中的省略成分通常都可以从语境中找到，这样句与句之间就形成了连接关系。同替代一样，省略（ellipsis）的使用也是为了避免重复，突出主要信息，衔接上下文。作为一种修辞方式，它符合语言使用的经济原则。省略可看作一种特殊的替代——零替代（substitution by zero）。省略是一种重要的语篇衔接手段。省略也可分为名词性省略（nominal ellipsis）、动词性省略（verbal ellipsis）和分句性省略（clausal ellipsis）。相比较而言，英语的省略现象比汉语要多一些，因为英语的省略多数伴随着形态或形式上的标记，不容易引起歧义。

例：Everybody has a responsibility to the society of which he is a part and through this to man-kind.

每个人都对他所属的社会负有责任，通过社会对人类负有责任。

英语有 to 这一形式标记，说明省略的动词成分，这样能使前后衔接，结构紧凑，汉语的习惯则要求重复这一成分。

在省略这一衔接手段中，译者尤其需要注意的是汉语经常省略主语，因为汉语具有主语控制力和承接力强的特点，在汉语语篇中，当主语一次出现后，在后续句中可以隐含。

例：Arthur Clarke was born in Mine head, England.Early interested in science, he constructed his first telescope at the age of thirteen.He was a radar specialist with the

Royal Air Force during World War 1I.He originated the proposal for use of satellites in communication..

阿瑟·克拉克生于英格兰的明海德镇。自幼喜爱科学，十三岁时制作了自己的第一架望远镜，第二次世界大战期间是皇家空军的一位雷达专家，曾首先提议将卫星用于通信……

在上例中，英语句子在结构上是比较工整的，每个句子都有主语。而在汉语的译文中，只要意思明确，句子的主语可以省略，一个主语可以管一个小的段落。

例：What matters if there are some difficulties.Let them blockade US.Let them blockade US for eight or ten years.By that time，all of the China's problems would have been solved.

（即便）多（或）少（有）一些困难怕什么,（让他们）封锁吧,封锁十年（或者）八年,（到那时）中国的一切问题都解决了。

从此例中我们可以看出，英语的表达具有很强的实际意义，在翻译时要首先把省略的部分补齐，才能够结构完整，衔接紧密。汉语中括号内的词语是隐含的，所以在译成英语时，括号里的词语的意义是绝不能省略掉的。

（5）连接。连接（connection）是表示各种逻辑意义的连接手段，连接词又称"逻辑联系语"。连接词既可以是连词，也可以是具有连接意义的副词、介词及短语，还可以是分句。连接关系是通过连接词以及一些副词或词组实现的。连接词在语篇中具有专业化的衔接功能，表明了句子间的语义关系，甚至通过前句可从逻辑上预见后句的语义。通过使用各种连接词语，句子间的语义逻辑关系可以明确表示出来。

语篇中的连接成分是具有明确含义的词语。通过这类连接性词语，人们可以了解句子之间的语义联系，并且可以根据前句预见后续句的语义。韩礼德将英语的连接词语按其功能分为四种类型，即添加、递进，转折，因果，时序。这四种连接词的类型可分别由 and，but，so，then 这四个简单连词来表达，它们以简单的形态代表这四种关系。

添加、递进是指写完一句话之后，还有扩展余地，可以在此基础上再添加某些补充信息[27]。表示添加、递进的连接词语有 and，furthermore，in addition，what is more 等。

转折是指后一句的意义与前一句的意义截然相反。前一句的陈述是肯定的，后一句却是否定的；前一句是否定的，后一句则是肯定的。表示转折关系的连接词语有 but，on the other hand，however，conversely 等。

因果连接是指以各种不同方式体现的原因与结果的关系。表示因果关系的连接词语

27　杨驭舟.大学英语翻转课堂教学模式背景下的翻译教学与研究[J].创新教育研究，2021，9（1）：94-99.

有 because，so，for this reason，consequently 等。

时序性连接词语表示篇章的事件发生的时间关系，这类词语有 formerly，first，then，in the end，next 等。请看下面例子。

例：My client says he does not know this witness.Further，he denies ever having seen her or spoken to her.

我的当事人说他并不认识这位证人。更深一层地说，他否认见过这位证人或与她说过话。

此例中后面补充的语义实质上是对前面内容的扩展和肯定，并使两个句子紧密地连接起来。

例：I am afraid I'll be home late tonight.However，I won't have to go in until late tomorrow.

我担心今晚回家会晚。可是，我不会一直晚到明天才回家的。此例中，前一句是陈述句，后一句是否定句，后一句的意思与前一句完全不同。

## （二）语篇的连贯

语篇既然是语义单位，那么能够称作"语篇"的语言实体必须在语义上是连贯的（Text must be coherent）。语义连贯是构成话语的重要标志。衔接是通过词汇或语法手段使文脉贯通，而连贯是指以信息发出者和接收者双方共同了解的情景为基础，通过逻辑推理来达到语义的连贯。如果说衔接是篇章的有形网络，那么连贯则是篇章的无形网络。译者只有理解看似相互独立、实为相互照应的句内、句间或段间关系并加以充分表达，才能传达原作的题旨和功能。

例：I wrestled with my own resolution：I wanted to be weak that I might avoid the awful passage of further suffering I saw laid out for me.

我和我自己的决心搏斗着：我要成为软弱的人，这样我就可以避免去走那条要我受更多苦难的可怕的路，我看到这条路就摆在面前……

例中，译者在翻译时，重复了主体"我"，也明确了客体，使译文豁达流畅。

例：The chess board is the world，the pieces are the phenomena of the universe，the rules of the game are what we call the laws of nature.The player on the other side is hidden from US.We know that his play is always fair，and patient.But We also know，to our cost，that he never over looks a mistake，or makes the smallest allowance for ignorance.

世界是盘棋，万物就是棋子。弈棋规则即所谓的自然规律，我们的对手隐蔽不见。我们知道他下棋总是合理、公正，有耐心。但输了棋后我们才知道，他从不放过任何误棋，也决不原谅任何无知。

语篇中句子的排列如果违反逻辑就会对句与句之间语义的连贯产生影响。有时候，说话的前提以及发话者、受话者之间的共有知识也会影响到语义的连贯。诗篇的连贯性主要取决于读者的联想和想象。

# 第四节　文体层面上的翻译技巧和方法

近半个世纪以来，随着科学技术的迅速发展，国际交往日益密切，为了满足交际和交流思想的客观需要，应用性文体大大地发展并丰富了文体学的研究，语言教学方面对此也有所反应。直到 20 世纪 80 年代，随着系统功能语言学的发展，人们才从语言功能的角度把各种传递信息的语篇划归为实用文体。实用文体包含的语篇类型十分广泛，涉及社会生活、经济活动、科学技术、工农业生产、新闻传媒等方方面面，例如，商务文体、法律文件、科技文体、新闻报道等。

## 一、文体的功能特征

虽然文体门类繁多，文体的正式程度跨度很大，但它的功能特征主要表现为以下几点：

### （一）信息性
实用文体的基本功能是荷载人类社会的各种信息：叙事明理、传旨达意、立法布道。

### （二）匿名性

实用文体的各类语篇如法律文本、告示、广告语、说明书、旅游指南等，是按一定的（约定俗成的）程式行事，缺乏甚至没有作者或译者个性，而且许多语篇不署作者、译者姓名，这就是实用文体的匿名性。尤其是英语科技文摘，几乎没有作者个性[28]。

研究实用翻译，离不开对实用文体的各语域进行的分析，要分析各种语言习惯，以便确定哪些特征经常地或仅仅应用于某些场合；要尽可能地说明为什么某种文体具有这些特征，而不具备另一些特征；要以语言功能为依据，对这些特征进行分类。

### （三）劝导性
实用文体劝导受众去相信什么或不相信什么，劝导人们去认可或否定什么。有时作者力图表述客观，使自己提供的信息可被验证或追本溯源。

## 二、文体翻译标准

28　陈安定.英汉比较与翻译[M].北京：中国对外翻译出版公司，1998：34-36.

翻译的标准是指导翻译活动的准则和衡量译文质量的尺度。实用文体的翻译主要有以下几个标准。

## （一）正确

实用文体的翻译不论全译、选译还是综述，均以正确传达原意为第一要义，特别是在表达空间、时间、位置、价值等概念时更需精确，切忌主观臆断。为此，在理解原文的前提下，须用反映相关概念的术语或专业（行业）常用语来表达。

例：The function of a derrick is to provide the vertical clearance necessary to the raising and lowering of the drill string into arid out of the hole during the drilling operations.

误译：井架的功用是为在钻井操作时将钻柱从井内提出和将它放入井内提供必需的垂直间隙。此句中的 clearance 指钻台平面至天车底平面之间的大距离空间，按一般英汉词典译成"间隙"不妥。the raising and lowering of the drill string into and out of the hole 译为"起、下钻作业"更为精确且简洁。因此，此句应该译为"井架的功用是起、下钻作业时为钻柱提供必要的垂直空间"。

实用语篇，无论书信、合同、报告、标书，甚至论文、新闻报道等都有一定的程式（modality）。程式是与一定内容相关的形式。为了表述某一特定的科技内容，可用的形式有表格、报告、论文、文摘、标准、专利说明书（假如这一内容有独创性）、专著等不同形式，或简或繁，或长或短，或深或浅，皆根据不同的需要，选择不同的程式，文字格式也包含在程式内。有些字句的表达已成俗套，译法也大致固定。

## （二）通达

通顺达意是翻译的一般标准。为此，翻译时经常要采用引申、增词、减词、调整词序以及一些变通的手法。一味地遵循字面意思直译，难免会使译文生涩难辨，不但没有可读性，还会造成理解上的障碍。

例：Then people in Shanghai found great trouble in getting to their destinations on foot or by cal" and it became a top social problem.

当时，上海行路难、乘车难成为突出的社会问题。

例：The magic spades of archaeology have given US the whole lost world of Egypt.

考古学家用神奇的铁铲把整个古埃及都发掘出来了。

## （三）适切

根据实用语篇特定的功能和目的，译文需符合译入语国家的政治语境、文化氛围、方针政策和技术规范。为此，译文有时必须加以调整。例如：

伴随着改革开放的脚步，第 21 幼儿园走过了 13 年的发展历程，经过全体职工的努力，他们连续 7 年被评为朝阳区教育工作和全面工作管理优秀单位，1997 年至 1999 年获市卫生先进单位。

The 21st Kindergarten has been a success since it was set up 13 years ago.For 7 consecutive years，it has been given various honorary titles by Chaoyang District. From 1997 to 1999 it was commended by the municipal government for its hygienic conditions.

此句原文套话多，"优秀单位""先进单位"之类很难定义。这类话语国内习以为常，但按照直译，难免臃肿累赘，且容易令英语读者不解。因此译文适当地进行了省译。

例：在人民大会堂湖南厅的建筑结构介绍中，有一句："天花板中央悬挂三盏直径 3 米的荷花大彩灯，取毛泽东'芙蓉国里尽朝晖'的寓意。"

On the furred ceiling hang three lotus shaped lanterns( each having three meters in diameter )，reminiscent of a beautiful scene depicted in a poem by Mao Zedong.

此句中整个诗句全部译出的话，后半句就成为 presenting an image of "The morning sunlight floods your land of lotus blooms"，但外国人不了解毛泽东诗词的背景，无法将荷花大灯与荷塘的晨曦联想起来，而且这样还需要添加注释说明诗句出处，在一份简要的建筑结构介绍中，穿插大段注释，有喧宾夺主之嫌。所以译者采用虚隐手法，不将诗句译出，让读者自己去想象诗词里描写的是怎样一番景象。

此外，由于市场经济的运转速度加快，各行各业都重视时效，时间即金钱已成商场信条。因此，译者要在保证质量的情况下提高翻译速度。没有速度就没有翻译任务，过去"慢工出细活"的做法已不可行，现在的要求是既要质量好，又要译得快。

# 第九章 跨文化英语翻译的实践应用研究

## 第一节 跨文化在英语新闻翻译中的应用

英语新闻翻译是英语新闻最为重要的技术工作，要注重英语新闻翻译，更要注重跨文化思维。在英语翻译中全面掌握各国的文化特点，了解不同国家的民族历史和发展环境以及政治社会制度，同时要积极研究不同民族的阅读习惯，对比各国的新闻表达方式，在翻译中实现新闻内容的独特性和形式的对等性，做到文化思维的有效对接。确保英语新闻翻译更加精准，英语新闻阅读更加自然，更符合受众的认知和思维，促进新闻传播，真正实现新闻的价值，服务国家文化输出，推动中外文化交流。

### 一、跨文化思维概述

全球化背景下，我国与世界经济的联系更加紧密，地球村让世界各国人民变得更加亲密，让沟通交流更加便捷。在全球一体化的背景下，每个国家都要立足国内，放眼世界，寻找自己的位置，融入世界，走全球化发展道路。研究世界经济发展，密切了解各国动向，关注国际风云变幻。英语新闻是人们获取信息的最为重要的途径，是人们放眼世界的最主要窗口。不同人对英语新闻有着不同的需求，中国要更好地走向世界，要与"一带一路"沿线国家以及与西方发达国家保持更加密切的关系，真正实现中华文化的伟大复兴，全面建设中国小康社会，必须注重中国与世界的密切联系，注重中国文化与世界文化的融合。要进一步推动中华文化发展和繁荣，服务中国经济健康发展，推动产业结构优化升级，必须与更多国家做好更为深入的沟通。中国经济、文化对世界各国有非常强的吸引力，要更好地满足国际社会对中国的认知需求，就要注重英语新闻翻译和传播。不同民族有着不同的生活习性，不同国家在长期的历史发展过程中形成了自己独特的认识方式和审美标准，他们的社会制度、宗教文化、生活习俗等是他们文化思维的集中体现，也反过来影响着他们的思维。作为最主要的文化载体，语言背后呈现的是一个民族的思维方式，要注重跨文化思维意识，消除中外文化思维之间的差距，让每个英语新闻受众更加方便快捷地了解中国时事，对于促进中外文化交流、促进不同民族之间的沟通具有非常重要的价值和作用。

所谓跨文化思维，是指不同文化之间相互进行语言转换时要找到一种思维的对接，要根据不同国家、不同民族的思维习惯，结合语言的组织规则和表达方式，实现语言和思维的有效对接，实现文化、思想、心理的有效沟通。语言背后是文化，是思维；语言蕴含丰富的文化意蕴，是独特的民族思维。要做好英语新闻翻译，必须掌握精准的英语翻译尺度，寻找英语新闻翻译的跨文化平衡点，实现英语新闻翻译的精确性和灵活性，消除文化思维差异所带来的认知偏颇和理解障碍，最大限度地迎合英语新闻受众的思维特点和文化认知特点，让英语新闻阅读更加自然，真正促进英语新闻传播和文化交流。

英语新闻翻译者要充分了解不同国家受众的思维特点，深谙各个国家的文化特质，了解中西中外文化的差异点，寻找最为精确的翻译方式，确保词汇、句式的选择与传达的思想情感对应民族的基本特点。英语新闻翻译要具有较强的跨文化思维意识，翻译者要客观准确地翻译英语词汇，做到英语新闻的通顺流畅，更要具备非常扎实的英语功底，有更为全面的文化素养，运用跨文化思维做好英语新闻翻译，确保英语新闻的客观性、真实性和生动性。

## 二、跨文化思维在英语新闻翻译中的应用原则

中国和西方国家有着不同的历史，更有着不同的文化传统。在长期的生存、生活和发展过程中形成的东方思维和西方思维有着较大的不同，在解决问题和分析方面也存在着明显的思维差异，不同思维方式必然会形成不同的语言组织形式，表现出较为明显的语言差异性。中国文化呈现较为明显的形象性、综合性和本体性特点，而西方语言则体现较为明显的个体性、客观性、抽象性等特点。要更好地推动英语新闻翻译，必须把握好最基本的文化元素和英语翻译的应用规则，在翻译过程中一定要最大限度地消除因思维和文化差异带来的理解障碍，做好语言文化思维的精准转换。

### （一）注重习语文化翻译原则

每个民族在长期的生产和生活过程中都形成了一些关于自然、宇宙、社会、人生的通俗性和口语性词汇或者句式，称之为俗语或者俚语。还有很多的成语、谚语、歇后语等。这些习语不能简单地从字面意义理解，更不能以直译的方式来简单呈现。比如中国的成语、俗语、谚语等，其背后是历史，是特殊的生产和生活方式。英语新闻翻译中要坚持文化翻译的基本原则，在习语的翻译中要遵循特定的文化背景，寻找对应民族最为生动而又贴近受众生活的语言形式，这样既能保证英语新闻内容的有效对接，更能凸显英语新闻的真实性和通俗性。

## （二）民族文化历史原则

每个国家、每个民族都有自己的传统文化，民族文化是一个国家文化的精髓，是一个国家文化最为重要的组成部分。每一个民族在其历史发展过程中，都会有在历史发展和民族独立方面起到重要作用的历史人物，发生一些影响历史发展的重大事件。这些重要的历史人物和历史事件衍生出一个民族的信仰，展现一个民族的文化价值取向，体现一个国家的道德理念。新闻在翻译时不能将这些重要历史人物、历史事件简单化，一定要注重民族文化的还原，对历史人物背后所承载的精神、历史事件所隐含的文化内涵充分了解，确保新闻内容翻译的准确性和文化意蕴的丰富性。

## （三）语言审美标准原则

英语新闻翻译不仅要传递信息，还要展现语言艺术魅力，要符合语言的审美特点。每一个国家语言都有自己的文化特性，都有自己的审美标准，翻译时要做到英语新闻的准确性，还要体现语言的艺术性，这样更符合一个国家语言的审美标准，让英语新闻更具阅读性。这就要求在英语新闻翻译时要坚持语言审美原则，在保证翻译真实性和连贯性的同时，要按照一个国家语言的审美标准，凸显语言的艺术魅力，让英语新闻更具鉴赏性，真正促进文化之间的沟通和交流。

# 三、跨文化思维在英语新闻翻译中的具体应用分析

在全球一体化背景下，在国家软实力越来越重要的新时代，各国都在争夺国际话语权的大环境下，世界格局面临"二战"以来最大的不确定因素。各国都要抢占舆论的制高点，注重文化的输入，重视文化的输出，做好文化传播，确保文化繁荣，力争有更好的舆论环境。新闻是一个国家的口舌，英语新闻是实现文化传播的最为重要的载体，也是实现文化输出的最为便捷的通道。英语新闻要更好地传播，就要注重语言背后的文化思维的巨大差异，应用跨文化思维服务英语新闻翻译。

## （一）充分重视中西中外文化思维差异

英语新闻需要面对以英语为母语的英美国家，还要面对更多以英语为主要官方语言的国家，与世界各国保持密切的联系。中国的英语新闻受众不仅有英国和美国，还有加拿大、澳大利亚、印度、新西兰、南非等，有超过 70 个国家以英语为官方语言。英语新闻翻译要重视中英、中美跨文化思维差异，还要注重这些以英语为官方语言的国家的文化思维差异。因此，在英语翻译时，要针对不同国家、不同民族特点，注重英语背后的不同国家的文化特点和思维方式，更好地翻译英语新闻。除了体现中国文化的主观性、形象性和整体性，更应凸显西方文化思维的抽象性和具体性，实现跨文化思维的具体化和个性化。

### （二）注意英语国家特殊的文化意象

语言词汇语义具有丰富性特点，不仅有它的本义，还有比喻义、引申义，还有更多在长期的语言文化发展演变过程中凝固的独特情感色彩或者象征，称为文化特殊意象。虽然是同一个单词，但是在不同国家可能就会有截然不同的引申义项，在情感色彩方面具有更强的差异性。英语翻译时一定要有这种较强的跨文化思维意识，要针对一些特殊的意象做专门化处理。比如，最基本的表示颜色的词语，除了表现事物的颜色，同时还具有更多的抽象意义，尤其是在中西文化思维方面，颜色词语承载着不同的文化象征，甚至是截然相反的审美标准和情感色彩。

### （三）做好英语新闻翻译的艺术性处理

英语新闻和一般文本一样，要做到精确性，还要注重艺术性。选择合适的词汇和句式，还要注重一定修辞和艺术手法的运用，从而确保语言的生动性和艺术性。英语新闻翻译时要注重不同民族、不同语言的修辞。在语言处理方面一定要充分考虑各国语言的艺术性差异。注重跨文化思维，让词汇更加准确，实现语法有效对接，让语言更具魅力，增强英语新闻的艺术感染力。中国新闻表述中会运用历史典故和文化掌故，并运用一定的比喻修辞，而西方国家也有相应的典故，就是著名的历史人物和历史事件。翻译时要做好中国的历史典故、文化掌故与西方历史人物、历史事件的跨文化对接。

总之，英语新闻翻译的本质是不同民族文化的沟通和交流，在英语新闻翻译时要具有更强的跨文化思维，要强化跨文化意识。做到准确、客观、生动，符合民族思维和认知习惯，让受众更容易接受，让新闻传播更加便捷，让英语新闻阅读更为自然，让新闻背后的深层次文化内涵得以充分展现，推动中西中外民族文化沟通和交流。

# 第二节　英语语言翻译中多元文化的应用

在全球化背景下，英语广泛普及应用，提高英文水平，可以更好地促进各国的政治、文化、经济、贸易等交流，加深合作。英文翻译是交流的关键中介。从多元化的角度看，有利于提升英文翻译质量，加强跨文化交际。语言的多元化体现在地理位置、民族文化等方面，并反映在生活工作的各方面，应加强文化细节的学习。

## 一、多元化文化背景下英文翻译的重要意义

在不同语言背景下，为了沟通，需要语言翻译，英文翻译主要分为笔译和口译，无

论是哪种形式，都需要将人们所要表达的内容准确、完整表述出来，不进行过多的修饰，也不掺杂主观臆断。为了使英文翻译更加准确，在翻译过程中，翻译不能单从字面来理解，还要充分了解不同国家的语言文化背景，这样在翻译过程中才不会曲解内容，避免出现错误，不会根据自身的主观情感去翻译，保证将内容清楚阐述出来，并让对方听懂。

近几年，人们越来越关注翻译中的文化问题，认识到文化元素与翻译内容的内在联系，人们对于文化问题的重视，也能看出他们正确看待背景文化知识的真正作用。在具体翻译活动中，因为对于文化掌握得不全面，或是不够了解、误解了文化内容等，导致翻译错误的例子也很多。所以，文化因素对于英文翻译质量有很大的影响，这也成为重点内容。美国著名翻译理论家尤金·奈达说："就真正成功的翻译而言，译者的双文化（bicultural）功底甚至比双语（bilingualism）功底更重要，因为词语只有在起作用的文化语境中才有意义。"

语言是人类进行沟通和交流的重要工具，可以最为准确地表达人们的想法，生动化表述其观点，同时也是承载文化发展、文明进步的重要载体。在国际化发展背景下，语言呈现多元化的一面，站在多元化文化的角度进行英文翻译，可以更好地表述其中的内容，精准、全面，进而提高翻译质量，实现有效的跨文化交际。

## 二、语言多元化的表现

### （一）民族语言具有多样性特点

不同国家、不同民族都有属于自己的语言，语言在形成和发展的过程中，充分体现了民族特点，展现了其进步的全过程。而不同国家和不同地域的人，因为诸多因素，其语言文化也有不同，其中涉及生活环境和文化背景及发展历史等。社会经济快速发展，科学技术水平不断提升，语言也逐渐规范，例如，在我国大学校园，常常可以看见这样的标语，"请写规范字，请说普通话"，时时刻刻都在规范着学生们的语言。与此同时，在全球化背景下，各国之间的交往越来越密切，英语是国际性语言，是重要的交流工具，在世界交流活动中占据一定位置。因此，如何准确进行英文翻译也成为重要内容，需要通过这种方式加深与国际的交流，促进跨文化交际的有效进行。

此外，英语国家的经济发展水平高、文化元素丰富、科学领域发展迅猛、综合国力强等，促进了英语文化的兴盛。最初，语言是出现在群体内的合作生产桥梁与交流工具，随着群体的发展与壮大，逐渐成为一个民族、一个地区的交流方式，然后广泛应用。但由于地域因素等不同，语言交流也不同，形成了语言的多元化。而为了加快发展速度，每个民族都会推行自己的语言，使之越来越规范化。从这方面可以看出，英文的广泛推行与应用，充分体现了该民族发展的高水平，证明了自身发展之强大。

## （二）地理位置的不同

在具体的交流中，我国与西方打招呼的方式会有很多不同，通常情况下，打招呼时都会问"吃了吗""去哪儿了"等问题，但西方人不会问这些，他们觉得这些问题涉及个人隐私，所以，西方人打招呼只是用"Hello"或"Hi"等。例如，一个美国人在中国，每次见面时身边的中国朋友都会问："吃饭了没"，如果回答还没有，中国朋友会说："走啊，去我家吃饭"，这时，对方会觉得这是在邀请自己，但事实上是用来表示客套的方式，而美国人可能会更为直接一些。从这一例子可以看出，不同国家的人对于语言的理解是存在差异的，所以，在英文翻译过程中，要充分了解不同国家的文化背景，所翻译的内容需要凸显不同国家的语言习惯。尤其是在多元化文化背景下，这些是非常重要的因素，可以将语言内容表达到位。

我国幅员辽阔，民族众多，民族文化也具有多样性特点，在进行英文翻译过程中，一定要用合适的词语，这样才能更好地保证翻译内容的准确性。因为地理因素、社会背景因素、文化多元化因素等，对于一些词语很难正确理解，常常会让人误解词语的真正意思，交流中出现了一些麻烦。中国人的语言表达因为受传统文化影响，更含蓄一些，一些观念看法会采取委婉的方式，而西方人则会更为直接，这与人们所处的文化背景有很大关系，因此，翻译过程中需要认真考虑各方面因素，在交流中可以避免一些问题。

## （三）不同的历史文化

我国拥有五千年的文明历史，博大精深、源远流长的文化决定了语言的多元化特点。而其他的一些发展历史比较短的欧美国家，其语言文化层次相对来说简约，不同国家的历史文化会存在一定的差异性。我国历史文化悠久，语言内容也极为丰富，有内涵深刻的成语，也有包罗万象的谚语，还有生动形象的历史故事。而在这种复杂且多变的语言环境及历史背景下，在英文翻译时，其实很难找到非常合适的词语，翻译只能采取词语罗列等方式，勉强将中文的深刻内容表达出来。例如，在汉语中，"后天"这个词，英文翻译时只能译为明天的明天。我国的计数单位有"亿"，而在英语中，只能用十个千万来表达"亿"的意思，通过这种叠加的方式表达。在英文里，面对这种简单的习语，需要用复杂的词汇逻辑，还有复杂的历史文化环境等，这些都需要用许多词语进行翻译。所以，历史文化的不同，多元化的语言深深影响了翻译的准确性。中华民族拥有五千年的中华文明，促成了我国语言文化的多样性。也是由于这一原因，翻译很难找到准确的翻译词语，为翻译工作带来很大难度。

与此同时，这种问题不仅会体现在不同国家之间，也会体现在不同地区，在我国南方和北方也存在很大差异。例如，"炕"一词出现在我国北方方言中，由于地理位置的原因，冬夏季节差异比较明显，所以，冬季一些农村地区为了过冬取暖，会搭建"炕"，不仅可以解决睡眠问题，还能为做饭提供便利。但在英文翻译中，很难找到准确的词语来表达，不能单纯用 bed 这个词替代，因为无论是从功能性角度，还是从实际应用方式，炕都与床有很大的不同。

我们有幸处在大环境和平的年代，我国社会相对于一些战乱国家和地区来说，也是非常和谐的。在两次世界大战中，许多国家成了法西斯的殖民地，反法西斯胜利有一部分地区处于封闭状态，这些地区会继续沿用殖民者的语言，所以，导致一个国家出现了不同的语言。现在，世界整体上处于和平时期，人们的思想意识发生了变化，经济与科技等方面慢慢地与国际社会接轨，需要逐渐加强国际语言的交流。

合理配置资源，充分利用教育资源富集的优势。一方面，以金融支撑经济增长效率来看，在出现不确定因素影响时，相关的金融资源应该更多向第三产业倾斜，因为第三产业一旦受到经济运行过程中的不确定因素影响时，需要经历的缓冲期在三大产业中最长。另一方面，从金融服务方式来看，应积极探索开展种类丰富的质押贷款方式，如专利权质押、经营权质押、收费权质押等贷款抵押方式。此外，由于存在从业人员方面多有冗余的情况，应深入发展人才战略，培养复合型人才，充分利用教育大省固有的优势。

## 三、英文翻译中语言多元化文化的体现

### （一）在实际交往过程中语言文化的多元化

此外，关于亲戚的称呼也有许多不同，我国有姥姥、姥爷、奶奶、爷爷、叔叔、阿姨、舅舅、舅妈、伯父、伯母、哥哥、弟弟、姐姐、妹妹等称呼，而在不同的地区，这些称呼也有一些差别。而在英文翻译中，只有 Uncle 和 Aunt、Brother、Sister 这些词语。在英语中，既不会区分说话对象的年龄，也不会区分他们与自己父母的关系。所以，不同的历史文化促成了语言的多元化，这些是在翻译中需要具体了解的内容。

以赤道为分界，地球划分为南半球和北半球，而处在不同地方的国家，其地理环境和气候等方面有很大不同。由于地理位置原因，人们的生活方式存在差异，语言表达也不同。人们所使用的语言有各自的特点，会体现出地理位置的特点。在英文翻译过程中，常因地理位置不同造成的语言文化差异而出现一些问题，导致实际意思很难正确表达出来。例如，east wind 这个词被译为东风，在我国，有着温暖和希望的意思。而在英国，这个词则是寒冷刺骨的意思。出现这种差异主要是因为英国是一个岛国，东临北海，西靠大西洋，东风是从欧洲大陆北部吹来的寒冷的风。因此，在英文翻译时，也要充分考虑地理因素。

## （二）受教育程度的不同

世界上很多国家的发展程度不同，有的是发达国家，有的则是发展中国家，相对于其他发达国家来说，我国是一个发展中国家，人们的受教育水平也不同，与发达国家的受教育程度相比，我国人民的受教育水平还是较低的。与此同时，每个国家生活的环境不同，对词语的理解也不同。例如，知识分子，我国与其他国家对其理解就有很大不同。从所涵盖的范围来看，我国因为地区经济发展不同，有些地方会把接受过高等教育的人称为知识分子。但那些地处偏远且经济落后的地区，会一些知识的人就会被称为知识分子。而在其他国家，知识分子的范围其实是很小的，他们会把那些拥有一定学术地位的人称为知识分子，并不包括普通大学生。所以，知识分子在国外所指范围要小得多。由此来看，在英文翻译过程中，某些词语在两种语言里，虽然表面上似乎是指一个事物，或是一个概念，但其实并不是这样的。理解之中稍有偏差，就会出现很多问题，造成交流中的麻烦。所以，多元化文化中，了解一个国家的文化背景非常重要，能够提高翻译质量，实现有效的跨文化语言交际。

## （三）风俗习惯的差异

我国拥有几千年的历史文化，人们的思想观念、思维习惯、行为方式等深受其影响。现如今，虽然社会发展速度飞快，但人们对于事物的看法、对待事情的态度等，还是会受传统观念的影响。在英文翻译过程中，因为这种风俗习惯的不同，所以翻译内容也会有出入。例如，在我国，常常将狗来比喻一些坏人，或是不好的事情，从狼心狗肺等词语可以看出。但在英美文化中，狗常常用来比喻人的生活，也由此出现许多词语，lucky dog，就是幸运儿的意思。还有谚语 Every dog has his own day. 翻译的意思是每只狗都有它的好时光，用来比喻"人人都有得意的一天"。从这些例子可以看出，语言文化具有多元化特点，在英文翻译过程中要充分考虑各方面因素，了解对方语言的风俗习惯等，贴近当地生活，使翻译内容更地道，不仅能够保证内容的真实性，还能融入原汁原味的文化，提升跨文化交际水平。

勤俭节约一直都是中国人提倡的美好品德，正如谚语"勤是摇钱树，俭是聚宝盆"一样，倡导大家勤劳节俭。所以，存钱一直都是中国人的一个良好习惯，而这也是许多西方国家所不能理解的。就像失业问题，中国人也面临失业问题，但通常情况下不会严重到刚失业就没有饭吃。西方人却更为注重活在当下，很少有存钱的概念。因此，那些失业就没饭吃的情况并不是夸张的说辞。英文翻译一定要充分了解对方国家的生活习惯，保证翻译内容的忠实性，更为深刻地理解另一种语言的民风民俗，并进行更好的语言文化诠释。所以，为了使英文翻译更为精准，需要对不同国家的习惯用语和不同的语境等进行仔细斟酌反复分析，然后在翻译中体现其思维方式、语言表达及行为习惯，为人们呈现最为准确的翻译内容，保证忠实于原始意图。

加强对不同国家语言多元化的重视，充分了解其产生原因和影响因素，以及来源等内容，会使英文翻译更为准确，能够生动表达出其语言内容的原始意图。通过有效的翻译，加强跨文化交际，提高交流水平。随着社会的进步，经济水平不断提升，文化发展越来越多元化，在国际交流与合作中，英文翻译所体现的功效非常明显。所以，从语言文化多元化的角度出发，提高对英文翻译的重视，加大投入力度，使英文翻译更具科学性、规范性，并注重内涵建设，对于英文国家的社会背景、文化背景、民俗习惯等进行全方面了解，从而推动跨文化交际的有效完成，加强我国与世界的交流与合作。

# 第三节　跨文化在广告英语翻译中的应用

随着经济的快速发展和各国经贸交往的增加，广告翻译日益重要。广告翻译不仅是语言的翻译，还是一种跨文化的交流活动，它要求译者必须具备很强的跨文化意识。因此，在翻译广告的时候，译者必须理解和把握不同民族的文化心理特征、文化传统、思维模式和审美习惯，并通过转化这些文化，用准确恰当的方式传递源于广告的文化信息，同时使广告译文顺应译入语文化传统、表达习惯及审美标准，发挥广告的经济价值。本节从广告语的语体特征出发，简要分析广告语翻译中文化差异的主要表现，进一步探索文化差异对广告语翻译的影响。

在生活中我们不难发现，广告语翻译是一项非常灵活和复杂的工作，其中最重要的原因之一是中英文化差异所带来的影响。由于不同的民族有其各自独特的文化，因而跨文化交际中的文化差异在很大程度上影响着广告对象的接受心理。近年来，随着中国市场的不断开放，跨国企业本土化意识加强，对广告语翻译的准确和地道与否提出了更高的要求。

## 一、对基本定义的阐述

### （一）文化意识

《柯林斯高阶英汉双解学习词典》对"文化意识"的定义是：someone's cultural awareness is their understanding of the differences between themselves and people from other countries or other background, especially differences in attitudes and values. 其中文

含义是：一个人的文化意识是他对自己和来自其他国家或背景的人之间的态度和价值观上差别的看法。文化意识主要是一个强调不同文化背景的概念，同时，它也和人们各自不同的价值观、宗教信仰、行为习惯和生活方式直接相关。换句话说，文化意识就是人们在秉持自身文化习惯的同时，尝试或感受其他的文化。

### （二）广告语与广告语翻译

传统意义上的西式广告要来得直接得多。最典型的例子就是美国知名运动品牌耐克的广告语"Just do it!"（想做就做）。三个单词组成的简单句，用最直接明了的方式激励着爱运动的运动员和年轻人，展现出一种积极向上、勇于拼搏的体育精神。同样的，作为祈使句，耐克像是在"建议"人们能够自主行动起来，想做就做，是一种品牌精神的体现。

由于文化差异的存在，直译往往无法准确表达广告语的内涵，可能会误导受众，或是引起歧义或引发受众反感。在广告语翻译中，我们需要先了解原广告语的含义，并用符合对方用词习惯的方式将同样的意思表达出来，保障广告语的准确性。

广告是商业宣传的重要途径之一，那么广告语必然是具有商业目的性的。广义上，广告语指的是所有在广告宣传中用到的方式和方法，它包括声音语言、音乐语言、图像语言、色彩语言以及书面语言。狭义上，广告语是指在广告中出现的文字语言。本节的论述对象就是狭义上的广告语，具体包括商标、广告标题（包括标题、主题和字幕）、宣传口号、广告警示和广告文本。广告语翻译就是对这些内容进行中英意思的准确转换，通过对字词句谨慎的选择和巧妙的编排，将相关信息准确地传递给广大消费者。

## 二、跨文化意识在广告语翻译中的表现

### （一）价值观差异

语言是文化的载体，也就是思维方式的载体。思维方式很大程度上影响了文本内容的编排，以及人们说话行文时的遣词造句、谋篇布局。从本质上讲，翻译就是不同思维方式的转换。中国人喜欢委婉非直接地表达自己的想法，对意境和词句中带有的神韵更为关注，而西方人则更重视思维过程中的逻辑和推理，表达方式上也更心直口快，直接不含糊。因此，在用词用语上，传统的中式广告较为注重音韵、修辞、意象等的运用，将想要传递给受众的产品信息隐藏于意境中，希望从整体上感染受众。中国某房地产集团的广告语是：气度不凡，大家风范。该广告语采用四字词并列的形式，与中国传统诗歌类同，词尾押韵，蕴含浓浓的文化韵味，同时，向受众透露出一股中正豪气，暗指其楼房档次高。

西方文明起源于希腊和罗马。强者生存的环境突出了个人的重要性，再加上中世纪的文艺复兴运动，逐步形成了西方文化的个人主义思想。香奈儿推出全新五号之水，其广告语是"You know me and you don't."（你懂我又不懂我），通过两句看似对立矛盾的简单句，实则呼应香奈儿香水"正反论"的主题，将全新五号之水奢华感与小清新相结合的特征完美展现，也是对女性个体魅力的诠释。这种以女性个体为口吻的广告语表达方式，恰恰体现了西方文化中的个人主义。

近年来，随着国际化的不断推进，不同国家人民的价值观念都在潜移默化地发生变化，但传统的价值观仍被多数人接纳并占重要地位。中西方价值观差异最显著的体现在于中国人崇尚集体主义，而西方人偏向个人主义。中国起源于部落的统一，自古强调群体价值，这与儒家思想也有着密切的联系。儒家倡导社会的和谐有序，提倡个人对群体的忠诚和责任。

跨文化意识指的是对不同文化要素有一定理解的人们之间进行的跨文化交流。一般来说，跨文化意识可以分为四个层次来分析：能够从表面发现不同文化中的相异现象；能察觉到对方文化与自己文化有显著差别的文化特征；能通过理性分析证实或者在理论层面理解自己文化的显著特征；能在对方文化背景下，自主察觉其文化的不同，并能设身处地为对方着想。拥有跨文化意识可有效避免跨文化冲突的发生，同时对他人文化有一定的敏感度和识别力，有利于在不同文化背景下以恰当的方式行事。

### （二）思维方式差异

美国语言学家 Robert Lado 曾在其《跨文化的语言学》一书中提出："一种语言既是一种文化的一部分，又是该文化其他组成部分的主要表现手段，影响到双方的文化传统。"语言是文化的表现形式，而文化充实了语言的内涵。两者相辅相成，不可分割。

中西方文化差异性很大，自然在语言表达上也会有所不同。一些词句背后所蕴藏的含义和象征意义都不尽相同，有的甚至还大相径庭。"龙"在中国象征着吉兆，也象征着至高无上的权力和无尽的荣华富贵。但在西方，"龙"是邪恶的象征。在一些西方的童话故事里，龙都是毁灭世间万物，给所到之处带来灾难和绝望的存在。故事里，勇敢的骑士因为杀死恶龙，营救好人而被世人称赞。因此，在广告语的翻译中，类似具有不同象征意义的词语不可直译，不然会大大影响营销的效果。

## 三、跨文化意识对广告语翻译的影响

### （一）准确性

广告作为企业营销的手段之一，有其目的性。一般而言，广告语需要具备简洁干练、生动形象、易于记忆等特征，从而有效传达信息，成功引起受众的关注。英语广告语在表达用语上较中文广告语更直截了当。祈使句如"Buy it now and get 50%off!"（即刻下单即享半价优惠！）、简单句如"Apple thinks different."（苹果电脑，不同凡"想"）都是典型的英文广告语，而中文广告语就相对更含蓄一些。因此，在进行广告语的汉译，尤其是高档产品广告语的汉译时，要注意用词用语不可太过露骨，避免传销式、口号式的用语，因为这些可能会引起中国受众的反感，拉低商品档次，有损商品在受众心中的良好形象。

## （二）艺术性

中华民族自古以来都对诗词之美有独到的热爱，广告语亦是如此。一些四字词、修辞、押韵、双关等写作手法的使用，可使广告语句变得更加优美，从而营造独特的语境，让受众感受到古典美，在潜移默化中吸引着受众。

控制成本费用的支出是任何企业都想要实现的目标。例如，供水企业不仅要在企业的内部树立起新的成本管理的理念，同时还应该顺应市场的经济发展需求，在企业的内部建立相应的成本管理体系。除此之外，供水企业还应该结合自身的实际特点以及企业的生产经营情况，对企业经营过程中不同环节的成本费用进行有效的把控，从而实现对企业成本的全面控制。

汰渍洗衣粉的广告词"Tide's in, dirt's out."（汰渍到，污垢逃）就是个很好的例子。英语版本有很强的直观性，符合外国人的喜好；中文版本增加了押韵的部分，读来朗朗上口，为广告语增加了节奏感，易被记忆和传诵。另外，一些销售红木家具的企业，常常会使用诗歌式的广告词来营造古风意境。如员外楼红木的广告语"红木紫檀藏雅韵，传家品藏员外楼"，将古诗的写法融入其中，以彰显红木家具所承载的文化底蕴和无限价值，与商品风格遥相呼应。

在商品经济发展迅速的当下，广告语作为企业营销最重要的方式之一，其重要性不言而喻。因此，在对广告语进行翻译时，应充分了解中英间的文化差异，避免受到双方不同价值观、思维方式和文化习俗的影响，从而影响广告语的准确性、直观性和艺术性。企业应重视跨文化因素对广告语翻译的影响，有针对性地培养或聘请专业的翻译人士进行广告语的翻译，避免出现低级错误造成误解，影响销售和品牌形象。

# 第四节　跨文化在旅游景点英语翻译中的应用

文化是国家民族的重要精神传承，每一个国家都有不同的文化历史。中西方文化不断地碰撞和交流。中国作为具有五千年文明历史的文化古国，具有深厚的文化内涵、底蕴。越来越多的外国游客关注中华文化历史，但是由于中西文化的差异性，在沟通和交流方面存在一些问题，在一定程度上妨碍中西文化的交流。本节分析跨文化意识翻译的重要性，研究实际应用方法。

伴随着全球化的发展，越来越多的外国游客来中国游玩。这对于我国的旅游行业而言是一个重要发展契机。我国地大物博，从先秦时期到汉唐辉煌再到明清文化，每一个历史时期都拥有宝贵的文化财富，都是当之无愧的历史瑰宝，让外国游客体会到不一样的历史文明，并沉醉其中。但是，外国游客在欣赏我国的历史瑰宝的过程中，难免出现语言交流不顺的情况。因接受的文化存在差异性，导致翻译过程中出现错误，让游客误解文化内涵。这是应当改进的。

## 一、跨文化意识的意义及其重要性

通俗地说，跨文化意识是指接受不同文化教育的人或团体进行文化交流。文化影响的不仅仅是语言，还包括人类的习惯及思维方式等。跨文化意识的主要目的在于文化交流，交流是一个双向性的概念，由于文化存在差异性，很多文化内涵都无法得到有效表达，在实际交流过程中，我们应本着求同存异的心态看待跨意识交流。对本土文化有充足的信心，同时充分尊重对方文化，达到求同存异的效果。在跨文化意识交流过程中，语言障碍影响大，需要优秀的翻译人员熟悉双方的文化特点，并能够根据特定的语境进行对应的翻译。尤其是旅游行业，涉及的历史文化内容较多，很多都是我国特有的历史文化产物，西方人很难知晓具体文化内涵，使跨文化意识交流受到影响，因此探究旅游景点的英语翻译具有重要意义。

## 二、旅游景点中英文翻译存在的普遍问题

### （一）景点名称英语翻译不统一

景点是吸引游客的关键词，但是旅游景点英语翻译名称不统一，导致外国游客对我国的旅游景点产生一些误解。而且，随着中西方文化的交流，部分旅游景点已经采用全

新的英语翻译名称，部分景点仍保留原有的英文翻译旅游景点名称，使得部分外来游客产生误会，甚至还有外来游客误认为是两个不同的旅游景点。旅游景点英文翻译的不统一导致我国旅游景点的文化传播受到阻碍。该现象大量存在于我国的旅游指南和旅游宣传手册之中。例如，我国的著名旅游景点"黄山"，英文翻译就有很多版本，常见的有：Huang Shan、Mt.Huang、Yellow mountain 等，导致国外游客经常产生误解。

### （二）文化理解不足导致理解出现偏差

跨文化意识交流过程中，一定要充分了解双方的文化差异性，并结合相应的语境意思完成翻译。尤其在旅游景点中，每个景点都包含特有的景点文化。由于翻译者对文化认知程度不足，翻译词汇流于表面的情况常有发生，使得很多外国友人产生误解。最典型的是大雁塔，大雁塔是我国唐朝的标志性建筑，也是我国的标志性旅游景点之一，文化底蕴及文化影响力可想而知，大雁塔的英文翻译早已被定为 Dayan Pagoda。但是，部分英语翻译者却将其翻译成 Big Wild Goose Pagoda，意思是大野鹅塔。这种例子还有很多，例如，我国著名城市"贵阳"被翻译成 The expensive sun，中文的意思为昂贵的太阳。这就是典型的不了解文化的直译。这样的歧译对于外国游客了解中国文化无疑是不利的，甚至某些外国游客看到"Big Wild Goose Pagoda""The expensive sun"等名称奇怪的景点时，会下意识地产生误解。

### （三）用词不当

当前，部分旅游景点存在翻译水平低下的问题，一些旅游景点进行中英互译时，无法有效表达出想表达出来的含义，因为翻译用词不恰当，外国游客无法真实懂得中国旅游景点的意思。比如，在翻译"枯藤老树昏鸦"一句时，有翻译人员将其翻译为"rattan、tree、crow"。这种翻译方法的确将待翻译句子的所有事物主体都翻译了，但是翻译之后缺失了句子原本的内涵。在翻译这些具有内涵情境的语句时，应该充分尊重其中所包含的内涵，"枯藤老树昏鸦"完全可以翻译为"Crows hovering over rugged trees wreathed with rotten vine—the day is about done."或者翻译为"Withered vines hanging on old branches, returning crows croaking at dusk."不论是中文还是英文，都是一种语言，语言是存在精神内涵的，仅对主体进行翻译，而失去文化内涵，无疑是本末倒置的，导致一些外国游客在看见这样的翻译后兴致缺失，无法感受到这句话的意思。

## 三、跨文化意识在旅游景点英语翻译中的实际应用

### （一）地名景点英语翻译

在跨文化意识交流过程中，一定要依据外国游客习惯的阅读方式翻译。英文阅读方

法和中文阅读方法不同。例如，在翻译过程中一定要注意宾语后置等英文阅读理解习惯。特别是旅游景点的名称翻译直接影响我国的文化内涵传播，应用于旅游景点时需要更加注意。根据外国游客的阅读习惯，对某些山、湖、海都要进行翻译。例如我们所熟知的五岳之首"泰山"，如果正常翻译的话，直接翻译为"Tai mountain"即可，但是为了方便外国游客阅读，都会将其翻译为"Taishan mountain"，以便外国游客更好理解。但是并不是所有旅游景点都应该以中文名翻译，最典型的例子是"拙政园"，拙政园位于苏州，是我国著名的旅游景点。公认对于拙政园的英文翻译为"Humble Administrator Garden"。但是，如果仍然使用中文命名翻译"Zhuozheng Garden"，外国游客就会认为这只是一个普通的公园，完全丧失了背后的典故。

### （二）历史人物及历史事件英语翻译

让外国游客了解我国历史人物及历史事件，是传播我国文化内涵的重要内容，对于历史人物及历史事件的英文翻译一定要慎之又慎。大多数翻译过程中需要将朝代的年份及人物成就包含在翻译内容中。例如，在翻译"唐朝贞观年间"的时候，应该翻译为"The reign of Zhenguan in Tang Dynasty"。同时，翻译历史人物时一定要补充翻译身份及个人事迹等，例如在介绍"李世民"时可以翻译为：leader of insurrection against the Sui dynasty who founded the Tang dynasty；reignedas Tang Taizong。这样可以让外国游客对李世民这个历史人物有更加透彻的了解。

### （三）中国古诗词翻译方法

中国文化的重要表现行为是古诗词，古诗词中有许多著名的经典语句，在旅游景点中频频出现。古诗词中蕴含了诸多语境寓意，翻译好古诗词是跨文化意识交流的重中之重，对翻译者的要求极高。以家喻户晓的《静夜思》一诗为例："床前明月光，疑是地上霜。举头望明月，低头思故乡。"这首诗的作者是诗仙李白，意思为月光铺洒在床前，我怀疑它可能是地上的冰霜，我抬头看着天上的月亮，又低下头思念着我的家乡。这首诗寥寥几句诠释了诗人思念家乡的思想情感，并对身边景物进行了细致的描绘，让人有身临其境之感。英文翻译可以译为："On a Quiet Night，I saw the moonlight before my couch，And wondered if it were not the frost on the ground.I raised my head and looked out on the mountain moon，I bowed my head and thought of my far-off home."

### （四）历史文化专用词汇翻译

因东西方文化存在差异性，我国很多词汇都属于专属名词，在英文翻译中，外国游客很难理解这些专属名词表达的含义。旅游景点的翻译实质是希望可以通过详细、贴切的翻译让外国游客更好地体会中国文化的内涵。因此，这些历史文化专属名词的翻译是旅游景点翻译的重头戏。最简单的一个例子，身为炎黄子孙，一定要参观黄帝陵。很多英文翻译者将这句话翻译成了："As a descendant of the Chinese people，we must visit the mausoleum of the Yellow Emperor." 这句话的翻译内容确实将表达的意思翻译出来了，但是黄帝这一历史文化专属名词，是指我国古代的伟大首领，不是泛指意义上的皇帝，更不是黄色的意思。因此，外国人在阅读翻译内容时，很难知道黄帝陵的具体含义。这句话完全可以翻译为："As a descendant of the Yan Di and Huang Di，you must visit the tomb of Huangdi( Yellow Emperor )，first chinese chief." 这样翻译，外国游客可以明确地知道炎黄子孙的意义，了解到黄帝是中国的一个领袖。

### （五）跨文化意识在信息处理中的注意事项

在跨文化意识交流过程中，文化信息是交流的主要内容之一，尤其是我国的传统节日及各地的风俗，都是外国游客最喜欢的中国元素。翻译旅游景点时，需要对这些中国特有的文化词汇意义着重翻译。例如我国最重要的传统节日"春节"，应该翻译为 "The Spring Festival is the most important festival in China.In the Spring Festival，all family members will get together，just like Chirstmas in the West.Its origin is ancient，but many believe the word Nian，which means 'year'，was the name of a beast that preyed on people on the eve of a new year." 这样翻译可以让外国游客意识到春节在中国文化中的重要意义。

跨文化意识对于促进中西文化交流具有重要意义，跨文化意识是以互相尊重对方文化背景为前提的，重点在于更好地求同存异，了解对方的文化背景。旅游景点是了解文化背景历史的重要场所，因此旅游景点的跨文化意识英文翻译具有重要意义。本节针对当前一些旅游景点存在的不足之处进行了阐述，并结合中西方文化差异性，对于翻译过程中常出现的翻译错误进行了分析和指正，重点对我国的专用文化进行了相关叙述，提出在实际翻译过程中一定要尊重真实语境，让外国游客感受到原汁原味的中国文化。

# 第五节　跨文化在文学作品英语翻译中的应用

文学作品英语翻译是一种将汉语文化转化为英语文化的跨文化交际活动，在这种翻译活动中中西方文化差异会不可避免地影响文学作品英语翻译的质量及效果。所以在文学作品英语翻译中应当树立跨文化翻译意识，从跨文化交际视角化解语言文化差异，以意义补偿的方式化解民族文化差异。

　　文学翻译是文化信息在两种语言形式之间的转换，但这种语言转换并不是简单的语言表达方式转换，还涉及不同民族之间的文化差异问题，如果仅仅将文学翻译视为不同语言表达方式的转换，就会产生文化缺省、文化误译等问题，从而影响文学作品翻译的质量及效果。所以在文学作品英语翻译中，应当充分了解中西方文化差异，树立跨文化翻译意识，以恰当的翻译策略解决汉语和西方的文化差异问题。《红楼梦》是中国文学史上的巅峰之作，也是中国经典文学的代表作，本节仅以《红楼梦》为例考察文学作品英语翻译中的跨文化意识问题，探索文学作品英语翻译的有效策略及方法路径。

# 一、跨文化意识对文学作品英语翻译的意义

　　跨文化意识是指人们对与本民族文化有冲突的文化现象的态度、认识、看法以及对这种文化差异的接受、包容和适应状况。文学作品英语翻译是一种将汉语文化转化为西方文化的跨文化交际活动，在这种翻译活动中会不可避免地产生中西方文化差异问题，这就需要译者拥有鲜明的跨文化翻译意识，以恰当的方式解决文化差异问题。显然，跨文化意识是开展文学作品英语翻译的重要前提，对于提高文学作品英语翻译质量具有重要意义。

## （一）跨文化意识是进行文学作品英语翻译的重要前提

　　语言是文化信息的载体和文化交流的工具，它不仅受到民族文化的影响和制约，同时也直接或间接地影响着民族文化的发展。通常情况下，不同的民族往往有着不同的民族心理、历史传统、宗教信仰、语言习惯等。文学作品是带有强烈民族文化色彩的艺术形式，能够很好地展现某个民族的历史传统、价值信仰、社会习俗、思维方式等。由于中西方文化在地理环境、社会制度、宗教信仰、语言习惯等方面差别较大，所以中西方文学作品在文化背景上往往有着较大差异，没有汉语文化背景的西方读者往往很难读懂《西游记》《围城》《红楼梦》等中国经典文学作品。文学翻译是将某种语言文化信息转化为另一种语言文化信息的跨文化交际活动，在跨文化翻译中不可避免地会出现文化差异问题，如果译者缺乏跨文化翻译意识，在翻译过程中就可能会产生文化误读现象。学者李红梅曾将文学作品中文化误译的原因总结为：文化差异所带来的词汇及语义缺省、源语和目的语的文化模式差异较大、对源语文化产生了文化误解等几种形式，并指出了文化误译所带来的种种文学翻译问题。所以，在文学作品英语翻译中，译者应当树立跨文化翻译意识，充分考虑文学作品中的中西方文化差异问题，采用合适的翻译策略进行跨文化翻译，以更好地提高文学作品英语翻译的质量。

### （二）跨文化意识是提高文学作品英语翻译质量的保证

在社会交际活动中，人们往往以自己的经验知识、思维方式、价值观念等进行信息交流和情感沟通，双方往往会有意或无意识地省略某些不言自明的或双方都认同的文化信息，以提高信息交流和思想沟通的效率。同样，在文学创作中作者往往会省略一些读者非常熟悉的社会常识和文化信息，如果作者省略的内容与特定的故事场景有关，那么这种省略就是"情境缺省"；如果作者省略的内容与文学作品的语篇信息有关，那么这种省略就是"语篇缺省"；如果作者省略的内容与本民族的价值观念、宗教信仰、社会习俗等文化背景有关，那么这种省略就是"文化缺省"。其中，文化缺省是文学翻译中非常普遍的文化现象，也是文学作品翻译中不得不重视的翻译问题。如果译者缺少必要的中西方文化背景和丰富的生活经验，就无法很好地解决文学翻译中的文化缺省问题。所以，译者应当拥有较强的跨文化翻译意识，才能准确把握文学作品中的背景知识缺失、文化意蕴不同等问题，并采用恰当的翻译策略弥补这种文化缺省问题。唯有如此，才能更好地提高文学作品英语翻译的质量及效果。

## 二、文学作品英语翻译中文化差异的表现形式

文学与政治、法律、宗教等一样，都是社会意识形态，所以文学作品往往与国家或民族的历史传统、社会习俗、宗教信仰等有着密切联系。同时，由于中国与西方国家在历史传统、社会制度、意识形态、语言表达习惯等方面存在较大差异，在文学作品英语翻译中会不可避免地产生文化差异、文化缺省等问题，这种文化差异多表现在社会习俗、价值观念、宗教信仰等方面。

### （一）社会习俗及价值观念差异

中国和西方国家在社会习俗、价值观念、思维方式等方面存在较大差异，这些直接影响着中国文学作品的英语翻译。首先，中西方在时令节气、传统节日等方面存在较大差异。中国人的春节、清明节等传统节日往往带有浓重的民俗气息和生活色彩，而西方人的圣诞节、万圣节等往往带有浓重的宗教色彩 [29]。此外，中西方在价值观念上有着较大差异，中国人认为是美好的事物，可能在西方人眼中有完全相反的意义。比如在西方文化中"dragon"（龙）是贪婪、自私、邪恶、残暴的怪兽，然而在中国传统文化中"龙"却是无所不能的、庇佑人类的神兽，也是威严、地位和权力的象征，从人中龙凤、鱼跃龙门、攀龙附凤、飞龙在天等成语中就可以看出中国人对龙的尊敬和崇拜。再如，中国人视梅兰竹菊为品行高洁的象征，而西方人则认为梅兰竹菊没有这些象征意义。这种社

---

29    章振邦 . 新编英语语法教程 [M]. 上海：上海外语教育出版社，1998.

会习俗和价值观念的差异深刻影响着文学作品的英语翻译，如果译者缺乏跨文化意识，往往很难恰当地翻译出文学作品所表达的文化意蕴。

### （二）语言表达及思维方式差异

中西方文化在语言表达方式上往往有着较大差异，汉语的句式较为紧凑，多用具象名词进行表达，多通过词汇关系表达语法关系；英语的句子较长，结构也较为松散，多以严谨的逻辑关系和抽象词汇进行表达。汉语和英语的这种表达方式差异直接影响着文学作品英语翻译。杨绛所译《红楼梦》就将"等满了孝，再圆房儿"译为"Once the mourning is over she can live with her husband"，这种委婉含蓄的翻译方式恰当地表达了"圆房"的文化意蕴。此外，汉语文化和西方文化在思维方式上也有较大差异。汉语文化更多地体现了整体性、感性、主观性的思维方式，西方文化更多地体现了个体性、理性、客观性的思维方式，这种思维方式差异也深刻影响着文学作品的英语翻译。汉字多为符号组成的象形文字，英文多为字母和字母组合而成的字母文字，这种造字方式上的差异直接影响了汉语和英语的语言表达方式；汉语多依靠文字意义组织语言，而英语则依靠逻辑关系组织语言，这种语言表达方式的差异给文学作品的英语翻译带来许多障碍。比如《红楼梦》中的"李嬷嬷怎不见……想有事才去了"，在翻译中就要加上被省略的主语，加上关联词"but""and"，这样才显得结构严谨，逻辑关系合理。

## 三、跨文化视域下文学作品英语翻译的方法策略

在不同民族文化和社会环境中成长的人往往有着不同的文化背景，对本民族成员而言，这些社会文化和生活常识往往是约定俗成、不言自明的。但是对其他民族成员而言，这些社会文化和生活常识则往往是陌生的，不知所云的。所以，从跨文化交际的视角看待文学作品英语翻译问题，用恰当的翻译策略解决作品中的中西方文化差异问题，才能更好地提高文学作品翻译的质量及效果。

### （一）以形式补偿化解语言文化差异

中西方文化差异首先表现为语言表达方式、用词习惯等方面的差异，这种语言文化差异往往会影响译文读者的阅读体验。所以，可以通过对仗、押韵、词缀等方式进行文化补偿，以更好地解决文学作品英语翻译中的文化缺省问题。比如《红楼梦》中有许多诗歌、辞赋、谚语等，这些文学体裁多采用对仗、押韵、重复等语言表达方式，翻译为英语时就应当采用相应的文学表达方式，以更好地表达作品所承载的文学意蕴。

首先，可以用头韵法、韵脚法等方式解决汉语和英语的语言文化差异问题。在中国文学作品中诗歌多是偶句押韵，并且常常是一韵到底，然而英语文学作品中的诗歌押韵

方式却非常灵活，经常出现交错押韵、变换韵脚、隔行押韵等表达方式。在对文学作品进行英语翻译时，应当采用转化押韵方式进行文化补偿，以更好地解决汉语和英语的表达方式差异。比如《红楼梦》中的诗歌"欲讯秋情众莫知……解语何妨片语时"，就可以采用以"i"为韵脚、一韵到底的方式对汉语诗歌的押韵进行补偿。此外，可以用词缀法、句型法等方式解决汉语和英语的语言文化差异问题。在文学作品英语翻译中，经常会出现对仗、反复、叠音等修辞手法，这时可以通过给英语单词添加后缀或前缀的方式进行翻译补偿。比如"情中情因情感妹妹，错里错以错劝哥哥"采用了非常鲜明的对仗，为了准确表达这种语言结构，可以用加后缀（Wordless、groundless）的方式对诗句中的对仗表达方式进行翻译补偿。再如，为了使英文翻译更加符合原文的对仗结构，可以将"情切切良宵花解语，意绵绵静日玉生香"中的"良宵""静日"译为"One Quiet Day"。

### （二）以意义补偿化解民族文化差异

汉语文化和西方文化在社会制度、社会习俗、宗教信仰、意识形态等方面都有着较大差异，所以，在文学作品英语翻译中会不可避免地产生文化差异问题，这时就需要通过增译法、替代法、解释法等方式进行必要的意义补偿，以提高文学作品英语翻译的效果。

首先，增译法。当文学作品所蕴含的文化信息无法直接翻译出来时，译者应当通过增译法补充或还原作品的文化背景，使译文读者能够清晰理解译文的思想内容。比如《红楼梦》中"鸳鸯"不仅是一种小鸟，更是爱情的象征，这时候就需要用增译法进行翻译，将"鸳鸯"译为"love-birds"。再如《红楼梦》中"药经灵兔捣，人向广寒宫"就是以神话故事"嫦娥奔月"为文化背景的，但是对中国传统文化不熟悉的西方读者往往不知道嫦娥奔月的故事，这时就需要对译文进行必要的注解，添加"in an ancient legend……becoming the goddess of moon"的英文解释，这样才能使译文读者准确把握诗句的文化意蕴。《红楼梦》中经常出现"五台山"一词，这里的五台山并不是普通的山，还隐含了在五台山成仙成佛的意思，如果将"五台山"简单地翻译为"Mount Wutai"，显然不能准确表达原文的文化意蕴，这时可以在译文中添加注释"carry you as an immortal on his head to Mount Wutai"，这样就能很好地表达原文的宗教文化意蕴。

第二，替换法。虽然汉语文化和西方文化是两种不同的文化系统，但是它们在许多方面是相似的、共通的，可以在两种文化中找到相似的文化意象。所以，我们可以用文化意象替换的方式进行文学作品翻译，以更好地解决中西方文化差异问题。比如《红楼梦》中经常出现"骨牌"一词，它与西方文化中的骨牌在意义上非常接近，所以就可以将"骨牌"译为"domino"。再如《红楼梦》中有"飞燕泣残红"，这里"飞燕"指的是中国历史上能歌善舞的皇后赵飞燕，但是许多西方读者都不知道赵飞燕的历史典故，所以在翻译时可以将"飞燕"翻译成"Daiyu",这样就可以较好地表达出这一词汇的文化意蕴。在诗句"秦鲸卿夭逝黄泉路"中出现的词汇"黄泉",西方读者由于不了解中国的婚丧文化、宗教文化等,不理解黄泉的文化意蕴,这时就可以将之译为"dying"。《红楼梦》中有一个丫鬟"紫鹃",紫鹃不仅是鸟儿的名字,也隐含了杜鹃啼血的意义,西方文化中紫鹃(Purple Cuckoo)带有愚笨、疯子等象征意义,这种情况下就应当将紫鹃翻译为"Ningtingale"。

文学作品往往与民族语言、民族文化有着密切联系,并带有鲜明的民族文化烙印。翻译家奈达明确提出,成功的文学翻译不仅要熟练掌握文学翻译技巧,还应当熟悉两种文化的文化差异、文化背景等。所以在文学作品英语翻译中应当树立跨文化意识,高度重视文学作品英语翻译中的文化缺省、文化差异等跨文化问题,采用恰当的策略进行文学翻译,以更好地提高文学作品英语翻译的质量。

# 第六节　跨文化在英语谚语翻译中的应用

谚语是民间流传的简练而固定的语句,常常是用简单通俗的话反映深刻的道理。其特点在于民间流传和含有明晰的哲理性,且都具有一定的教育意义和普遍的认同性,既可以是历史经验的总结、道德规范的倡导,也可以是前车之鉴的教训。英语和汉语中有的谚语在形式和意义上是对应的,在翻译时可用对等的汉语谚语去翻译。

谚语(Proverb)是群众中广泛流传的现成语句。谚语是人类生活体验的累积,凡是文化发展到一定阶段的人类社会,在其日常生活中,均会使用这种特殊语言。这种特殊语言,充分地反映着人类社会的关照、感受、知识、经验、特性。多数是人民群众长期生活和斗争经验的科学总结。翻译工作者除掌握两种语言外,还应具备政治文化、行为文化、道德和美学文化及经济文化等知识语言中渗透着社会意识和文化传统的意识,因此,如不了解外国的文化传统,也就不了解外国的语言文化。因此在一种语言文化中不加解释就能理解的事物,特别是在语际转换之时,若在另一种语言不加以说明,就容易产生可译却不可理解的问题,而这就产生了翻译结果之可译性和可理解性的不完全相等。

## 一、英语谚语翻译的意蕴与特征分析

谚语虽是一句简短的话,但是其中包含了广大劳动人民的智慧,只有准确理解其意思才能进行翻译,因此理解是翻译的前提。同时,不完美的表达也将成为谚语翻译的败笔。谚语的翻译不仅要保持原文的意思和风格，还要符合译文的语言习惯，更要简练。因此，在准确表达了原文的意思之后，还要仔细斟酌进行适当的修饰，以达到通顺、优美、得体。俗言、谚语，是普遍流传的话，为多数人了解、所惯用的，在语言生活当中是最受众人欢迎的。因为义理深刻，语词简明，雅俗共赏，尤有助于谈话的兴趣，每一句俗话、谚语，都会博得大众的认同。谚语是人类于各时期所累积下来的实际观察以及日常经验的成果，为了便于保存和传达，乃自然地以一种具有意识、简短、均衡、和谐、灵活诸特征性的便于记忆的语言表达出来，以作为人类推理、交往以及行动时的一种标准。

有时，英语谚语在汉语中无法找到对等的谚语表达法，采用直译法又不能表达其真正的含义，就只能根据英语谚语的主要意思进行翻译，这时，原语中的词性、词义、结构等概念性因素难免需要做些调整和引申。这里的意译转换法即指这样的情况。当然，前面对等翻译法在某种意义上说，也是意译转换翻译方法的一种。不同的是：对等翻译法强调了谚语形式和表达效果的对等，而意译转换法侧重谚语本身含义的转换和引申。

## 二、跨文化语境下英语谚语翻译的策略

### （一）对等套用翻译法

谚语是集人类实际经验之结果，发展为美丽俏皮的简要言词，于日常谈话中可以公然使用，借以增加发言者论点的理由或效力，而规定凡人的行为，或事件之当否的人人口头上常说的一种短语。促使不同语言可译的一个重要前提是，因为语言本身是开放的，它就像一个巨大的海绵体，随时吸收新的信息和新的文化交流，同时，也让它在不同民族里逐渐地进行文化融合，产生其语言的影响力。

比如，A friend in need is a friend indeed.“患难见真情”。Birds of a feather flock together.“物以类聚，人以群分”。Blood is thicker than water.“血浓于水”。Never too old to learn，never too late to turn.“亡羊补牢，为时未晚”。Good for good is natural，good for evil is manly.“以德报德是常理，以德报怨大丈夫”。He laughs best who laughs last.“谁笑到最后，谁笑得最好”。Like father, like son.“有其父必有其子”等等 [30]。因此，人们常说，谚语是一个民族人民智慧的结晶。不同民族的谚语既具有一定的共识性，又具有不同程度的差异性，这也是人们在翻译谚语时常常感到困难重重的根本原因之所在。

随着科技的进步、信息的快速发展及文化的融合，现在界定不可译的字词，说不定将来可以求得翻译的方法。换句话说，现在被确立的字词义理，将来也许会被另一种新的翻译方法取代，而可译性和不可译性即处在这样不稳定的关系里慢慢发展。随着翻译

---

30　冯志伟 . 应用语言学综论 [M]. 广州：广东教育出版社，1999.

理论不断推陈出新及译者的翻译实务经验增多,可译和不可译已经不像从前那么不可调和,双方已经逐渐朝互相融合的新阶段迈进。一种语言的事物若能在另一种语言中找到对应物,即可称之为可译性,但是可译性并不代表译入语读者能够完全理解原文所要传达的信息,也就是说可译性不等于可理解性。

## (二)直译完善法

人类思维的基本活动及一般特征是一样的。即使是不同民族,也会有相同或类似的生活经验、身体构造、生理需要等。所以不同语言和文化的民族在思维逻辑上会产生许多共同点,使得各种语言也都具有可理解性,成了不同民族之间语言的交流和翻译的基础。主张语言和语言之间可译的人就支持这样的论点,任一民族既然可使用该语言表达该民族的既有的事物,同样地,对于其他民族来说,新的事物也能够用该民族的语言去表达,而且这样的交流过程也显现了语言和语言之间的可译性。

谚语是通俗的、普遍的社会及民族文化的结晶。所谓通俗,是指语言表达的大众化,它包括两个方面的意义:一是用语通俗,一听就懂;二是意义通俗,深入浅出。每一句谚语都是根据前人的智慧与经验累积而成的,所以我们叙述说理用谚语来取代举例,有时反而更具说服的力量。举例无法用三言两语说完,而且还要求得到大众对事理的一致认同。如果讲出谚语,它本身就已经是一个得到人们肯定的真理,因此一说出来,大家也就心服口服了。比如,A good beginning is half done. 译成"良好的开端是成功的一半"。A good medicine tastes bitter. 译成"良药苦口利于病"。既体现了词义的补充和简约,也体现了英汉谚语形式的补充和简约。

## (三)意译转换法

关于不可译的问题的讨论,往往从绝对的对等,而不是从相对的对等着眼。如果有人坚持认为翻译决不允许发生任何信息流失的情况,那么很明显不仅翻译不可能,一切交流都是不可能的。没有一种交流(不论是同语的语际或同符号的)能在进行中不发生一些信息的流失。即使在专家间讨论一个属于他们本身专业领域的题目,他们彼此之间的共同理解恐怕也不会超过80%。

有时,英语谚语在汉语中无法找到对等的谚语表达法,采用直译法又不能表达其真正的含义,就只能根据英语谚语的主要意思进行翻译,这时,原语中的词性、词义、结构等概念性因素难免需要做些调整和引申,这里的意译转换法即指这样的情况。当然,前面对等翻译法在某种意义上说,也是意译转换翻译方法的一种。不同的是,对等翻译法强调了谚语形式和表达效果的对等,而意译转换法侧重谚语本身含义的转换和引申。此外,既然是转换和引申,就包括了词性、词义、结构以及风俗习惯等多方位的变换。

比如，英语谚语 A stitch in time Saves nine. 如译成"小洞不补，大洞吃苦"，则为意译转换；若译成"及时一针省九针"，就成为直译完善法了。

总之，许多译者在翻译英语谚语时，喜欢找那些意思与之相似或相近的汉语成语来做其译文，这种做法当然无可非议，但有时由于中国和西方有着各自不同的文化背景和语言内涵，所以其成语和其谚语的意思并非一模一样，毫无差异。所以在这种情况下，还是给出更加恰当准确的译文为好。

# 第七节　跨文化在法律英语翻译中的应用

语言是文化的沉淀，研究语言翻译离不开研究两种文化的异同。从跨文化视角研究法律翻译，应从法律语言的专门性、法律体系的不同性及法律文化底蕴的影响三个方面入手，深入分析其对法律翻译的影响。

在全球化背景下，我国大量借鉴和吸收国外的精华，其中当然不乏法学精粹。可以说，我国法学的日益繁盛离不开法律英语翻译这座桥梁，它连接着中外法律文化。但是自古以来，法律都是精英社会的专利，故法律语言历来生涩难懂。如果翻译者对中外法律体系差别的认知匮乏及法律文化底蕴不足，都将无法完成良好的法律英语翻译。故从跨文化视角研究法律英语的翻译，不仅丰富了法律英语翻译的研究，更有助于我国法学的繁荣。

## 一、法律语言的专门性

### （一）词语的专门含义

一些普通词语在法律语言中有其专门含义，与其普通的字面含义相去甚远。当人们按照普通含义去理解时，容易导致理解和翻译的差错，甚至根本无法理解。例如 Baby Act，如果按照普通含义来理解，Baby Act 可能会被理解为"婴儿法"，这样将使读者无法正确理解此法。其实，此处的 baby 等同于 minor，即"未成年人"，故 Baby Act 应该理解为"规定未成年人不承担某些责任的法律"。再如 judgment by default，从字面意思看，也许会将其理解成不履行判决或不到场判决，让读者不知何意。根据 Lexis Nexis 英汉法律词典的解释，default judgment 的含义是因被告人没有送交拟抗辩通知，即送达认收书，或没有提交抗辩，因而做出的未经审讯判决（judgment without trial where a defendant has failed to file a notice of intention to defend，namely an acknowledgment of service，or has failed to file a defence），也就是缺席判决。

同样，在汉英法律英语翻译的过程中，也要注意法律语言的专门性及其严谨性，不可用多个不同的英语法律单词来表述同一法律概念。例如，"原告"在北京外国语大学英语系编写组编的《汉英词典》及其修订版缩印本中有两个译名：plaintiff 和 prosecutor。根据 Oxford Dictionary of Law 的解释，prosecutor 的含义是 The person who institutes criminal proceedings on behalf of the Crown，也就是检控官，应译为"公诉人"。公诉人在诉讼中居于原告地位，但因还担负法律监督任务，不是一般原告。"原告"则可译为 plaintiff。

### （二）专门词语

正因为法律自古以来都是精英社会的专利，为了体现其精英性，西方法学大量使用拉丁语及法语等。在 13 世纪、14 世纪的欧洲国家，拉丁语处于垄断地位，之后拉丁语依然作为法律的书面语言被使用着。而法语曾作为上流社会的专用语言，也处于语言的优势地位，且罗马法及后来的法国法律对整个世界法学的繁荣兴旺可谓功不可没，因此对学习法律的人来说，学习拉丁文和法语就显得很有必要了。且拉丁语言简意赅，更符合法律语言的特点。如 obiter dictum 为法官判决时所做的非决定性的附带意见（不具有约束力）。Nobody is bound to incriminate himself。而 chose in possession 为可实际占有的物，其中 chose 是法语，意为"物"。

## 二、法律体系的不同性

当代西方社会存在着两大法系，即大陆法系与英美法系，这两大法系在法律制度上存在着很大的差异。自 20 世纪 80 年代以来，随着世界法律移植的潮流，中国在制定涉外法、民事诉讼法等方面也适当移植了国外有关商品经济发展的成熟法律，吸收了这两大法系的特点后形成了中国自己的体系特征。法系的不同必然导致相同的语言符号可能表达着不同的概念，或者某概念在另一法系中的缺失，但也会存在一些法系的共性。因此，翻译者在翻译过程中要认识到这点文化差异，进行比较分析，找到其"功能对应物"[31]。

不同法系中，相同语言符号可能表达着不同的概念。如"监狱"一词，在我国的普通词典中能找到 jail 和 prison，但对两个词语却未加区分。根据《元照英美法词典》的解释，jail 为一种介于警察局拘留所（police station lockup）与监狱（prison）之间的监禁机构，关押等待审判的未决犯和轻罪犯，但是该词典还是将其译为"监狱、看守所"，其实 jail 相当于我国的看守所，应只译为"看守所"即可。而 prison 是由联邦或州政府

---

31　夏中华等.应用语言学—范畴与现况 [M].上海：学林出版社，2012.

设立的关押已判决重罪犯的改造场所，相当于我国的监狱。这也是为何于 2006 年风靡国内的《越狱》英文名为 Prison Break。

## 三、法律文化底蕴的影响

诚如奈达先生指出的："To be bilingual，one has to be bicultural." 法律英语翻译不只是两种语言的对应翻译，它更要求从事法律翻译的人士熟悉有关法律知识。如果缺少相应的法律文化底蕴，尤其是一些法制史方面的知识，稍有不慎则会谬以千里，抑或是具备的法律文化底蕴不足，造成译文不符合法律文本的要求。如 double jeopardy 常被误译为"双重处罚"或"双重危险"。根据 Lexisnexis 英汉法律词典的解释，double jeopardy 的意思是"使被告处于就相同的行为在超逾一次的情况下被判定有罪的严重危险"（Placing an accused person in peril of being convicted of the same crime in respect of the same conduct on more than one occasion），也就是指嫌疑人不会因为同一案件、同一罪名被两次审理和两次定罪，也就是英美法系中著名的"一事不再理"原则，可上溯至古罗马时期，由"一案不二讼"发展而来。美国宪法第 5 条修正案具体规定了这一原则，如果不了解该历史，就很难明白其中的缘由，自然很难翻译到位。

总之，语言是文化的沉淀。在法律翻译时必然要顾及两种文化，尤其是法律文化的异同，并勤于积累有关法律文化的内容，以法人思维译出法律语言，为我国的法学繁荣尽一份绵薄之力。

# 参考文献

[1] 黄鹂鸣 . 功能对等视角下英语体育新闻汉译策略研究——以美职篮英语新闻为例 [J]. 新闻研究导刊，2017，8（08）：280-281.

[2] 余炫朴 . 尤金·奈达的"功能对等"翻译原则在商务英语翻译中的应用考量 [J]. 江西师范大学学报（哲学社会科学版），2014，47（05）：140-144.

[3] 左滢 .ACTIVE 教学模式在高中英语读写结合课中的实践研究——以 Schoollife 教学为例 [J]. 英语教师，2017，17（04）：141-143+154.

[4] 刘小琴 . 应用型本科高校"英语语言学"教学存在的问题与对策 [J]. 英语教师，2018，18（07）：56-58.

[5] 杜开群 . 关于高校英语语言学教学问题及对策分析 [J]. 山东农业工程学院学报，2017，34（02）：5-6.

[6] 郑雨 . 高校英语教学中模糊语言学的语用意义分析 [J]. 西部素质教育，2015，1（06）：46.

[7] 黄琼慧 . 商务英语语言学的理论体系研究 [J]. 开封教育学院学报，2016，36（02）：68-69.

[8] 翁凤翔 . 商务英语学科理论体系架构思考 [J]. 中国外语，2009，6（04）：12-17+30.

平君 . 基于应用语言学的大学英语教学模式改革研究 [J]. 吉林省教育学院学报，2018，34（08）：75-77.

[9] 杨雪 . 浅谈英语教学中应用语言学的有效应用 [J]. 教育现代化，2018，5（11）：185-186.

[10] 蒲显伟，陆雷娜 . 国际应用语言学期刊效应值报告与解释现状研究 [J]. 统计与信息论坛，2016，31（05）：77-83.

[11] 杜春雷 . 实用商务英语函电 [M]. 南京：东南大学出版社，2014.

[12] 章振邦 . 新编英语语法教程 [M]. 上海：上海外语教育出版社，1998.

[13] 冯志伟 . 应用语言学综论 [M]. 广州：广东教育出版社，1999.

[14] 夏中华等 . 应用语言学—范畴与现况 [M]. 上海：学林出版社，2012.

[15] 皮特 · 科德，上海外国语学院外国语言文字研究所译 . 应用语言学导论 [M]. 上海：上海教育出版社，1983.

[16] 于根元 . 应用语言学前沿问题 [M]. 北京：中国经济出版社，2006.

[17] 于根元 . 应用语言学概论 [M]. 北京：商务印书馆，2003.

[18] 于根元 . 二十世纪的中国语言应用研究 [M]. 太原：书海出版社，1966.

[19] 廖七一 . 当代英国翻译理论 [M]. 武汉：湖北教育出版社，2001.

[20] 王克非，张美芳 .《翻译与翻译过程：理论与实践》导读 [M]. 北京：外语教学与研究出版社，2001.